中国人民大学研究报告系列

中国区域经济发展报告

——区域经济与现代化产业体系

2019

REPORT ON REGIONAL ECONOMIC DEVELOPMENT OF CHINA

主　编　孙久文
副主编　张　静

中国人民大学出版社
· 北京 ·

总序

陈雨露

当前中国的各类研究报告层出不穷，种类繁多，写法各异，成百舸争流、各领风骚之势。中国人民大学经过精心组织、整合设计，隆重推出了由人大学者协同编撰的研究报告系列。这一系列主要是应用对策型研究报告，集中推出的本意在于，直面重大社会现实问题，开展动态分析和评估预测，建言献策于资政与学术。

"学术领先、内容原创、关注时事、资政助企"是中国人民大学研究报告系列的基本定位与功能。研究报告是一种科研成果载体，它承载了人大学者立足创新，致力于建设学术高地和咨询智库的学术责任和社会关怀；研究报告是一种研究模式，它以相关领域的指标和统计数据为基础，评估现状，预测未来，推动人文社会科学研究成果的转化和应用；研究报告还是一种学术品牌，它持续聚焦经济社会发展中的热点、焦点和重大战略问题，以扎实有力的研究成果服务于党和政府以及企业的计划、决策，服务于专门领域的研究，并以其专题性、周期性和翔实性赢得读者的识别与关注。

中国人民大学推出研究报告系列，有自己的学术积淀和学术思考。我校素以人文社会科学见长，注重学术研究资政育人、服务社会的作用，曾陆续推出若干有影响力的研究报告。比如自2002年始，我们组织跨学科课题组研究编写了《中国经济发展研究报告》《中国社会发展研究报告》《中国人文社会科学发展研究报告》，紧密联系和真实反映中国经济、社会和人文社会科学发展领域的重大现实问题，十年不辍，近年又推出《中国法律发展报告》等，与前三种合称为"四大报告"。此外还有一些不同学科的专题研究报告也连续多年出版，在学界和社会上产生了一定的影响。这些研究报告都是观察分析、评估预测政治经济、社会文化等领域的重大问题的专题研究，其中既有客观数据和事例，又有深度分析和战略预测，兼具实证性、前瞻性和学术性。我们把这些研究报告整合起来，与中国人民大学的出版资源相结合，再进行新的策划、征集、遴选，形成了这个研究报告系列，以期放大规模效应，扩展社会服务功能。这个系列是开放的，未来会依情势有所增减，动态成长。

中国人民大学推出研究报告系列，还具有关注学科建设、强化育人功能、推进协同创新等多重意义。作为连续性出版物，研究报告可以成为本学科学者展示、交流学术成果的平台。编写一本好的研究报告，通常需要集结力量，精诚携手，合作者随报告之连续而成为稳定团队，亦可增益学科实力。研究报告立足于丰富的素材，常常动员学生参与，而这可以使他们在系统研究中得到学术训练，增长才干。此外，面向社会实践的研究报告必然要与政府、企业保持密切联系，关注社会的状况与需要，从而带动高校与行业、企业、政府、学界以及国外科研机构之间的深度合作，收“协同创新”之效。

为适应信息化、数字化、网络化的发展趋势，中国人民大学研究报告系列在出版纸质版本的同时将开发相应的文献数据库，形成丰富的数字资源，借助知识管理工具实现信息关联和知识挖掘，方便网络查询和跨专题检索，为广大读者提供方便适用的增值服务。

中国人民大学研究报告系列是我们在整合科研力量、促进成果转化方面的新探索，我们将紧紧把握时代脉搏，敏锐捕捉经济社会发展的重点、热点、焦点，力争使每一种研究报告和整个系列都成为精品，都适应读者的需要，从而打造高质量的学术品牌，形成核心学术价值，更好地承担学术服务社会的职责。

目　录

第三部分　新时代的区域与现代化产业

总报告：2019—2020 年中国区域经济的新格局和新趋势

2019 年，我国宏观经济背景呈现出中美贸易战加剧、世界经济同步回落、国内结构性因素持续发酵、周期性下行压力较大等特点。其中，宏观经济下滑的主要原因依旧是 GDP 平减指数回落与需求端的下滑，同时供给端的疲软、各类基础性参数持续变化和潜在 GDP 增速的惯性变化也影响了宏观经济走势。因此，2019 年的主要任务仍然是打好三大攻坚战，即防范化解重大风险、精准脱贫和污染防治。

由于传统的三大红利（全球化红利、工业化红利和人口红利）加速递减，给我国的区域经济发展带来不同程度的冲击，人口老龄化、流动性人口负增长与储蓄率下降，经济的活跃性受到影响，造成我国区域经济分化明显，沿海地区的增速有所回落，内陆的西南地区的增速处于较高水平，区域空间经济结构整体处于调整期。从对策上看，中央以稳就业、稳金融、稳外贸、稳外资、稳投资、稳预期为核心的调节政策和持续的供给侧结构性改革，使我国区域经济韧性保持良好，同时，新的三大红利——人才红利、科技红利、改革红利，正在发挥更大的效应，到 2020 年，我国将打赢绝对贫困治理的攻坚战，实现全面建设小康社会的阶段性目标。

一、“中美贸易战”以来我国区域经济的主要态势

（一）区域经济增长势头较好，中西部开始发力

2019 年，我国四大板块的地区生产总值增长基本平稳。西部和中部分别达到 20.52 万亿元和 21.87 万亿元，分别增长 8.5%和 8.8%；东部地区达到 51.12 万亿元，增速为 7.3%；东北地区达到 5.02 万亿元，增速为 5.5%。整体趋势表明，东、中、西三大板块较为平稳，京津冀和长江经济带发展基础较好，东北地区的经济增速开始回升，该地区已经进入动能转换时期，经济恢复正增长；中、西部地区的市场规模进一步扩大，经济增速较快；东部地区受到“中美贸易战”影响，经济增速较上年有所下滑（见图 0－1）。

2019 年，我国四大板块的地区生产总值增长势头较好，四大板块的 GDP 占比分别是 52.1∶22.0∶20.7∶5.2，与 2018 年的占比基本持平。西部地区的经济份额有所提升，尤其是西南地区。这说明长江经济带的区域经济效应在上游地区比较明显，“一带一路”倡议给西北地区带来经济增长的作用不是十分明显。东北老工业基地振兴战略推进东北经济的回暖，与其他三个板块相比，发展动力上仍需加大。

按省区来看，区域经济发展的省区分化与前几年相比继续呈扩大趋势（见表 0－1）。

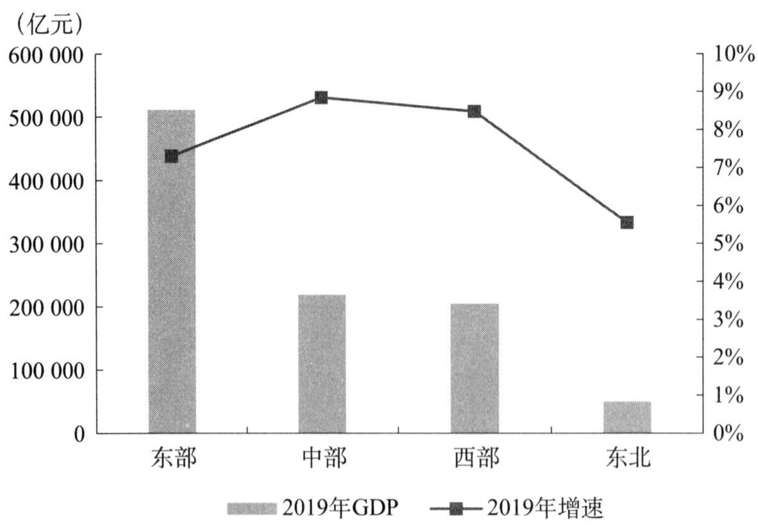

图 0-1　2019 年我国四大板块生产总值及其增速

资料来源：国家统计局《中国统计年鉴（2019）》。

表 0-1　2018—2019 年我国各省、自治区、直辖市地区生产总值与增速

地区	GDP/10 亿元		增速/%
	2018 年	2019 年	
北京	3 310.597 0	3 537.128 0	6.84
天津	1 336.292 0	1 410.428 0	5.55
河北	3 249.461 0	3 510.452 0	8.03
山西	1 595.813 0	1 702.668 0	6.70
内蒙古	1 614.076 0	1 721.253 0	6.64
辽宁	2 351.054 0	2 490.945 0	5.95
吉林	1 125.381 0	1 172.682 0	4.20
黑龙江	1 284.648 0	1 361.268 0	5.96
上海	3 601.182 0	3 815.532 0	5.95
江苏	9 320.755 0	9 963.152 0	6.89
浙江	5 800.284 0	6 235.174 0	7.50
安徽	3 401.091 0	3 711.398 0	9.12
福建	3 868.777 0	4 239.500 0	9.58
江西	2 271.651 0	2 475.750 0	8.98
山东	6 664.887 0	7 106.753 0	6.63
河南	4 993.590 0	5 425.920 0	8.66
湖北	4 202.195 0	4 582.831 0	9.06
湖南	3 632.968 0	3 975.212 0	9.42

续前表

地区	GDP/10亿元		增速/%
	2018年	2019年	
广东	9 994.522 0	10 767.107 0	7.73
广西	1 962.781 0	2 123.714 0	8.20
海南	491.069 0	530.893 0	8.11
重庆	2 158.880 0	2 360.577 0	9.34
四川	4 290.210 0	4 661.582 0	8.66
贵州	1 535.321 0	1 676.934 0	9.22
云南	2 088.063 0	2 322.375 0	11.22
西藏	154.839 0	169.782 0	9.65
陕西	2 394.188 0	2 579.317 0	7.73
甘肃	810.407 0	871.830 0	7.58
青海	274.800 0	296.595 0	7.93
宁夏	351.021 0	374.848 0	6.79
新疆	1 280.939 0	1 359.711 0	6.15

全国省份中，2019年地方生产总值排名前十的省份分别是：广东、江苏、山东、浙江、河南、四川、湖北、福建、湖南和上海，广东省增长了7 725.85亿元，高于青海、宁夏和海南的地方生产总值。胡焕庸线以西的四川成为西部经济第一大省，中部的河南和湖北共同承担起长江中游和中原城市群的经济支柱。东部的广东、江苏、山东依旧保持前三的水平，广东突破10万亿元，都充分体现了我国沿海城市群的国际竞争力。

具体到增速，中部和西南地区的经济扩张趋势十分明显。2019年云南增速突破两位数，西藏、重庆、贵州紧随其后，西南地区的长江上游城市群（成渝城市群）、黔中城市群、滇中城市群开始发力。中部江西、安徽、湖南的经济增速都在9%左右，湖北和河南增速也在8%以上，中部地区整体发展最为协调（除山西）。东北地区三省区经济增速仍低于全国平均水平（6.1%），东部地区普遍保持中低水平，增长最快的是福建（9.58%）。值得注意的是，2019年地区生产总值挤水分过程中，天津、山东受影响较大，山东GDP下调9 188亿元，天津GDP下调5 447亿元。

综上，我国自进入“十三五”以来，南北差距开始拉大，高质量发展成为区域经济发展的目标和要求。

（二）区域投资、外贸情况不佳，内需有待释放

1. 固定资产投资水平质量均不高

2019年，我国实现固定资产投资700 389.3亿元，较上年增长5.5%，增速为2000年来新低，其中东部地区投资292 216亿元，比上年增长4.0%；中部地区投资196 431亿

元，增长9.3%；西部地区投资182 635亿元，增长5.7%；东北地区投资29 107亿元，下降4.8%（见图0-2）。可见我国投资水平下降，尤其是在东北地区，东、西部增速出现收窄，国家的投资力度主要倾向于中部。同时，企业的投资意愿减弱，实际融资成本上升，地方政府债务风险超出可控范围①，地方政府负债余额下降至21.31万亿元。

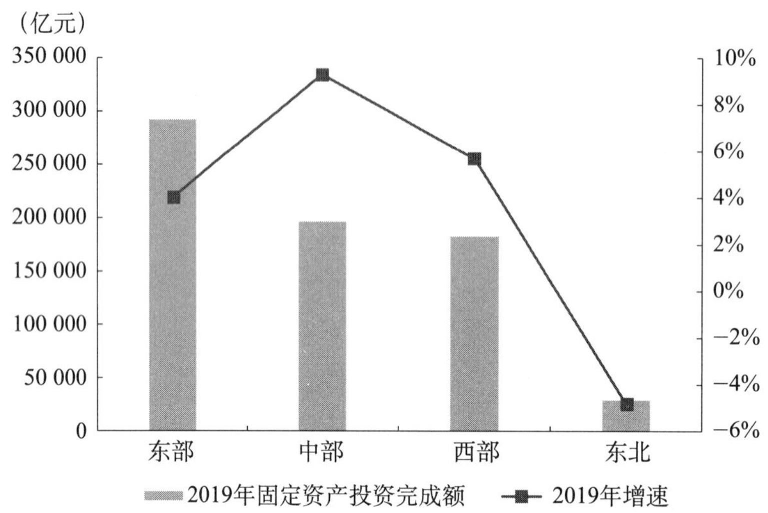

图0-2　2019年我国四大板块固定资产投资情况

资料来源：国家统计局。

2018—2019年，我国东部地区经济发达省份进一步实现产业转型升级，北京、上海、天津、广东、江苏、浙江进入后工业化阶段，福建、山东等处于工业化后期，东部沿海整体处于产业结构调整期。中、西部投资扩张速度快，政策倾斜力度大，尤其是西部地区的省会城市（武汉、郑州、成都、昆明等）及直辖市重庆市成为高铁网络中的枢纽城市；西北地区与西南、华北的高铁也已经开通运营。东北地区的固定资产投资并不乐观，说明东北地区产业收缩现象显著，未来固定资产投资增速仍将在低位徘徊。

2. 社会消费基本稳定，地方财力有所保持

2019年，全国社会消费品零售总额406 443.6亿元，较上年增长7.8%，消费对社会经济增长的贡献率达到57.8%。消费已经超过资本形成、货物服务净出口，成为经济增长的第一驱动力，我国宏观经济由投资和外贸拉动转为内需拉动。

从四大板块来看，2019年东部地区消费品零售规模最大，其总额为207 678.82亿元，增速为7.1%；中部地区增速最快，为10.2%（消费品零售总额为89 905.24亿元）；西部地区发展潜力巨大，消费品零售总额已达到76 175.94亿元，增速仅次于中部地区，为8.0%；东北地区刚从产业转型中复苏过来，消费品零售总额达到32 684.24亿元，增

① 截至2019年末，我国地方政府债务余额为21.31万亿元，控制在年度地方政府债务限额17.19万亿元以内。

速为 5.5%（见图 0-3）。就当前情况来看，我国的消费重心仍然位于沿海地区，但中西部的发展势头较快，内陆市场的开拓升级将进一步重塑我国经济地理格局。

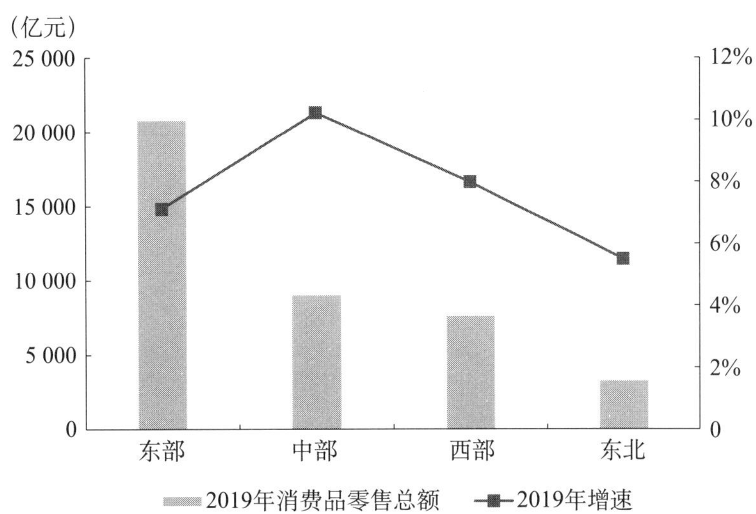

图 0-3　2019 年我国四大板块全社会消费品零售总额情况

资料来源：国家统计局。

从地方财力来看，2019 年广东、江苏、上海、浙江、山东、北京、四川、河南、河北、湖北 10 省份位列地方财政收入前十，其中广东地方财政收入超过 1 万亿元，东部地区优越的区位条件带动的投资和消费依旧给地方以较好的发展基础。从四大板块来看，东部地区财政收入整体规模最大，中部地区财政收入增速最快，西部和东北地区出现较为明显的回暖趋势。

3. 外贸进出口出现倒置情况

2019 年，我国外贸经济发展不畅，中美贸易战导致我国出口部分受阻，2019 年外贸净出口额的增速较 2018 年总体上升了 3.2 个百分点。就四大板块而言，2019 年东部地区外贸进出口总额为 254 339.9 亿元，增长率为 2.0%；中部地区外贸进出口总额为 23 697.5 亿元，增长率为 14.0%；西部地区外贸进出口总额为 24 697.4 亿元，增长率为 8.9%；东北地区外贸进出口总额为 10 423.2 亿元，增长率为−2.2%（见图 0-4）。这说明，“一带一路”倡议和长江经济带战略大大提升了西部地区对外开放水平，西部地区的外贸进出口呈现快速扩张趋势。

对比 2017 年，东北地区的外贸增速下降了 15.4 个百分点，这与东部地区外贸进出口下滑有一定关系。东部地区增速下降 8.1 个百分点，进口幅度逐步下降，国内需求稳中有升，保证了中部的外贸发展地位。总之，我国外贸的基本面不乐观。

综上，2019 年，我国对外贸易的规模收缩较为普遍，尤其是东北地区的外贸、固定资产投资和东部地区的外贸，都遭受到“中美贸易战”的冲击，内需的支撑度尚未全部显示出来。未来，我国区域经济将呈现出“中西部壮大、东部转型、东北收缩”的局面，经济动力将向内陆地区转移，区域战略将兼具发展性和统筹性特征。

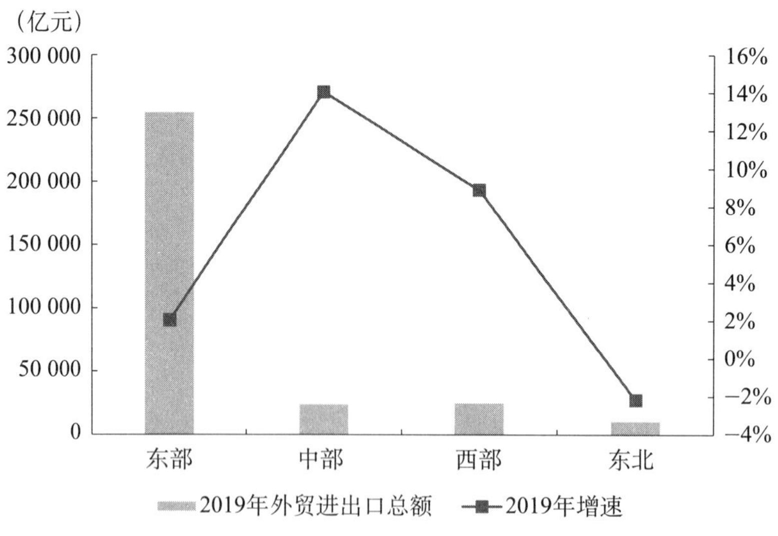

图 0－4　2019 年我国四大板块外贸进出口情况

资料来源：国家统计局。

二、面向“十四五”时期的区域发展趋势

从 2019 年到 2020 年，是我国区域经济发展进入“十四五”时期的一个过渡阶段。随着区域协调发展成为总领性战略，区域经济的理论深化和实践创新对现实的经济发展意义越来越重要。面向即将到来的“十四五”时期，我国区域经济研究的热点与趋势是：

（一）区域协调发展的理论创新与实践探索逐步深化

马克思经典理论当中，对协调发展的思想较早就有阐述。《资本论》第一卷当中，专门有一章论述了“协作与分工”的问题。毛泽东在《论十大关系》一文中，重点阐述了如何正确处理沿海与内地的关系问题。邓小平在 90 年代初的“南方谈话”中，提出“两步走”方针，阐述了沿海地区与内地地区互相帮扶的基本路线。习近平多次强调区域协调发展的重要意义，使区域协调发展的理论与实践更好地结合起来。

回顾我国经济社会主要矛盾的三次转变，区域发展战略都进行了重大的调整：（1）新中国成立之后，中央提出“先进工业国与落后农业国之间的矛盾”，区域发展战略的重点是沿海与内地关系的调整和加快内地的工业发展；（2）改革开放之后，中央提出“人民日益增长的物质文化需要与落后的社会生产力之间的矛盾”，区域发展战略随之调整为向沿海倾斜的率先发展战略，进入 21 世纪以来又调整为涵盖四大板块的区域发展总体战略；（3）党的十九大之后的新时代，中央提出“人民日益增长的美好生活需要和不平衡不充分的发展之间的矛盾”，区域发展战略调整为以区域协调发展为引领的新战略。

新时代区域协调发展的空间特征包括区域经济新格局和新形态、区域政策新内容和区域发展新方向。首先，新时代我国区域经济格局呈现出如下特征：第一，多支点、轴带经济和网络化发展。第二，轴带经济表现在亲力亲为提出了京津冀协同发展、长三角一体化和粤港澳大湾区等重大战略，以交通轴线来辐射我国区域，是产业转移最有效的形式，也体现了我国经济增长的包容性和共赢性，还体现了我国对于区域生态环境共治的重视，经济发展不再以资源环境作为代价，可持续发展理念将贯穿我国的协调发展历程。第三，网络化发展则体现在我国城市之间的空间、产业、经济多重联系的增多，尤其是在高速铁路开通之后。时空距离的收缩加快了中西部地区的发展脚步，也推动了东部经济的转型升级。

面向“十四五”时期，区域协调发展已经从一个空间发展过程上升到了我国区域发展的纲领性战略。理论创新与实践探索的主要方向为：一是特殊区域发展战略，重点解决区域援助问题、资源枯竭问题和衰退地区发展问题；二是“四大板块”战略，重点解决国土全覆盖与板块协调发展问题；三是经济带发展战略，解决加强区域协同、创新和经济联系问题；四是城市化战略，解决区域发展的带动与承载问题；五是陆海统筹战略，解决建设海洋强国的途径问题。

从当前看，我国区域发展战略形成了“顶层设计＋五大战略＋区域合作＋对外开放”的组合。正视我国南北经济分化的区域特征，继续以京津冀协同发展和粤港澳大湾区来引领南北经济，以长江作为天然生态屏障来维系东中西一体化基础，形成“统筹东中西、协调南北方”的发展格局。这也是空间平衡机制的逻辑所在——克服板块之间的发展落差、释放东中西地区之间的梯度势能。2019 年后，我国区域发展战略以“一带一路”建设、京津冀协同发展、长江经济带发展、长三角一体化、粤港澳大湾区建设等为基本框架，将西部、东北、中部、东部四大板块串联起来，促进区域间相互融通补充。其中，“一带一路”建设旨在助推沿海、内陆、沿边地区协同开放，以国际经济合作走廊为主骨架加强重大基础设施互联互通，构建统筹国内国际、协调国内东中西和南北方的区域发展新格局。京津冀协同发展以疏解北京非首都功能为支点，旨在调整区域经济结构和空间结构，推动河北雄安新区和北京城市副中心建设，有效提高我国特大城市的治理水平，探索中国特色的城镇化道路。长江经济带横跨东中西三大板块，以共抓大保护、不搞大开发为导向，以生态优先、绿色发展为引领，依托长江黄金水道，旨在推动长江上中下游地区协调发展和沿江地区高质量发展。从全国层面来看，我国正在建立以中心城市引领城市群发展、城市群带动区域发展新模式，通过推动区域板块建设来释放全国经济的内需空间，包括以北京、天津为中心引领的京津冀城市群，以上海为中心引领的长三角城市群，以香港、澳门、广州、深圳为中心引领的粤港澳大湾区，以重庆、成都、武汉、郑州、西安等为中心引领的成渝、长江中游、中原、关中平原等城市群。

同时，我国积极推动东部沿海等发达地区改革创新、新旧动能转换和区域一体化发展，支持中西部条件较好地区加快发展，鼓励国家级新区、自由贸易试验区、国家级开发区等各类平台大胆创新。特别注意的是，对于落后地区，侧重于建立健全长效普惠性的扶持机制和精准有效的差别化支持机制，加快补齐基础设施、公共服务、生态环境、产业发展等短板。最后，建立发达地区与欠发达地区区域联动机制，先富带动后富，促进发达地区和欠发达地区共同发展。

因此，我国区域发展战略正在扭转“东密西疏”的状态，在协调四大板块的基础上发挥区域的优势，避免区域间的发展空间取舍，较好地平衡了发展的梯度。

（二）新型城镇化与区域经济一体化协同推进

中国特色的社会主义城乡关系理论，提出了不同于西方发达国家城镇化理论的新型城镇化理论。城镇化是指由技术进步和生产力发展导致的分散居住在农村区域的农业人口转变为集中居住在非农村区域的非农人口，传统的乡村社会转变为现代城市社会的历史过程。

“十四五”时期要进一步完善中国特色的新型城镇化道路，全面提高城镇化质量。我国成功的新型城镇化道路源于中国特色的城镇化理论框架，以城乡统筹、城乡一体化、产城互动、节约集约、生态宜居、和谐发展作为基本特征，大中小城市、小城镇、新型农村社区协调发展、互促共进的城镇化。但是，“十四五”时期出现的新变化，一是我国城市化率超过60%之后，继续快速提升城市化率已经不现实，以提升城市发展质量为核心的城市发展途径成为首选。二是新冠肺炎疫情的影响，使重新审视城市规模结构的选择显得十分必要。三是为推进农业转移人口市民化，有必要建立新型的城乡土地关系。总之，以城市空间扩张为主的发展道路转变为以提升城市的文化、公共服务等内涵为中心的发展道路，意味着城市发展的目标从做大城市向做强城市转变。

在高城市化率下，农村地区是否依旧存在，还是已经融入了大都市区？城乡关系问题将成为高城市化率之后国家面临的现实挑战。从城乡之间的互动关系看，农村对城市有市场化需求，包括就业市场、农产品市场等；城市对农村有产品服务的需求，包括劳动力、食品、土地等。因此，城与乡作为空间形态的两极景观，将会永恒存在。研究城市化战略与乡村振兴战略的协调与融合，是“十四五”时期区域经济研究的一个重要课题。

与城乡关系相关联的是区域经济一体化。区域经济一体化的基本空间形态是以城市群和都市圈的形态出现的。在城市区域内部，鼓励资源自由流动，促进商品市场的统一，加大交通运输、信息通信等基础设施的投入，为便利区际商品流通和信息传递创造良好的条件，加大产业转移力度，促进区域经济协同发展。与此同时，我国不断探索区域经济一体化发展的新路径、新实践，建立了保税区、保税港区、保税物流园区等对外贸易优惠区域，加快了我国与世界经济一体化发展的步伐。

乡村振兴战略的提出意味着我国经济走向新的空间平衡，城乡二元格局要从市场一体化的层面打破，促进城乡区域间要素自由流动。其中，实施全国统一的市场准入负面清单制度，以及深入实施公平竞争审查制度，对于实现市场一体化至关重要。我国乡村地区长期受到土地制度约束而无法实现人口和土地要素的真正流动，土地城镇化超越人口城镇化，通过要素市场制度的逐步放开来实现人口—产业—空间的多维匹配显得极为迫切。具体来看，应该全面放宽城市落户条件，完善配套政策，打破阻碍劳动力在城乡、区域间流动的不合理壁垒，促进人力资源优化配置。加快深化农村土地制度改革，推动建立城乡统一的建设用地市场，进一步完善承包地所有权、承包权、经营权三权分置制度，探索宅基地所有权、资格权、使用权三权分置改革。同时，引导科技资源按照市场需求优化空间配置，促进创新要素充分流动。

当前，我国区域市场已经初步构建，京津冀、长三角和粤港澳三大区域市场基本形成，但相互间的市场联系仍不紧密，在市场准入、规划标准、管理制度上也存在较大差别。构建全国统一大市场就是要实现区域市场间的联通互动，实现良好的市场分工秩序，将三区的劳动力、资本、技术、土地、信息等多维市场融合，形成相互间循环流动、公共发挥优势的良好模式。同时，还要进一步完善城市群内部合作工作机制，深化地方政府在规划衔接、跨省重大基础设施建设、环保联防联控、产业结构布局调整、改革创新等方面合作。

我国的市场一体化还是要基于区域的扩大和连接。区域市场的扩大意味着劳动力数量的增加，对区域的公共服务供给量提出了挑战。因此，急需深入推进财政事权和支出责任划分改革，逐步建立起权责清晰、财力协调、标准合理、保障有力的基本公共服务制度体系和保障机制。具体而言，规范中央与地方共同财政事权事项的支出责任分担方式，调整完善转移支付体系，基本公共服务投入向贫困地区、薄弱环节、重点人群倾斜，增强市县财政特别是县级财政基本公共服务保障能力。强化省级政府统筹职能，加大对省域范围内基本公共服务薄弱地区扶持力度，通过完善省以下财政事权和支出责任划分、规范转移支付等措施，逐步缩小县域间、市地间基本公共服务差距。

此外，城乡区域间基本公共服务衔接也存在一定障碍，医疗卫生、劳动就业等基本公共服务还是无法跨城乡、跨区域流转，大量留守老人、儿童存在。未来，应该率先在三大城市群积极探索基本公共服务跨区域流转衔接的具体做法，并复制和推广成功经验。

（三）区域利益补偿与互助机制进一步深化

绿水青山就是金山银山，这是中国特色社会主义建设的必然要求。我国幅员辽阔，山川河流跨区域性很强，资源环境的共享共治要求较高。历年的洪水、沙尘暴、空气污染等环境事件给我国经济带来了巨大损失。这充分说明，没有良好的资源环境作为承载的经济发展是不可持续的。沿海地区的经济发展速度快、质量高，内陆地区的资源丰富，两者形成了一种“资源-环境”区域分工关系。但是区域差距的存在使得内陆地区为了经济发展而损耗了资源环境，从而导致沿海地区经济发展的动力不足。通过贯彻绿水青山就是金山银山的重要理念和山水林田湖草是生命共同体的系统思想，按照区际公平、权责对等、试点先行、分步推进的原则，我国不断完善横向生态补偿机制。例如，鼓励生态受益地区与生态保护地区、流域下游与流域上游通过资金补偿、对口协作、产业转移、人才培训、共建园区等方式建立横向补偿关系。支持在具备重要饮用水功能及生态服务价值、受益主体明确、上下游补偿意愿强烈的跨省流域开展省际横向生态补偿。目前，已经在京津冀水源涵养区、安徽浙江新安江、广西广东九洲江、福建广东汀江-韩江、江西广东东江、广西广东西江流域等深入开展跨地区生态保护补偿试点。

粮食的产销也是一种区域分工，我国逐步形成了一套粮食主产区与主销区之间利益补偿机制，包括：主产区建设加工园区、建立优质商品粮基地和建立产销区储备合作机制以及提供资金、人才、技术服务支持等方式开展产销协作。

此外，急需健全资源输出地与输入地之间利益补偿机制。未来，应该围绕煤炭、石油、天然气、水能、风能、太阳能以及其他矿产等重要资源，完善资源价格形成机制，确保资源价格能够涵盖开采成本以及生态修复和环境治理等成本。并且，鼓励资源输入地通过共建园区、产业合作、飞地经济等形式支持输出地发展接续产业和替代产业，加快建立支持资源型地区经济转型长效机制。

（四）区域政策调控能力增强反贫困战略面临转型

2008 年的金融危机推动我国较早的进行经济增长方式的转变，内陆地区受外部冲击较晚，影响也较弱。因此，中西部省份的经济增速相对东部地区更高，但实现区域经济动力转换的过程较慢。因此，四大板块依旧需要实施差别化的区域政策。第一，充分考虑区域的发展阶段，发挥区域比较优势，提高财政、产业、土地、环保、人才等政策的精准性和有效性，因地制宜地培育和激发区域发展动能。第二，相关中央预算内投资和中央财政专项转移支付继续向中西部等欠发达地区和东北地区等老工业基地倾斜，研究制定深入推进西部大开发和促进中部地区崛起的政策措施。动态调整西部地区有关产业指导目录，对西部地区优势产业和适宜产业发展给予必要的政策倾斜。第三，在用地政策方面，保障跨区域重大基础设施和民生工程用地需求，对边境和特殊困难地区实行建设用地计划指标倾斜。研究制定鼓励人才到中西部地区、东北地区，特别是“三区三州”等深度贫困地区工作的优惠政策，支持地方政府根据发展需要制定吸引国内外人才的区域性政策。

此外，中央政府应尽快建立区域均衡的财政转移支付制度。根据地区间财力差异状况，调整和完善中央对地方一般性转移支付办法，加大均衡性转移支付力度。同时，完善主体功能区配套政策，中央财政加大对重点生态功能区转移支付力度，提供更多优质生态产品。省级政府通过调整收入划分、加大转移支付力度，增强省以下政府区域协调发展经费保障能力。区域政策还应该与其他宏观政策相互联动，尤其是与产业政策配合，引导优势产业壮大和夕阳产业自动退出。对于财政杠杆率较高的地区，需要实施动态监测预警，防范地方财政赤字全国化。

贫困问题是一个全球范围存在的发展问题，反贫困斗争具有长期性、持久性、复杂性和区域性的特点。我国在“十三五”时期贯彻落实习近平总书记提出的“精准扶贫”战略，到 2020 年底将实现以下三个目标：在现行标准下的贫困人口全部脱贫、592 个贫困县全部摘帽、14 个集中连片特困地区摆脱区域性贫困。但是，“十四五”时期现行标准下绝对贫困的消除，不等于反扶贫的终结。

2020 年后从区域经济角度研究反扶贫应当聚焦在三个方面：一是扶贫战略的转变，其表征是由解决绝对贫困向缓解相对贫困的转变过程，认清我国相对贫困的现状与特点十分重要。二是从解决区域发展差距的角度对相对落后地区进行反贫困的区域瞄准，在贫困县全部退出之后，建立新的区域扶贫瞄准体系，构建新时期反贫困主战场，已经是急迫的任务。三是探讨由农村扶贫向统筹城乡扶贫转变的可能性，同时做好反贫困与乡村振兴战略的衔接。

因此，“十四五”期间我国的贫困的任务依旧十分繁重，包括：巩固“精准扶贫”的成果，防止返贫，创造进入缓解相对贫困战略的条件；建立与基本实现与现代化相适应的新时代扶贫开发体制机制，加快推进相对贫困地区的基础设施、公共服务、环境治理和特色产业的发展，推动区域协调发展；巩固和完善社会保障体系，解决低收入人群的收入兜底问题。

三、2019 年区域经济政策综述

2019 年是国家区域政策密集出台的一年，预示着我国区域发展的地位进一步提升，在国民经济中的重要性进一步上升。

（一）关于加快统一规划体系建设的政策[①]

为加快统一规划体系建设，构建发展规划与财政、金融等政策协调机制，更好发挥国家发展规划战略导向作用，中共中央、国务院发布《关于统一规划体系更好发挥国家发展规划战略导向作用的意见》（以下简称《意见》）。《意见》指出，国家发展规划居于规划体系最上位，是其他各级各类规划的总遵循。国家级专项规划、区域规划、空间规划，均须依据国家发展规划编制。

习近平总书记强调：改革重在落实，也难在落实。改革进行到今天，抓改革、抓落实的有利条件越来越多，改革的思想基础、实践基础、制度基础、民心基础更加坚实，要投入更多精力、下更大气力抓落实，加强领导，科学统筹，狠抓落实，把改革重点放到解决实际问题上来。

《意见》指出：以规划引领经济社会发展，是党治国理政的重要方式，是中国特色社会主义发展模式的重要体现。科学编制并有效实施国家发展规划，阐明建设社会主义现代化强国奋斗目标在规划期内的战略部署和具体安排，引导公共资源配置方向，规范市场主体行为，有利于保持国家战略连续性稳定性，集中力量办大事，确保一张蓝图绘到底。改革开放特别是党的十八大以来，国家发展规划对创新和完善宏观调控的作用明显增强，对推进国家治理体系和治理能力现代化的作用日益显现，但规划体系不统一、规划目标与政策工具不协调等问题仍然突出，影响国家发展规划战略导向作用的充分发挥。

1. 明确规划功能定位，理顺规划关系

立足新形势、新任务、新要求，明确各类规划功能定位，理顺国家发展规划和国家级专项规划、区域规划、空间规划的相互关系，避免交叉重复和矛盾冲突。

① 参见：中共中央、国务院《关于统一规划体系更好发挥国家发展规划战略导向作用的意见》。

国家发展规划，即《中华人民共和国国民经济和社会发展五年规划纲要》，是社会主义现代化战略在规划期内的阶段性部署和安排，主要是阐明国家战略意图、明确政府工作重点、引导规范市场主体行为，是经济社会发展的宏伟蓝图，是全国各族人民共同的行动纲领，是政府履行经济调节、市场监管、社会管理、公共服务、生态环境保护职能的重要依据。

国家级专项规划是指导特定领域发展、布局重大工程项目、合理配置公共资源、引导社会资本投向、制定相关政策的重要依据。国家级区域规划是指导特定区域发展和制定相关政策的重要依据。国家级空间规划以空间治理和空间结构优化为主要内容，是实施国土空间用途管制和生态保护修复的重要依据。

2. 统一规划体系，形成规划合力

坚持下位规划服从上位规划、下级规划服务上级规划、等位规划相互协调，建立以国家发展规划为统领，以空间规划为基础，以专项规划、区域规划为支撑，由国家、省、市县各级规划共同组成，定位准确、边界清晰、功能互补、统一衔接的国家规划体系。

提高国家发展规划的战略性、宏观性、政策性，增强指导和约束功能，聚焦事关国家长远发展的大战略、跨部门跨行业的大政策、具有全局性影响的跨区域大项目，把党的主张转化为国家意志，为各类规划系统落实国家发展战略提供遵循。

发挥国家发展规划统筹重大战略和重大举措时空安排功能，明确空间战略格局、空间结构优化方向以及重大生产力布局安排，为国家级空间规划留出接口。科学选取需要集中力量突破的关键领域和需要着力开发或者保护的重点区域，为确定国家级重点专项规划编制目录清单、区域规划年度审批计划并开展相关工作提供依据。

3. 强化空间规划的基础作用

国家级空间规划要聚焦空间开发强度管控和主要控制线落地，全面摸清并分析国土空间本底条件，划定城镇、农业、生态空间以及生态保护红线、永久基本农田、城镇开发边界，并以此为载体统筹协调各类空间管控手段，整合形成“多规合一”的空间规划。

强化国家级空间规划在空间开发保护方面的基础和平台功能，为国家发展规划确定的重大战略任务落地实施提供空间保障，对其他规划提出的基础设施、城镇建设、资源能源、生态环保等开发保护活动提供指导和约束。

4. 强化专项规划和区域规划的支撑作用

国家级专项规划原则上限定于关系国民经济和社会发展全局且需要中央政府发挥作用的市场失灵领域。其中，国家级重点专项规划要严格限定在编制目录清单内，与国家发展规划同步部署、同步研究、同步编制。国家级专项规划要围绕国家发展规划在特定领域提出的重点任务，制定细化落实的时间表和路线图，提高针对性和可操作性。

（二）培育发展现代化都市圈①

2019 年，国家发展改革委发布《关于培育发展现代化都市圈的指导意见》，指出要以习近平新时代中国特色社会主义思想为指导，坚持新发展理念，坚持推动高质量发展，以促进中心城市与周边城市（镇）同城化发展为方向，以创新体制机制为抓手，以推动统一市场建设、基础设施一体高效、公共服务共建共享、产业专业化分工协作、生态环境共保共治、城乡融合发展为重点，培育发展一批现代化都市圈，形成区域竞争新优势，为城市群高质量发展、经济转型升级提供重要支撑。提出到 2022 年，都市圈同城化取得明显进展，基础设施一体化程度大幅提高，阻碍生产要素自由流动的行政壁垒和体制机制障碍基本消除，成本分担和利益共享机制更加完善，梯次形成若干空间结构清晰、城市功能互补、要素流动有序、产业分工协调、交通往来顺畅、公共服务均衡、环境和谐宜居的现代化都市圈。到 2035 年，现代化都市圈格局更加成熟，形成若干具有全球影响力的都市圈。

1. 推进基础设施一体化

以增强都市圈基础设施连接性贯通性为重点，以推动一体化规划建设管护为抓手，织密网络、优化方式、畅通机制，加快构建都市圈公路和轨道交通网。增加城市间公路通道，密切城际公路联系，加快构建高速公路、国省干线、县乡公路等都市圈多层次公路网。鼓励地方对高频次通行车辆实施高速公路收费优惠政策，加快推广 ETC 应用，推动取消高速公路省界收费站，提升都市圈内高速公路通勤效率。实施“断头路”畅通工程和“瓶颈路”拓宽工程，全面摸排都市圈内各类“断头路”和“瓶颈路”，加快打通“断头路”，提升都市圈路网联通程度，推进“瓶颈路”改造扩容，畅通交界地区公路联系，全面取缔跨行政区道路非法设置限高、限宽等路障设施。打造一体化公路客运网络，完善充电桩、加气站、公交站场等布局，支持毗邻城市（镇）开行城际公交，加快推动近郊班线公交化。优化交界地区公交线网，促进与市域公交网络快速接驳。加快推进都市圈内城市间公交一卡互通、票制资费标准一致，健全运营补偿和结算机制，推动信息共享和监管协同。

打造轨道上的都市圈。统筹考虑都市圈轨道交通网络布局，构建以轨道交通为骨干的通勤圈。在有条件地区编制都市圈轨道交通规划，推动干线铁路、城际铁路、市域（郊）铁路、城市轨道交通“四网融合”。探索都市圈中心城市轨道交通适当向周边城市（镇）延伸。统筹布局都市圈城际铁路线路和站点，完善城际铁路网络规划，有序推进城际铁路建设，充分利用普速铁路和高速铁路等提供城际列车服务。创新运输服务方式，提升城际铁路运输效率。大力发展都市圈市域（郊）铁路，通过既有铁路补强、局部线路改扩建、站房站台改造等方式，优先利用既有资源开行市域（郊）列车；有序新建市域（郊）铁路，将市域（郊）铁路运营纳入城市公共交通系统。探索都市圈轨道交通运营管理“一张网”，推动中心城市、周边城市（镇）、新城新区等轨

① 参见：国家发展改革委《关于培育发展现代化都市圈的指导意见》。

道交通有效衔接，加快实现便捷换乘，更好适应通勤需求。

提升都市圈物流运行效率。打造“通道＋枢纽＋网络”的物流运行体系，推动物流资源优化配置。统筹布局货运场站、物流中心等，鼓励不同类型枢纽协同或合并建设，支持城市间合作共建物流枢纽。结合发展需要适当整合迁移或新建枢纽设施，完善既有物流设施枢纽功能，提高货物换装的便捷性、兼容性和安全性。畅通货运场站周边道路，补齐集疏运“最后一公里”短板。提高物流活动系统化组织水平。加强干支衔接和组织协同，大力发展多式联运，推动港口型枢纽统筹对接船期、港口装卸作业、堆存仓储安排和干线铁路运输计划；鼓励空港型枢纽开展陆空联运、铁空联运、空空中转。加强现代信息技术和智能化装备应用，实行多式联运“一单制”。

统筹市政和信息网络建设。强化都市圈内市政基础设施协调布局，统筹垃圾处理厂、污水及污泥处理处置设施、变电站、危险品仓库等市政基础设施规划建设。推动供水、供电、供气、供热、排水等各类市政管网合理衔接，鼓励兼并重组、规模化市场化运营。完善都市圈信息网络一体化布局，推进第五代移动通信和新一代信息基础设施布局。探索取消都市圈内固定电话长途费，推动都市圈内通信业务异地办理和资费统一，持续推进网络提速降费。

2. 强化城市间产业分工协作

以推动都市圈内各城市间专业化分工协作为导向，推动中心城市产业高端化发展，夯实中小城市制造业基础，促进城市功能互补、产业错位布局和特色化发展。

促进城市功能互补。增强中心城市核心竞争力和辐射带动能力，推动超大特大城市非核心功能向周边城市（镇）疏解，推动中小城市依托多层次基础设施网络增强吸纳中心城市产业转移承接能力，构建大中小城市和小城镇特色鲜明、优势互补的发展格局。统筹整合都市圈内新区、园区等各类平台，支持建设一体化发展和承接产业转移示范区，推动创新链和产业链融合发展。鼓励建立联合招商、共同开发、利税共享的产业合作发展机制。

推动中心城市产业高端化发展。加快推动中心城市集聚创新要素、提升经济密度、增强高端服务功能。通过关键共性技术攻关、公共创新平台建设等方式，加快制造业转型升级，重塑产业竞争新优势。以科技研发、工业设计、金融服务、文化创意、商务会展等为重点发展生产性服务业，推动服务业与制造业深度融合，形成以现代服务经济为主的产业结构。

夯实中小城市制造业基础。充分利用中小城市土地、人力等综合成本低的优势，优化营商环境，积极承接中心城市产业转移，推动制造业规模化、特色化、集群化发展，形成以先进制造为主的产业结构。适度提高制造类企业集中的开发区配套用地比例，采取整体出让、集中开发等方式，推动生产制造和生活服务等功能适度混合。强化与中心城市公共服务连通共享，提高中小城市对工程师、技术工人、高校毕业生等人才的吸引力。

加快建设统一开放市场。以打破地域分割和行业垄断、清除市场壁垒为重点，加快清理废除妨碍统一市场和公平竞争的各种规定和做法，营造规则统一开放、标准互认、要素自由流动的市场环境。

3. 推进公共服务共建共享

以都市圈公共服务均衡普惠、整体提升为导向，统筹推动基本公共服务、社会保障、社会治理一体化发展，持续提高共建共享水平。

促进优质公共服务资源共享。鼓励都市圈内开展多层次多模式合作办学办医，支持有条件的中小学和三级医院推进集团化办学办医，开展远程教学医疗和教师、医护人员异地交流，支持中心城市三级医院异地设置分支机构。在都市圈内率先实现与产业链相配套的中高职学校紧缺专业贯通招生。推动病历跨地区、跨机构互通共享，推动医学检验检查结果跨地区、跨机构互认。推动公共服务从按行政等级配置向按常住人口规模配置转变。允许镇区人口 10 万以上的特大镇按同等城市标准配置教育医疗资源，鼓励有条件的小城镇布局三级医院，降低与大中城市公共服务落差。增加健康、养老、家政等服务多元化供给，鼓励都市圈城市联建共建养老机构，加快城市设施适老化和无障碍改造。推动博物馆、剧院、体育场馆等共建共享。

加快社会保障接轨衔接。建设涵盖各类社会保障信息的统一平台，加强都市圈异地居住退休人员养老保险信息交换，推广通过公安信息比对进行社会保险待遇资格认证模式，加快实现养老补贴跟着老人走。扩大异地就医直接结算联网定点医疗机构数量。鼓励有条件的中心城市与毗邻城市开展基本医疗保险异地门诊即时结算合作。加快推动都市圈医保目录和报销政策统筹衔接。推动工伤认定政策统一、结果互认。推动公共租赁住房保障范围常住人口全覆盖，提高住房公积金统筹层次，建立住房公积金异地信息交换和核查机制，推行住房公积金转移接续和异地贷款。

推动政务服务联通互认。全面取消没有法律法规规定的证明事项。除法律法规另有规定或涉密等外，政务服务事项全部纳入平台办理，全面实现同城化“一网通办”。进一步便利跨省市户口迁移网上审批，居民身份证、普通护照、机动车驾驶证异地申领，异地驾考和机动车异地年检、违章联网办理。建立健全民生档案异地查询联动机制。

健全跨行政区社会治理体系。完善突发公共事件联防联控、灾害事件预防处理和紧急救援等联动机制。加强交界地区城市管理联动，强化社区自治和服务功能，建立健全治安维稳、行政执法等协作机制，建立健全安全隐患排查和社区人居环境综合整治机制。建立重大工程项目选址协商机制，充分征求毗邻城市意见。积极利用信息技术手段，推动都市圈治理精细化。

（三）优化区域经济布局①

2019 年，习近平总书记在《求是》杂志发表题为“推动形成优势互补高质量发展的区域经济布局”的文章，为我国下一步优化区域经济布局指明了方向。

习近平指出：当前我国区域经济发展出现一些新情况新问题，要研究在国内外发

① 习近平．推动形成优势互补高质量发展的区域经济布局［J］．求是，2019（24）．

展环境变化中，现有区域政策哪些要坚持、哪些应调整。要面向第二个百年目标，作些战略性考虑。

关于正确认识当前区域经济发展新形势，习近平指出，我国幅员辽阔、人口众多，各地区自然资源禀赋差别之大在世界上是少有的，统筹区域发展从来都是一个重大问题。新中国成立后，我国生产力布局经历过几次重大调整。“一五”时期，苏联援建的156项重点工程，有70%以上布局在北方，其中东北占了54项。后来，毛泽东同志在《论十大关系》中提出正确处理沿海工业和内地工业的关系，20世纪60年代中期开展“三线”建设。改革开放以后，我们实施了设立经济特区、开放沿海城市等一系列重大举措。20世纪90年代中后期以来，我们在继续鼓励东部地区率先发展的同时，相继作出实施西部大开发、振兴东北地区等老工业基地、促进中部地区崛起等重大战略决策。党的十八大以来，党中央提出了京津冀协同发展、长江经济带发展、共建“一带一路”、粤港澳大湾区建设、长三角一体化发展等新的区域发展战略。下一步，我们还要研究黄河流域生态保护和高质量发展问题。

习近平指出，当前我国区域发展形势是好的，同时出现了一些值得关注的新情况新问题。一是区域经济发展分化态势明显。长三角、珠三角等地区已初步走上高质量发展轨道，一些北方省份增长放缓，全国经济重心进一步南移。2018年，北方地区经济总量占全国的比重为38.5%，比2012年下降4.3个百分点。各板块内部也出现明显分化，有的省份内部也有分化现象。二是发展动力极化现象日益突出。经济和人口向大城市及城市群集聚的趋势比较明显。北京、上海、广州、深圳等特大城市发展优势不断增强，杭州、南京、武汉、郑州、成都、西安等大城市发展势头较好，形成推动高质量发展的区域增长极。三是部分区域发展面临较大困难。东北地区、西北地区发展相对滞后。2012年至2018年，东北地区经济总量占全国的比重从8.7%下降到6.2%，常住人口减少137万，多数是年轻人和科技人才。一些城市特别是资源枯竭型城市、传统工矿区城市发展活力不足。

习近平认为，总的来看，我国经济发展的空间结构正在发生深刻变化，中心城市和城市群正在成为承载发展要素的主要空间形式。我们必须适应新形势，谋划区域协调发展新思路。

关于新形势下促进区域协调发展的思路，习近平指出，新形势下促进区域协调发展，总的思路是：按照客观经济规律调整完善区域政策体系，发挥各地区比较优势，促进各类要素合理流动和高效集聚，增强创新发展动力，加快构建高质量发展的动力系统，增强中心城市和城市群等经济发展优势区域的经济和人口承载能力，增强其他地区在保障粮食安全、生态安全、边疆安全等方面的功能，形成优势互补、高质量发展的区域经济布局。

习近平指出，我国经济由高速增长阶段转向高质量发展阶段，对区域协调发展提出了新的要求。不能简单要求各地区在经济发展上达到同一水平，而是要根据各地区的条件，走合理分工、优化发展的路子。要形成几个能够带动全国高质量发展的新动力源，特别是京津冀、长三角、珠三角三大地区，以及一些重要城市群。不平衡是普遍的，要在发展中促进相对平衡。这是区域协调发展的辩证法。

习近平提出四点：第一，尊重客观规律。产业和人口向优势区域集中，形成以城市群为主要形态的增长动力源，进而带动经济总体效率提升，这是经济规律。第二，发挥比较优势。经济发展条件好的地区要承载更多产业和人口，发挥价值创造作用。第三，完善空间治理。按照主体功能定位划分政策单元，对重点开发地区、生态脆弱地区、能源资源地区等制定差异化政策，分类精准施策，推动形成主体功能约束有效、国土开发有序的空间发展格局。第四，保障民生底线。区域协调发展的基本要求是实现基本公共服务均等化，基础设施通达程度比较均衡。

习近平提出促进区域协调发展的主要举措有：第一，形成全国统一开放、竞争有序的商品和要素市场。要实施全国统一的市场准入负面清单制度，消除歧视性、隐蔽性的区域市场壁垒，打破行政性垄断，坚决破除地方保护主义。第二，尽快实现养老保险全国统筹。加快养老保险全国统筹进度，在全国范围内实现制度统一和区域间互助共济。第三，改革土地管理制度。在国土空间规划、农村土地确权颁证基本完成的前提下，城乡建设用地供应指标使用应更多由省级政府统筹负责。要使优势地区有更大发展空间。第四，完善能源消费双控制度。对于能耗强度达标而发展较快的地区，能源消费总量控制要有适当弹性。第五，全面建立生态补偿制度。要健全区际利益补偿机制，形成受益者付费、保护者得到合理补偿的良性局面。第六，完善财政转移支付制度。要完善财政体制，合理确定中央支出占整个支出的比重。

（四）2019 年区域政策文件一览

2019 年中央十分重视区域经济的发展，出台了若干重要的区域经济政策文件，主要包括：

（1）国家发展改革委关于印发《西部陆海新通道总体规划》的通知

（2）国家发展改革委 河北省人民政府关于印发《张家口首都水源涵养功能区和生态环境支撑区建设规划（2019—2035 年）》的通知

（3）国务院关于同意在石家庄等 24 个城市设立跨境电子商务综合试验区的批复

（4）中共中央 国务院《长江三角洲区域一体化发展规划纲要》

（5）国务院关于长三角生态绿色一体化发展示范区总体方案的批复

（6）国务院关于印发 6 个新设自由贸易试验区总体方案的通知

（7）国务院关于印发中国（上海）自由贸易试验区临港新片区总体方案的通知

（8）国务院关于同意设立中国（上海）自由贸易试验区临港新片区的批复

（9）国务院《关于促进乡村产业振兴的指导意见》

（10）国务院《关于推进国家级经济技术开发区创新提升打造改革开放新高地的意见》

（11）中共中央 国务院关于建立国土空间规划体系并监督实施的若干意见

（12）中共中央办公厅 国务院办公厅《大运河文化保护传承利用规划纲要》

（13）中共中央 国务院关于建立健全城乡融合发展体制机制和政策体系的意见

（14）中共中央 国务院《粤港澳大湾区发展规划纲要》

（15）国务院《关于促进综合保税区高水平开放高质量发展的若干意见》

（16）中共中央 国务院关于支持河北雄安新区全面深化改革和扩大开放的指导意见

（17）中共中央 国务院关于对《北京城市副中心控制性详细规划（街区层面）（2016年—2035年）》的批复

（18）国务院关于河北雄安新区总体规划（2018—2035年）的批复

第一部分　文献综述与研究进展

第一章　现代化产业演化发展史

第一节　农业发展史

农业属于第一产业，以土地资源为生产对象，通过培育动植物产品从而生产食品及工业原料。除南极、北极以及沙漠外，其余地球表面几乎都可用于农业生产，其分布范围十分辽阔。

无论是人类历史发展的哪个阶段，农业对于国家和个体而言都是至关重要的经济部门。农业是人类生存的根本，提供人类生存必不可少的食物，它还是一切生产的首要条件，为国民经济其他部门提供粮食、副食品、工业原料、资金和出口物资。农业部门发展的好坏，关系到整个社会的生存、稳定和发展。

对于农业的起源，研究认为全球至少有 11 个独立的农业起源地区，它们具有不同的气候条件、文化和技术水平，这导致产生的农业形态各异（虎威等，2018）。农业产生和发展的过程各不相同，但都是从农业起源中心开始，沿着不同的传播路线，经过引种和农耕方法的传播，然后结合当地的自然和社会经济条件，逐渐形成具有各地特色的不同的农业类型。

一、“四阶段”论和“三阶段”论

对于农业的发展历史，根据划分标准的不同可以有两种阶段划分方法，分别为“四阶段”论和“三阶段”论。

（一）“四阶段”论

“四阶段”论是根据时间发展来划分农业发展史的，它将农业发展阶段分为“原始农业”“古代农业”“近代农业”和“现代农业”。新石器时代的农业即为原始农业。之后，在奴隶制、封建制和殖民制制度下的农业为古代农业，主要依靠人力、畜力进行农业作业，农民主要依靠积累的传统经验以及农业生产技术进行生产，目标是自给自足，人口中很大比重都从事农业生产。严格意义上的近代农业开始于 19 世纪后期和 20 世纪中期经济比较发达的国家，其显著特点就是将近代科学研究成果应用于农业生产中，使用机械化和半机械化农业器具来进行农业生产。农民的生产模式逐渐商品化、社会化，农业生产总值在经济中的占比不断升高，而农民的数量却在不断地下降。现代农业先按下不表。

（二）“三阶段”论

“三阶段”论是根据技术水平来划分农业发展史的，它将农业发展阶段分为“原始农业”“传统农业”和“现代农业”。

原始农业是自然状态下的农业，处于农业的萌芽时期，它存在于新石器时代到铁器工具出现以前的这一段时期，大约七八千年（陶武先，2004）。这一时期的人类农业活动以粗放的“刀耕火种”和撂荒轮垦制为主，使用的是较为粗糙简陋的石制工具，如石制的刀、锄、铲等农具。之后，人类从深度依赖自然逐步发展到主动地创造适合人类生存的环境，并出现分工，形成了村落，为孕育文明奠定了坚实的基础。原始农业时期，人类驯化了许多野生动植物，当今主要农作物和家畜大多在4 000年以前就被基本驯化。然而，由于人类在这一时期对自然的高依赖度，自然基础资源因人类活动遭到了破坏，并且破坏程度随着人口的增加而不断加重。

传统农业是从铁器工具的使用到工业化以前的农业，经历了2 000多年，总体上是自给自足的农业（陶武先，2004）。人类学会制造和使用相对更先进的工具，如铁、木农具，利用人力、畜力、水力、风力和自然肥料，主要凭借长期积累的经验从事生产活动。由原始农业进入传统农业的过程，在西方是从奴隶制的古希腊、古罗马开始的，在中国则发端于春秋战国从奴隶社会过渡到封建社会的时候。传统农业阶段的主要标志是“精耕细作”，该时期的人类开始使用各式各样的种植技术和肥料，提高了耕作效率和产量，农业发展进步极大。其一，该时期的人类具备了利用自然和改造自然的能力，改变了原始农业中只能依靠自然力去恢复土地的情况。肥料的合理使用提高了土地肥力以及粮食产量，物质得到循环利用，从而达到可持续发展的目的。在土地利用方式上，欧洲国家为了更好地使农业和牧业结合，恢复土地生产力，开始实行二圃制和三圃制，轮作休闲并兼有放牧地。相反，我国废弃撂荒制，开始实行土地连种制，种植业和养殖业进一步分离。其二，使用的工具上有了进步，人们学会了炼铁术和使用牲口来帮助农耕，比如发明了用牛耕犁，极大地提高了生产效率，改善了人力资源的使用。

无论是“四阶段”论还是“三阶段”论，目前农业发展的终极阶段就是现代农业。粗略地看，现代农业是从工业革命以来形成的农业，是逐步走向商品化、市场化的农业。现代农业建立在工业产业化迅速发展的基础之上，不仅包括传统的种植业，还包括养殖业、林业、畜牧业等农业部门，同时还包括生产资料、工业食品加工、交通运输、技术和信息服务相关产业（廖晓燕，2009）。与传统农业相比，现代农业是一个动态的概念，现代的、新的生产要素会不断地替代过去的、传统的生产要素，现代科技和农业机械开始在农业生产和经营中大规模应用。

虽然农业在古代的东西方之间存在不同点，但相同的是，农业都是最主要和基础的经济部门。随着18世纪工业革命的发生以及资本主义经济的兴起，西方开始了工业化进程，农业也从传统农业向现代农业转变。而在东方国家，这一过程发生得比西方国家更晚。

根据美国农业发展经济学家John W. Mellor的观点，传统农业向现代农业转换的这一过程可以被分为3个阶段。第一个阶段是传统农业阶段。农业技术在这一阶段的发展缓慢，近乎停滞。第二个阶段是传统农业向现代农业过渡的阶段。随着资本主义和工业化进程的发展，工业大肆扩张，导致大量资本被占用，而农业中劳动比例较大、资本不足，这使得劳动节约型农业机械没有推广使用的条件和空间。因此，劳动实用型的生化技术创新是这一阶段提高土地产出率的主要手段之一。第三个阶段是农业现代化阶段。农业部门在国民经济中所占比重持续大幅度下降，工业化和城镇化使得劳动力大量流入第二、三产业，劳动成本日益升高而资本供给越来越充足，人地比例下降使农场规模趋于扩大。此时，用机器替代劳动具有了经济合理性和现实可行性，劳动节约型的大型机械和其他资本密集性技术得到了发明和应用（程怀儒，2003）。

根据技术发展水平的差异，现代农业在西方总体上经历了近代和现代两个时期。近代时期始于工业革命之后，止于20世纪初，是从传统农业向现代农业过渡的阶段。在这一阶段，除了利用手工农具、畜力农具并施用有机肥外，部分地区已经开始从三圃制过渡到四圃式轮栽制。严格意义上的现代农业阶段，是从20世纪初采用了动力机械和人工合成化肥以后开始的。部分工业化发达的国家在20世纪中期先后完成这一过渡。农业机械、化学肥料、水利灌溉等技术成为现代农业的主要手段（董恺忱，1980）。由于现代农业劳动生产率的提高，农业人口逐年减少，而投放在单位面积上的能量则逐年增加，这种过度投入造成了一定的效率损失和资源浪费。

通过比较可以看出，现代农业和传统农业之间存在一些本质的区别（程怀儒，2003）。

首先，传统农业与现代农业的经营目标不同。传统农业“靠天吃饭”，对抗自然灾害的能力不足，落后的生产技术和地下的生产效率使得农民的农业生产活动大部分仅能维持“自给自足”。因此，传统农业中农民的生产目标是产量最大化，尽量多生产和储备粮食，以防不测，而其增产的主要手段就是加大劳动投入。传统农业主要以家庭作为生产单位，因此增加家庭成员劳动，成本几乎为零。而现代农业的经营目标是追求利润最大化。不像传统农业以自给自足为主要目的，现代农业的大部分经济活动被纳入市场交易，农业生产是为了满足市场的需要，商品化程度高。

其次，传统农业和现代农业的经营规模不同。规模效益是现代农业的明显标志之一，原因有几点：第一，现代农业以追求利润最大化为目标，此目标意味着农业生产的规模需要扩大，不能再像以前，仅仅以个体家庭作为生产单位。第二，现代农业是农产品商品率高的农业。一般而言，经营规模大，农产品商品率才能提高。第三，现代农业是高技术农业。大型农业机械的应用是发展趋势，而这需要较大的作业空间，因此经营规模需要扩大。

最后，传统农业与现代农业的技术含量不同。传统农业主要依赖资源的投入，生产要素从农业部门内部和大自然中获取，农业技术水平低且发展停滞，农业机械在这种人地矛盾突出的情况下不具备应用和推广的条件。而现代农业的发展方向是技术密集型，其生产要素也会由农业部门外部的现代化工业部门和服务部门提供。现代农业的增长方式从单纯依靠资源的外延开发，转向主要依靠提高资源利用率和可持续发展能力的方向上来。

二、现代农业的演进

现代农业的基本特征包括：科学化、机械化、市场化、专业化、产业体系完善化、劳动生产率高效化、环境优良化等。根据以上特征，现代农业的演进可以分为三个阶段：以机械化和商品化为特征的第一阶段、倡导生态农业和可持续发展的第二阶段、以知识经济为特征的第三阶段（宁新田，2010）。

（一）以机械化和商品化为特征的第一阶段

第一次工业革命后，发达国家在轰轰烈烈地进行工业化的同时，农业在工业发展的推动下也开始变化。首先，机械化指的是，农业开始使用机械生产力。工业革命的技术成果不仅促进了工业的发展，在农业领域也有应用，新的农业生产工具和技术手段产生了，农业机械化、电气化、水利化、化学化和良种化等成为新的发展方向。其次，商业化指的是，受工业革命后商品化浪潮的影响，农业生产也从自给自足开始转向商品交换。农产品交易市场从传统的、小规模的、无序的逐渐发展为更大规模的、有序的市场。

这一阶段的农业现代化的程度，在文献中常用以下评价指标来衡量，比如农地水利化程度用有效灌溉面积反映，农机动力装备程度用单位面积或者单位劳动力的动力保有马力数来反映，农业电力化水平用农业用电量来反映（宁新田，2010）。

（二）倡导生态农业和可持续发展的第二阶段

这一阶段是对第一阶段现代农业发展所带来的一系列弊端的反思。工业革命极大地增强了人类改造自然的能力，促进了经济的发展水平，但同时也对环境产生了极大的负面影响。在农业向现代化发展的过程中也是如此。第一阶段的农业现代化发展大大提高了农产品的产出总量，这些农产品满足了大部分人类的生存和生活需要，但也对环境带来了以下负面影响。第一，化肥农药等化学药品的大量使用导致环境污染严重。化肥使用量猛增是农业现代化的特点之一。在提高农业生产率的同时，造成的危害包括：土壤板结，进而水土流失问题严重；许多农药成分在自然环境中会长期存在、不断积累，进而通过地下水、空气等重新作用于人类，威胁人类的身体健康。第二，农田开垦率大大提高，机械化使得人类的活动范围大大延伸，原本无法利用的土地得到开垦，但与此同时，过度开垦农田破坏了生态平衡，导致全球的环境灾难逐渐增多，沙漠化、温室效应等环境问题日益严重。

随着问题日益严重，社会开始倡导人与自然和谐发展的环保理念，可持续发展的思想逐渐深入人心，生态农业、有机农业成为现代化农业的发展新方向。农业生产不再单纯地追逐产出效率，而是综合考量经济效益、生态效益和社会效益。一些新的衡量农业现代化的指标反映了这种理念和趋势，比如有机肥的使用比例、绿色食品销售比例等。

生态农业这一概念诞生于20世纪30年代。一些发达国家在意识到经济发展对环境的负面影响后，提出要发展生态农业，保护农业生态环境。在1986—1996这10年间，欧洲国家生态农地面积年增长率达到30%。

1985 年 6 月，国务院环境保护委员会发文提出发展生态农业，这是在国内环境污染事件频频发生以及首次联合国人类环境会议的背景下，提出的农业发展新方向。1985—2011 年间现代农业的主要特点就是以效率优先、兼顾环保，是生态农业示范阶段。这一时期的生态农业示范县建设在全国起到了较大的带动作用，但在数据上表明，其农业经济的主要特征依然是效率优先。在 2012 年之后，农业现代化的内涵进一步扩大，高效、优质、节约、友好成为现代化农业在多方面的新诉求（臧云鹏，2019）。

（三）以知识经济为特征的第三阶段

当前，知识正在超越劳动、资本等，成为经济发展和生产中最重要的生产要素，知识经济时代正在来临。简单地说，知识经济就是以知识作为基础的经济，是建立在知识生产、交易、流通、消费全过程基础上的经济，是以人的智力资源和技术为动力的新型经济形态。

在知识经济年代，农业现代化的首要因素和根本动力就是科技创新。现代农业生产力的发展很大程度上取决于知识和技术的创新和运用，而不是单纯得依赖土地、劳动力和工具等生产条件。因此，农民需要具有较高的科学文化素质，以使得高科技能广泛应用于农业生产的各个环节。信息网络的普及和应用将更为深入，商贸流通的信息网络将把农业生产单位纳入现代市场流通网络中，推动个体农业走向集约化、规模化、企业化和产业化。由于知识作用于自然资源和物质资本的能力大大提高，农产品的价值不再单纯地由物质资本的稀缺性所决定，而是在很大程度上取决于所包含的知识资本的价值。知识经济是促进人与自然和谐、可持续发展的经济。

第二节　工业发展史

工业是指从自然界取得物质资源和对原材料进行加工、再加工的社会物质生产部门。根据国际标准行业分类，工业是第二产业的重要组成部分，主要分为轻工业和重工业两大类。作为国民经济的支柱产业、社会分工发展的产物，工业从手工业发展到机器大工业，再发展到如今的现代工业。在古代社会，农业是最主要的产业，手工业作为工业的一种，在当时只是农业的附属。直到 18 世纪英国发生工业革命，以手工技术为基础的工场手工业逐步转变为机器大工业，工业开始发生翻天覆地的变化，并从农业中逐渐脱离，成为一个独立的物质生产部门。19 世纪末到 20 世纪初，由于科学技术的不断进步，工业开始逐渐进入现代工业的发展阶段。20 世纪 40 年代的电子技术等为工业引入了电子控制的自动化机器和生产线，自动化成为工业生产的新特点。70 年代开始兴起的新技术革命又对工业的基本面貌产生了极大的冲击，不仅是自动化，智能化、信息化等成为当代工业生产的发展方向。

工业在国民经济中的地位是毋庸置疑的，作为当今国民经济的主导产业，工业决定国民经济现代化的速度、规模和水平。工业不仅为部门自身和其他国民经济部门提供原材料、燃料和动力，还为人们的日常生活提供工业消费品。工业在国家财政收入中做出了巨大的贡献，是一个国家政治独立、经济自主、国防现代化的根本保证。

一、四次工业革命

工业的发展历程以四个工业革命为标志，可以分为以下四个阶段：以蒸汽机技术为标志的“工业1.0”时代，以电力和内燃机技术为标志的“工业2.0”时代，以电子计算机技术和可再生能源为标志的“工业3.0”时代以及以智能化、数字化、网络化等为技术特征的“工业4.0”时代。

自从进入工业社会，人类的发展史就与每次工业革命紧密相关，每一次的工业革命都对整个社会的发展产生了巨大的影响和推动作用，人类在政治、经济、社会、文化等各方面都发生了一次又一次的重大跳跃，这种变化不仅发生在生产模式上，也发生在生活模式上。接下来具体介绍四次工业革命的内容来体现工业的发展历程。

（一）以蒸汽机技术为标志的“工业1.0”时代

第一次工业革命始于18世纪60年代，止于90年代中期，开创了“工业1.0”时代，也叫作“蒸汽时代”。

第一次工业革命最早出现在英国，其标志是珍妮纺纱机的发明和蒸汽机的使用。在这之后，人类的生产方式逐渐从人力和手工转变为化石能源和机器，这极大地提高了生产效率，经济和社会发生了极大的改变。英国作为世界上第一个完成工业化过程的工业国，成为当时世界的主导者。在英国，工业革命首先出现在工场手工业最发达的棉纺织业。随着生产的不断扩大、对产量的需求不断增加，手工生产的效率和性价比逐渐无法跟上经济的发展步伐，时代的发展迫切需要进行一次技术大变革。于是，珍妮纺纱机被发明出来，并应用到生产当中。这拉开了工业革命的序幕，此后，机器的发明和应用在众多其他生产领域比如采煤、冶金等部门，也越来越常见。而随着机器生产的不断推广，原有动力已无法满足其生产需求，对新动力的需求日益增加。瓦特改良的蒸汽机，为工业生产提供了至关重要的动力源。改良后的蒸汽机具有低耗能、高效率的优点，这促进了工业生产能力的进一步提高。

第一次工业革命所开启的“工业1.0”时代使得人类漫长的农业社会发展出现了重大转折，手工劳动被机器生产所替代，手工作坊被工厂制所替代，国家逐渐从农业国转变为轻工业国，世界文明开始逐渐从农耕文明向工业文明过渡，经济中心也从东方转向了西方，主要指欧洲。不仅如此，第一次工业革命还为之后重工业的发展奠定了基础，准备了条件。而对于人类而言，机器的出现和在生产中的应用在一定程度上节省了工人的体力，劳动生产效率也大大提高。从此，工业生产就成为人类创造物质财富的主要方式。

（二）以电力和内燃机技术为标志的“工业2.0”时代

第二次工业革命开始于19世纪后期，持续到20世纪初期，主要发生在美国、德国和日本等国家，英国沉浸于第一次工业革命后的成功之中，错失此次发展机会。“工业2.0”时代又称为“电气时代”，其标志是，内燃机作为工具机以及电力、石油作为新能源得到了广泛的应用，以煤炭作为能量来源的蒸汽机被取而代之。

在第一次工业革命之后，经济发展空前高涨，欧美主要国家的工业发展迅速，传统的蒸汽机动力和机制技术已经远远不能适应经济生产的要求。为了进一步提高经济效益和生产力，对新技术和新动力的开发必不可少。1831 年，英国科学家法拉第首次发现电磁场感应现象，奠定了第二次工业革命的科学理论和实验基础，使得电力的使用和推广成为可能。除了电力之外，内燃机的广泛使用是第二次工业革命的另一个标志。活塞式内燃机源于荷兰物理学家惠更斯的研究发明，可以为生产机器、农业器械、汽车等提供动力，由于其灵活方便、热效率高、功率大、转速范围大等优点，很快在生产中得到了广泛的推广应用，迅速成为最重要、使用最多的动力装置。内燃机的应用直接带动了一系列工业的发展，其中包括飞机制造业、远洋运输业、航空运输业、石油开采和石油化工业等。随着石油的开采，更加便于携带的汽油、柴油逐渐取代煤炭，成为内燃机的燃料，石油的战略地位日益重要。

与第一次工业革命相比，在“工业 2.0”时代，工业生产范式从小批量制造转变为大批量生产、大规模定制，使用的是标准化设备和流水生产线，主导工业体系是重化工业，其中，支柱部门包括重型机械、重化工、电气设备、汽车、石油化工、合成材料、家用电器等。

在这一阶段，国家的工业总产值开始逐渐超过农业总产值，工业部门内部，重工业比重逐渐超过轻工业比重，形成了以重工业为主导的工业布局，从轻工业国转变为重工业国。电力、钢铁、化工、铁路、汽车等工业兴起，石油成为主要使用的新能源，交通迅速发达，世界各国交流更趋频繁，国际经济走向全球化。世界经济领导者的位置从英国转让到了美国的手中。

（三）以电子计算机技术和可再生能源为标志的“工业 3.0”时代

第三次工业革命始于第二次世界大战后，并持续至今，以电子计算机技术和可再生能源等为基础开创了“工业 3.0”时代，即“信息时代”。

目前，学界对第三次工业革命的理解仍存在很大的分歧。综合的看法认为第三次工业革命在范围上包括信息通信技术革命和可再生能源革命（贾根良，2014）。与前两次工业革命相比，第三次工业革命以原子能、电子计算机、空间技术和生物工程的发明和应用为主要标志，涉及的领域更加广泛，包括信息技术、新能源技术、新材料技术、生物技术、空间技术和海洋技术等。

电子计算机技术的出现，又一次极大地改变了工业生产模式，对社会产业结构、人类生活方式也具有极大的影响，是现代人类文明发展的一大进步。具体地，早到 20 世纪中期，计算机系统被应用到工业制造中，植入机床形成数控机床，这在一定程度上缓解了规模生产导致产品同质化严重的问题。通过对生产设备进行微调，厂商可以生产出有一定差异性的产品，以满足消费者的差异化需求，而且相比原来，生产延时问题和调整设备的成本问题都减轻不少。工业生产的数字化、信息化、自动化程度越来越高。

此外，可再生能源革命也是第三次工业革命的一部分。前两次工业革命主要采取的是“肮脏生产方式”，也就是以大规模使用化石能源为基础的生产范式，对环境采取先污染后治理的态度，这导致全球生态环境恶化问题和不可再生能源的枯竭问题日趋严重，对人类的生存造成威胁。因此，在第三次工业革命中，人类开始思考绿色和清洁的生产方式，因为绿色技术和可再生能源革命是解决问题的根本出路。

（四）以智能化、数字化、网络化等为技术特征的“工业4.0”时代

“工业4.0”的概念是在2013年德国汉诺威工业博览会由多家机构共同提出的，包括德国工程院、西门子公司、弗劳恩霍夫协会以及部分德国学术界和工业界其他代表。它的目标是实现传统工业与信息物理系统、物联网、机器对机器通信等现代信息技术相结合，现代工业进入一个生产成本更低、效率更高、过程更智能化、数字化和个性化的全新阶段。第四次工业革命将以智能制造作为主导，以制造业智能化、数字化、网络化为核心技术，实现信息技术、生物技术、新材料技术、新能源技术的广泛渗透，这会是一场推动所有工业领域智能化、绿色化的技术革命。

在这一阶段，我们将预期，实体物理世界与虚拟网络世界将通过大数据、云计算、物联网等新技术连接，进而实现工厂的智慧制造。机器将被赋予自我学习和自我认知的能力，通过信息物理系统来保证产品的可追溯性和智能维护，实现对产品的生命全周期管理，同时进一步满足生产多样性和消费需求个性化的需求。在“工业4.0”时代，机器将进一步取代人工，并实现万物互联。

德国已在2013年将“工业4.0”列入国家战略规划，计划在未来10～15年内实现初步的“工业4.0”状态。对于德国，工业基础强大是其经济的特征，特别是在机械和设备制造、自动化和能源产业等方面，德国不允许工业发展停滞，因此实施“工业4.0”对其至关重要。

二、我国的工业发展历程

我国现代工业起源于19世纪60年代的洋务运动，比发达国家晚了100年的时间，这加剧了当时中国落后挨打的局面。在第一次工业革命后，欧美发达国家经济蓬勃发展，顺利脱离近乎停滞的“马尔萨斯”增长模式。而我国却由于闭关锁国，错过了这个重要的发展契机，未能及时跟上发达国家的步伐，从农业文明转向工业文明。此后，晚清政府、北洋政府和民国政府的努力也未能弥补这一次的错失，而且与世界强国之间的差距也在进一步扩大。

直到新中国成立，这70年的努力才使得我国的工业发展能够逐步追上并在某种程度上超越发达国家。我国的工业化探索过程艰辛而曲折，也取得了优异的成果，用70年的时间完成了发达国家数百年才完成的工业化路程。如今，我国已经建成了全球最为完整的工业体系，成为世界第一工业大国，被称为“世界工厂”，工业成为推动我国现代化和经济发展的主动力。

总体上来看，我国的工业发展进程可以根据改革开放划分为两大历史时期，分别为改革开放前和改革开放后。更细致地，根据肖翔和武力（2020）等的研究，我国现代工业的发展可以划分为以下三个时期：计划经济体制下重工业优先发展时期（1949—1978年），改革开放后注重工业数量时期（1979—2012年），以及经济新常态下注重工业质量、效率和创新的时期（2012 年至今）。

（一）计划经济体制下重工业优先发展时期（1949—1978 年）

刚成立的新中国百废待兴，急于摆脱落后挨打的地位，迫切希望实现大国经济独立发展，选择向苏联学习，走重工业优先发展的道路。1949 年 9 月，中国人民政治协商会议通过的《中国人民政治协商会议共同纲领》中明确指出："应以有计划有步骤地恢复和发展重工业为重点，例如矿业、钢铁业、动力工业、机器制造业、电器工业和主要化学工业等，以创立国家工业化的基础。"这一时期的工业发展战略核心是，政府作为投资主体、国家指令性计划作为配置资源手段的封闭性的重工业优先发展（谢伏瞻等，2019）。

重工业是国民经济的根基，是大国建立独立经济体系、巩固国家安全的关键。新中国成立初期，由于帝国主义、封建主义和官僚资本主义的长期压榨和连年战争的破坏，国民经济千疮百孔，处于崩溃状态，工业基础极其薄弱。"一五计划"时期（1953—1957 年），我国确立了重工业优先发展战略，并在苏联的援助下兴建了 156 个重点建设项目，奠定了中国初步工业化的部门经济基础，被称为"工业化奠基之役"。其中，能源工业数目为 52 项，冶金工业为 20 项，机械工业为 24 项，军事工业为 44 项，化学工业为 7 项，轻工业和医药工业仅为 3 项（肖翔和武力，2020）。以这些项目为核心，以 900 余个限额以上大中型项目配套为重点，初步建起了工业经济体系。"一五计划"时期，我国工业增加值从 119.8 亿元增长至 1957 年的 271 亿元，年均增长率达 17.73%左右，工业在国民经济中所占的比重从 17.64%增加到 25.34%（喻冬冬和魏超，2020），钢铁、煤炭、棉布等主要工业产品产量有了大幅提升。

随着工业化的大规模推进，我国以钢铁工业为代表的基础工业落后的弊端日益凸显，从 1958 年开始，我国陆续发生了"中苏交恶""三面红旗""以阶级斗争为纲""文化大革命"等重大事件，矛盾日益突出，工业发展大起大落。例如，1958 年开始的"大跃进"片面强调经济发展速度，强调重工业尤其是钢铁工业的核心地位，导致我国轻重工业结构严重失调，工业发展畸形，重工业产品质量下降，国民经济陷入极其困难的境地。

这一阶段的工业发展历经曲折和磨难，甚至出现倒退，但是总体上的趋势发展是好的，工业在这 20 年的努力下还是取得了巨大的进步。最重要的进步是，我国开始建立起比较独立完善的工业体系，为之后的工业发展奠定了坚实的基础。其中，在内地和少数民族地区，兴建了一批新的工业基地。基础型工业如钢铁、电力以及石油等，与发达国家的发展差距逐渐缩小。汽车、航天、国防工业等从无到有，逐步建立起来，特别是"两弹一星"的成功发射，提升了对国家政治稳定、人民安全保障的信心（黄群慧，2019）。不足之处在于，高度集中的计划经济体制未能克服经济效率问题，我国不仅未能赶上工业发展的世界先进水平，甚至工业增长速度一度低于印度、巴西等发展中大国，技术密集型工业产品也仅仅实现了第一步"从无到有"，发展水平与世界经济强国相比差距甚远（肖翔和武力，2020）。

（二）改革开放后注重工业数量时期（1979—2012 年）

1978 年，党的十一届三中全会把党和国家的工作中心转移到了经济建设上，拉开了改革开放的序幕。改革开放后，我国逐渐形成了“发展才是硬道理”的发展观，开始进入中国特色社会主义工业化建设时期，积极探索确立了社会主义市场经济体制下的工业化道路。肖翔和武力（2020）将这一时期分为两个阶段，分别为工业外延式发展阶段（1979—1997年）和重化工业重启阶段（1998—2012年）。

1. 工业外延式发展阶段（1979—1997年）

改革开放前，我国经济长期处于“短缺状态”，生活消费品严重不足，人民的生活长期没有得到改善。工业在这一阶段的外延式发展使得我国得以告别“短缺经济”，经济从“卖方市场”逐步向“买方市场”过渡。我国在这一阶段开启了快速工业化的进程，发展的主要任务从前期的恢复生产、快速构建基础工业体系、片面优先发展重工业逐渐调整为农、轻、重协调发展，并提高了消费品工业的发展地位，加大对农业、轻工业、服务业的扶持力度，满足人们生活需要，进一步调整了重工业的服务方向，逐步地调整各方面严重失调的产业比例关系。

这一阶段的工业化快速推进的主要动能来自几个方面：一是国有企业改革极大地提高了国有企业效率，国有企业的发展潜力通过两权分离、承包责任制等改革手段得以释放。二是乡镇企业和民营经济从无到有、迅速发展，并有很大部分都集中在当时较为短缺的消费工业领域，不但激发了整个国民经济的活力，还改善了我国工业结构，推动了我国工业的均衡发展。三是社会主义市场经济体制的逐步建立以及以市场作为资源配置的手段，为工业化快速推进提供了充足的条件和支持。

2. 重化工业重启阶段（1998—2012年）

在告别“短缺经济”之后，我国经济发展的主要困扰变为国内需求不足。1998年底，我国人均GDP超过800美元，提前完成国民经济翻两番的目标，解决了人们的温饱问题，经济运行开始由过去的供给约束型转变为需求约束型，为了维持经济的增长，就需要扩大内需和对外出口，因此政府采取了积极的财政政策和稳健的货币政策，以及推动城市化、刺激房地产发展等措施。于是，我国的产业结构在这个阶段呈现出重工业化重启，以带动工业进一步发展的态势。1999年以后，重化工业表现出强劲的增长，工业中重工业的比重持续增加。最终，我国在2011年成为世界第一大工业国，实现了在量这一方面对发达国家的赶超。

新一轮的重化工业重启的动力主要来自三方面。一是两次金融危机促使政府采取一系列措施以刺激经济增长，比如大规模扩大基础设施投资，这有效拉动了重化工业的发展。二是居民收入提高带来消费升级和需求扩大，人们的消费结构逐渐从日用消费品主导升级到以房地产、汽车等耐用品为主导，这也是重化工业在这一时期高速发展的原因之一。三是政府价格管制导致土地、能源、资源等要素价格被压低，相当于对资本密集型产品进行了补贴，这为重化工业部门的发展提供了良好的资金条件。

然而，粗放型发展模式仍是这一时期的工业采取的主要模式，虽然这种模式能够促进经济迅速增长，但其高投入、高消耗、高污染、低效率的特点会导致资源大量浪费、环境污染严重等问题。因此，2002年，党的十六大报告中就提出，我国的工业发展必须要“坚持以信息化带动工业化、以工业化促进信息化，走出一条科技含量高、经济效益好、资源消耗低、环境污染少、人力资源优势得到充分发挥的新型工业化路子”。

（三）经济新常态下注重工业质量、效率和创新的时期（2012 年至今）

2012 年，我国经济进入新常态，经济增速放缓，人口红利在达到顶峰之后逐渐衰减。我国的社会主要矛盾也从“人民日益增长的物质文化需要同落后的社会生产力之间的矛盾”转变为“人民日益增长的美好生活需要和不平衡不充分的发展之间的矛盾”，片面追求速度和数量的发展方式，已经无法满足人民日益增长的美好生活需要。我国经济发展正从高速增长逐步转向高质量发展，注重工业发展的质量、效率和创新成为当前工业发展的重要目标。

当前，我国工业发展面临以下困扰：一是工业结构不合理问题长期存在，高端产能不足，低端产能过剩问题突出，日益成为工业发展的障碍。问题具体体现在，传统工业领域产能严重过剩，比如钢铁、水泥、平板玻璃等行业，这说明无效和低端供给较多；而数控机床、石化装备等高端产业则产能不足，有效和中高端供给缺乏，比如，近年来我国大型民航客机 100％依赖进口，数控机床 70％、石化装备 80％依赖进口。因此，我国提出“供给侧结构性改革”来优化产业结构，经过几年的努力，钢铁、煤炭的“十三五”去产能目标基本完成，工业产能利用率稳中有升。二是创新能力不足制约工业企业的竞争力。创新能力是当前经济增长和工业发展最重要的驱动力。单纯靠增加资源投入等对经济增长的边际贡献逐渐降低，要想提高工业发展质量和效率，就必须舍弃单纯以要素投入、物资消耗为主的增长模式，积极进行自主科学创新活动，以技术创新驱动工业发展。只有让“中国制造”变成“中国创造”，才能保持经济的持续增长。

从国际竞争角度来看，低端层面，在印度、越南等国家的低成本面前，我国优势不再。高端层面，我国工业受到美国“再工业化”、德国“工业 4.0”的挤压，如今，我国与发达国家之间的工业差距早已不再是数量上的差距，而是质量和效率上的差距，是技术创新能力上的差距。为了实现工业质量、效率和创新上的发展，我国于 2015 年提出了“中国制造 2025”，力争通过“三步走”实现制造强国的战略目标。第一步：力争用 10 年时间，迈入制造强国行列。第二步：到 2035 年，我国制造业整体达到世界制造强国阵营中等水平。第三步：新中国成立 100 年时，制造业大国地位更加巩固，综合实力进入世界制造强国前列。制造业主要领域具有创新引领能力和明显竞争优势，建成全球领先的技术体系和产业体系。当前，我国的 5G 通信技术走在世界前列，商用条件已经成熟。2020 年 7 月 31 日，北斗三号全球卫星导航系统建成，体现了我国的综合国力强盛，是国家核心技术自主可控的标志性工程。这都体现了我国自主创新能力的不断提升。

第三节　服务业发展史

服务业是国民经济中的后起之秀，其发展程度一度甚至至今仍然是判断一国经济势力的重要标志。依托农业和工业的繁荣，服务业走过了生活服务、商业服务、生产性服务等多元化发展过程。20 世纪 80 年代以来迅猛发展，随着产业服务化和服务业专业化的发展，诸多国家呈现“服务型经济”社会，尤其是发达国家依托生产性服务业获取了大量利润。然而，过度发展服务业所带来的问题也开始显现，探索服务业的合理规模及其与一二三产业的关系应该成为一个研究重点。

一、服务业的诞生与学术研究之始

服务业的起源时间很难确定，因为一些服务形态古已有之，诸如医生诊疗服务、餐饮铺子、教育服务等，虽然服务形式、技术和内容有些已经大不相同，但这些服务于人类生存生活的事物却延续下来，并成为人们生活的基本需求，甚至由于收入水平的提高，以及对生活、健康、发展等要求的增多，越来越成为基本需要。但基于形成产业的要求来看，服务业是三次产业中成型最晚的。服务业产生于对第一、第二产业从业人员的生活生产照料和服务，可以看作由第一、第二产业衍生而来。随着服务体量增大，产业细分程度加深，服务范围已经可以涵盖所有三次产业人群。最初，服务业的形态仅仅是餐饮、家政、商贸、物流等一般性产业，受限于分工简单、人口收入水平低，服务业的发展非常缓慢，种类有限。但是，随着工业和农业规模化发展逐渐加剧，工业生产能力提高后，服务业的市场得以扩大，随着需求增多和服务业本身的创新与衍生，服务业的规模和业态逐渐增多。

从学术研究的角度，服务业划分的思想被认为是源于威廉·配第的《政治算数》，该著作提出了劳动力从农业转向工业进而转向商业的规律。斯密（1776）、萨伊（1803）、富克斯（1968）等提出了服务业的无形性、消费与生产的同时性等特点。鉴于服务业与第三产业密不可分，甚至习惯将服务业作为第三产业的俗称，因而第三产业的研究历程也与服务业紧密相关。1935 年，英国经济学家阿·费希尔在其《安全与技术进步的冲突》中首次提出“第三产业”的概念。1957 年，科林·克拉克在《经济进步的条件》中以“服务性行业”代替了“第三产业”，并认为“服务性行业”的提法优于“第三产业”。不过，服务业与第三产业是有所区别的。例如，第三产业通常用于指某个国家内部或某个地区除第一、第二产业之外的产业，而服务业则可以用于称呼跨国发展的产业。马克思则认为服务业是用于交换的劳动过程或活动。我国 1958 年将第三产业划分为流通部门、服务部两个部门和四个层次，2003 年将产业层次取消。

二、服务业的发展与繁荣

工业革命之后，依托农业和工业生产效率的大幅提升，社会分工深化，生产规模提升，生活生产方式发生变化，服务业获得长足发展，到 20 世纪 50—70 年代，服务业主要为社会经济提供财务、存货管理等管理职能，之后向提高全要素生产率的管理咨询、工程咨询、商业服务等服务方向发展。20 世纪 60 年代以后，发达国家服务业体量显著增加，诸多发达国家进入后工业化社会。20世纪80年代，全球经济呈现向服务型经济转型的态势。20世纪90年代之后，服务业在促进创新和设计、跨企业部门、跨行业、跨国跨地区等的合作、融资等方面为工业发展提供助力。在这一过程中，契约制度的改善、思想的解放、市场的开放、制造业的繁荣、基础设施的完善、集群式生产方式的形成、监管条件的放松等起到了较大的推动作用。到1990年，发达国家服务业比重达到65%。全球金融危机发生的2008年美国服务业增加值占GDP比重达到了74.53%，之后服务业增加值占GDP比重波动上升，到2017年达到77.37%。这一时期，发达国家在其发达的工业基础上发展形成了以研发、品牌、设计、标准、专利、营销等高附加值的生产性服务业，借此在制造业产业链上攫取高额利润。在学术及现实分析中，价值链的微笑曲线往往将这一部分作为高附加值的一端。服务业因此成为衡量国家或地区经济发展的一个标志。

服务的发展成为经济学界和实践者力促的事情。在中国，学术研究者的论文、网络新闻、深度报道等文章中经常见到对我国服务业比重低的批判，认为我国服务业比重过低，是经济发展的短板，妨碍产业结构高级化和经济发展。服务业比重成为促进服务业发展的一个数字化衡量标准，提高服务业比重一度成为各级政府部门的一项业绩，甚至成为产业结构高级化的标志，也成为区域经济转型升级的重要指引。服务业备受重视的一个标志是地区发展综合定位中体现了发展服务性质的行业。例如，北京市的战略定位是政治中心、文化中心、国际交往中心、科技创新中心，上海市“立足2020年，基本建成国际经济、金融、贸易、航运中心和社会主义现代化国际大都市”等，越是大都市，定位在服务业方面越受重视。2019年，中国服务业增加值占GDP的比重已经达到53.92%，国家统计局统计的31个省市区中仅有福建、陕西两省第三产业增加值低于第二产业增加值，其余29个省市区第三产业增加值均大于第二产业增加值。与此同时，国外服务业的发展也可谓突飞猛进。到2019年，卢森堡服务业增加值占GDP的比重达到79.16%，英国为71.26%，以工业制造闻名的德国，2019年第三产业增加值占GDP的比重也达到70%。发展中国家服务业比例也不断提高，印度从1960年的38.78%增长到2019年的49.88%；越南从1986年的33.06%增长到2019年的41.64%；缅甸从2008年的37.06%增长到2018年的40.69%。

服务业的规模不仅在单个国家迅速扩大，在国际上，服务业也突破服务半径或依靠跨国公司、跨国投资等形式“攻城略地”。与能够提供有形商品的产业相比，在很长一段时间内，服务业显然有诸多发展劣势：第一，服务供给和消费是同时进行的，服务难以贮存；第二，服务受距离影响较大，服务半径较难拓展和延伸；第三，服务的提供受限于从业人员的综合能力；第四，服务需求受限于居民闲暇时间；等等。这些劣势在技术发展、产业服务化和服务产业化的作用下逐渐得以改善。如今，人们有更多的方法和手段贮存一些“服务”。例如，使用信息储存技术记录教育、娱乐等服务内容，利用互联网等信息技术、快递服务、保鲜技术等传送餐饮服务，利用信息通信技术制作景点虚拟观赏空间减少人们旅行时间，交通运输技术的发展扩展了服务半径并扩大了服务市场。通信技术和运输技术的发展，使标准化的服务能够扩展到海外。早在2006年，联合国贸易和发展会议发布《2006年世界投资报告》就指出跨国公司的直接投资重点转向服务业。

在服务业的兴旺发达潮流下，生产性服务业作为不面向消费者的服务业行业备受关注。一方面，因为生产性服务业体量大，占服务业总体的比重较大，若以中间需求率大于50%划定生产性服务业，很多国家的生产性服务业增加值占服务业增加值的比重在20世纪90年代就已经超过50%，我国2007年该比值为63.79%；另一方面，生产性服务业对于促进第一产业、第二产业甚至第三产业的发展有重大推动作用。生产性服务业与制造业的生产、设计、效率和产品质量的提升、品牌打造等生产环节有紧密联系，其作用可分为直接作用和间接作用。直接作用如研发、设计类服务业，发挥间接作用的主要是从事管理咨询、采购等功能的产业。生产性服务业的崛起往往意味着工业设计和产业服务水平的提升，因而备受关注。各国在发展服务业过程中对生产性服务业多有重点关注，我国国家和地方规划中多次对生产性服务业的发展提出要求。与此同时，生产性服务业中的高级生产性服务业和知识密集型服务业更受重视，尤其是在大都市具有知识服务集群发展的条件下，几乎成为都市区发展的一个必然方向。集群化是知识型服务业的一个典型特征，如金融街、大学周边的研发设计圈。当然，也有一些国家和地区的生产性服务业呈现分散态势。例如，法国和美国的生产性服务业在20世纪70年代的空间分散现象，这种现象通常由政府政策或者市场需求变化所导致。

目前，我国的服务发展门类比较丰富，生产性服务业处于迅速发展中，服务业与第一、第二产业呈现融合态势，如“六次产业”就是一二三产业融合带来的新的形态。但与国外发达国家业态丰富、国际品牌形象深入人心、生产性服务业发达、知识密集度高等特点相比较，我国服务业的发展虽然总量已经较大，但质量还不够高，主要体现在：低端服务业多、高端服务业少、服务品牌少、国际竞争力低、生产性服务业偏弱、知识技能含量低、高端服务业种类少等。高端服务业和知识密集型服务业是我国亟待提升的行业。

三、服务业过度发展的问题与反思

服务业的发展无疑是有很多优点的，对于国家经济繁荣和技术进步有重要的影响，尤其具有很强的就业吸纳力，部分服务业尤其是中低端服务业往往具有较强的根治性，对于促进区域经济发展有重要帮助。生产性服务业所处的高附加值环节提高了国民收入。因而，20世纪80年代以来，发达国家产业出现“去工业化”现象，重点发展研发、设计、营销、金融、信息处理等，而将制造环节转移到低劳动力工资的发展中国家，这在很长时间内维持了发达国家的繁荣，并且利用定价权获取高额利润。但是，已经有越来越多的学者和官员意识到服务业比重过高和去工业化会带来一些甚至很严重的问题。

服务业过度发展带来的首要问题是距离制造业太远，无法获得最新的市场反馈，因而在工业技术创新方面的能力可能会受到影响，影响研发设计水平的可持续性发展。

服务业的过度发展使得参与第二产业的人员减少。有数据显示，20世纪90年代，美国、欧盟制造业从业人员数已经下降到20%以下，这意味着从事科学、严谨、理性工作的人口数量降低，严重情况下，可能造成社会大众群体对科技知识水平的忽视，降低大众基本科学素质水平，严重情况下引致“反智”社会或降低对于其他科学事物的接受能力，甚至可能因为群体缺乏尊重科学规律的意识而带来重大决策失误。

服务业发展存在鲍莫尔成本病问题。发达国家通过高端和知识密集型服务业所获取的高额利润会促使本国一般性服务业收入水平的上升，造成对一般性服务业收入价值的高估，一旦高端和知识型服务业出现问题，低端人口的收入可能急剧下降。随着智能技术的发展，一般服务业被替代的可能性增大。未来，由服务业创造出来的就业机会可能大大减少，这些从事一般服务业的人口未来的发展前景堪忧。相对于制造业，服务业的生产效率提升较难，有时候，甚至是越高端的服务业越会注重传统的生产方式。这在产业发展不是很发达的时候对经济发展是有助力的，如有助于提高就业率。但是，当一个国家经济发展水平已经较高，这样的问题就造成一般服务业的成本偏高，服务业比重可能很高，但实际产生的价值在一般统计数据中被高估。

部分服务业的过度发展可能会带来灾难，金融危机的产生就缘于此。这样让人们意识到金融的过度创新、监管太松、金融衍生市场的无序运行等问题的存在，也是我国提出“金融行业服务实体经济”的事实依据。

就我国来讲，在工业现代化目标还没有实现的时候，在我国“未富”的情况下，过度发展服务业会造成工业就业人员的减少，工业力量的削弱，影响工业发展基础。金融行业等的过度发展产生金融泡沫，影响实体经济进步，甚至影响社会经济的可持续发展。因而，服务业的合理规模将是未来的一个重要研究方向。未来，服务业的发展看点和研究重点有很多。例如，服务业与第一、第二产业的合理比重，服务业与第一、第二产业之间互动机制、路径与影响因素，服务业内部结构的合理化问题，以及如何在新技术发展的条件下促进服务业的发展，又如何实现在劳动力被智能机器人替代的情况下服务业从业人员的发展问题等。

参考文献

程怀儒．传统农业向现代农业转变是中国农业的根本出路［J］．农村经济，2003（09）：51－53.

邓秀新．现代农业与农业发展［J］．华中农业大学学报（社会科学版），2014（01）：1－4.

董恺忱．世界农业发展历程述略——兼论东西方农业的特点（下）［J］．世界农业，1980（04）：16－19.

杜建国．浅谈从中国农业发展史看农业的传统与现代［J］．南方农机，2018，49（21）：94＋96.

虎威，马婉玉，刘露．农业发展历程及趋势［J］．农业科技与信息，2018（05）：122－128.

李燕．中国现代农业发展的历史经验与现实思考［J］．科学社会主义，2011（01）：128－131.

廖晓燕．浅谈建设社会主义新农村的产业支撑——建设现代农业［J］．知识经济，2009（07）：43＋53.

刘晓鹏，韩善红，于洋．现代化农业发展现状及具体措施［J］．现代农业科技，2020（14）：236－237.

宁新田．我国农业现代化路径研究［D］. 北京：中共中央党校，2010.

陶武先．现代农业的基本特征与着力点［J］. 中国农村经济，2004（03）：4－12＋33.

臧云鹏．农业现代化的发展历程与未来方向［J］. 国家治理，2019（34）：31－40.

安宇宏．第四次工业革命［J］. 宏观经济管理，2016（07）：83.

韩保江，杨丽．新中国70年工业化历程、成就与基本经验［J］. 改革，2019（07）：5－15.

韩毅．论工业现代化的世界历史进程［J］. 中国社会科学院研究生院学报，2007（01）：97－103.

黄群慧．新中国70年工业化进程的历史性成就与经验［N］. 光明日报，2019－7－9（11）.

贾根良．第三次工业革命：来自世界经济史的长期透视［J］. 学习与探索，2014（09）：97－104＋8.

金碚．世界工业革命的缘起、历程与趋势［J］. 南京政治学院学报，2015，31（01）：41－49＋140－141.

李金华．新中国70年工业发展脉络、历史贡献及其经验启示［J］. 改革，2019（04）：5－15.

李文斌．工业革命4.0的实质及其影响研究［D］. 徐州：中国矿业大学，2019.

宁朝山．工业革命演进与新旧动能转换——基于历史与逻辑视角的分析［J］. 宏观经济管理，2019（11）：18－27.

孙伟祖．第三次工业革命研究文献综述［J］. 党政干部学刊，2019（04）：40－47.

陶长琪，陈伟，郭毅．新中国成立70年中国工业化进程与经济发展［J］. 数量经济技术经济研究，2019，36（08）：3－26.

肖翔，武力．中国工业赶超的历史进程与基本经验研究［J］. 经济研究参考，2020（02）：24－33.

谢伏瞻，高尚全，张卓元，马建堂，蔡昉，林毅夫，黄群慧，田国强．中国经济学70年：回顾与展望——庆祝新中国成立70周年笔谈（上）［J］. 经济研究，2019，54（09）：4－24.

阎康年．三次技术革命和两次产业革命的历史经验［J］. 世界历史，1985（04）：1－9.

叶钟灵．迎接4.0第四次工业革命［J］. 电子产品世界，2015，22（01）：3－6.

喻冬冬，魏超．新中国成立以来我国工业发展历程与成就［J］. 中共乐山市委党校学报（新论），2020，22（01）：51－58.

夏杰长．中国服务业三十年：发展历程、经验总结与改革措施［J］. 首都经济贸易大学学报，2008（6）：42－51.

蓝庆新．世界生产性服务业发展特点及趋势［J］. 经济研究参考，2008（02）：43－48.

代伊博，谭力文．国外生产者服务业研究：历程、特点与演化方向［J］. 技术经济，2010，29（12）：41－48.

江小涓，李辉．服务业与中国经济：相关性和加快增长的潜力［J］. 经济研究，2004（01）：4－15.

高康，原毅军．生产性服务业空间集聚如何推动制造业升级？［J］. 经济评论，2020：1－17.

夏杰长．迈向“十四五”的中国服务业：趋势预判、关键突破与政策思路［J］. 北京工商大学学报（社会科学版），2020，35（04）：1－10.

王晓玉．国外生产性服务业集聚研究述评［J］. 当代财经，2006（03）：92－96.

吕政，刘勇，王钦．中国生产性服务业发展的战略选择——基于产业互动的研究视角［J］. 中国工业经济，2006（08）：5－12.

姜长云．中国服务业发展的新方位：2021—2030年［J］. 改革，2020（07）：108－118.

罗军．制造业服务化转型如何创造服务业就业［J］. 山西财经大学学报，2020，42（09）：58－69.

周振华．现代服务业发展：基础条件及其构建［J］. 上海经济研究，2005（09）：21－29.

甄峰，顾朝林，朱传耿．西方生产性服务业研究述评［J］. 南京大学学报（哲学・人文科学・社会科学），2001，38（03）：31－38.

第二章　产业区位布局理论

产业区位布局是社会经济运行和管理的基本手段，也是社会经济要素配置和经济结构优化的空间表现形式。产业区位布局在理论和实践上都有重要的意义。

在理论上，产业区位布局是一个十分复杂的理论问题。我国是一个人口众多、地域辽阔、各地区社会经济发展很不平衡的发展中大国，在国内外环境都发生重大变化的当下，产业区位布局理论亟待发展、深化和创新。

第一，产业区位布局理论源于马克思和恩格斯生产力理论中的空间维度。在新中国建设过程中，结合中国实际对其进行了发展和深化，党中央先后提出了“不平衡协调发展”“两个大局”“协调发展”等战略思想，在这一系列理论的指导下，我国的综合国力迅速提高。习近平总书记在十九大报告中指出，“中国特色社会主义进入新时代，我国社会主要矛盾已经转化为人民日益增长的美好生活需要和不平衡不充分的发展之间的矛盾”。致力于解决不平衡不充分发展问题，是新时期产业区位布局理论发展和深化的重要着力点。

第二，产业区位布局理论是在工业区位理论和新经济地理理论基础上发展起来的现代区域经济理论。产业区位布局理论发展到现在，显示出其巨大的科学性和生命力。我国经济社会发展进入新时期，面对百年未有之大变局，国际经济发展环境复杂多变的困难与挑战，特别是新科技革命的孕育和人工智能的发展，产业区位布局的理论探索具有重要价值和深远影响。

首先，产业区位布局和国民经济运行息息相关，具有调整缓慢、影响深远等特点，产业区位布局的优化对于增强我国发展动力和韧性具有重要作用。而优化产业区位布局要建立在对于产业区位布局的演化规律系统了解的基础上，特别是发达国家在产业区位布局与产业结构升级、国家战略协同演进的一般规律的总结对于指导我国产业区位布局有重要意义。

其次，我国的产业区位布局先后经历了“均衡布局”、“三线建设”、向沿海倾斜发展战略、区域协调发展战略等时期，在每一个时期，国家战略都是产业区位布局的重要指南。从这些实践探索中分析我国重大产业区位布局演进的主要特征，发现当下我国产业区位布局存在的问题以及探寻解决方案，为我国经济高质量发展提供智力支撑。

最后，新时期，重大产业区位布局要有新内容。5G产业、人工智能、大数据等，在空间布局上具有不同于以往传统的产业区位布局的新特点，这些都是亟须研究的内容，有利于奠定“十四五”甚至更长时期我国重大产业区位布局的良好局面。认真总结国内外产业区位布局演变规律、摸清我国产业区位布局的空间分布情况、研究我国重大产业区位布局演进的特征及问题，有助于新时期推动党中央制定区域协调发展战略和全国生产力合理布局，实现生产力要素合理配置。

作为区域经济学的研究根基，产业布局关系到国家经济、社会、环境与安全大局。合理的产业布局有利于促进人力、物力、财力和时间的节约，提高经济效益（陈栋生，1988；刘再兴等，1984）；有利于促进人才流动、技术示范与技术竞争，促进创新与创业（Glaeser et al.，2010）；有利于发挥各地比较优势，构建国际与国内双重“雁阵模式”，调整产业与空间结构（蔡昉等，2009，2013；Kojima，2000；Vernon，1966）；有利于缩小区域差距，促进社会公平公正；有利于根据资源环境承载力、现有开发密度与开发潜力，调整产业布局，实现人与自然和谐发展（樊杰，2015）。此外，合理的产业布局还在协调区际关系和外部性、探索改革转型、保障国家国防安全等方面发挥重要作用。中华人民共和国成立70多年来，国家对产业布局进行了大量实践。从“沿海内地”到“三线建设”、从“两个大局”到“四大板块”、从“经济特区”到“全面开发开放”、从“各级政府的发展规划”到“战略性区域规划”……产业布局，特别是“十一五”规划以来的产业布局，在国民经济中的重要性越来越突出。然而，与产业布局在国民经济社会发展中的战略地位及广阔的实践需求相比，学术界对产业布局缺少系统的理论总结，产业布局学还缺少完善的学科体系；针对产业重复布局、大城市病、鬼城空城等严峻问题，还缺少切实可行的破解之路。相反，囿于产业布局“计划”色彩的偏见，学术界对其研究有减弱的趋势。

参考胡安俊、孙久文（2018）的研究，从产业布局的规划需求出发，将产业布局分为国家、区域和城市三个层级，系统归纳产业布局的主导因素与主要模式（见图2-1）。从空间范围看，国家层级对应国家的行政区范围；区域层级对应区域规划的范围，包括省域、市域、县域三种行政区单元及其不同的组合；城市层级是城市（城乡）规划的范围，与城市经济区相对应，主要包括建成区，也包括与建成区具有紧密联系的乡村空间。国家层级的产业布局是从整个国家的大局出发，统筹考虑自然条件、技术水平、发展阶段和国家战略，谋划产业布局的总体框架。区域层级的产业布局是在区域发展定位的基础上，研究第一自然、第二自然、第三自然和区域政策作用下，产业布局的要素指向、市场指向、枢纽-网络和政策指向等模式。区域层级的产业布局，一方面，要充分发挥区域比较优势与聚集经济，重视人力资本与信息网络的作用，积极建

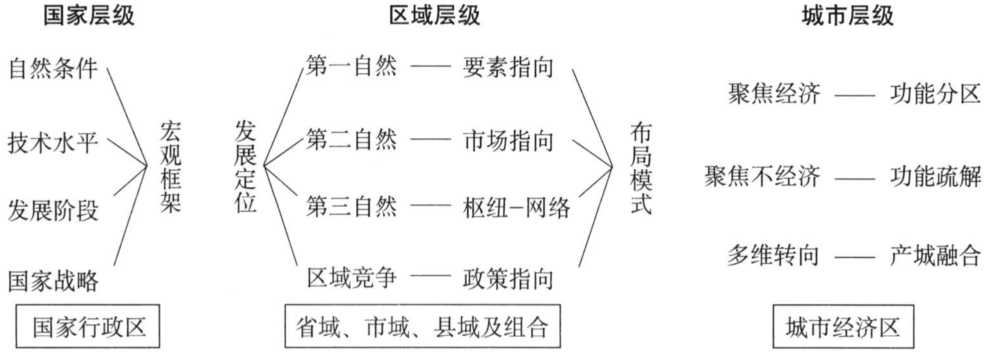

图2-1 空间层级与产业布局的逻辑体系

资料来源：胡安俊，孙久文．空间层级与产业布局［J］．财贸经济，2018（10）．

设枢纽-网络空间；另一方面，也要积极发挥区域政策优势，协调区际关系，优化产业空间布局。城市层级的产业布局则从创造有序的城市生产生活空间出发，研究聚集经济与功能分区、聚集不经济与功能疏解、多维转向与产城融合等规律。从理论和实践两个方面对既有研究进行了拓展：一是系统总结产业布局的原理与范式，搭建产业布局学的理论体系；二是从产业布局的实践需求出发，归纳影响产业布局的主导要素和主要模式，为各层级的布局实践提供参考。

第一节　国家层级与产业布局

从空间范围来看，国家层级对应国家的行政区范围。国家层级的产业布局是从整个国家经济、社会、环境等大局出发，统筹考虑自然条件、技术水平、发展阶段和国家战略，谋划产业布局的总体框架。该总体框架决定了整个国家产业布局的空间形态、产业的技术层次、总体效率和社会公平之间的统筹关系。

一、自然条件与产业布局

自然条件通过纬度地带性与非纬度地带性，影响人口的分布、企业的运输成本和生产效率，从而在宏观空间尺度上划定了产业分布的基本格局。从全球看，世界上大部分产业集中分布在北半球中低纬度沿海平原地带；从中国看，胡焕庸线东南半壁36%的土地供养了96%的人口，西北半壁64%的土地供养了4%的人口（陈明星等，2016）。这种格局是由自然条件决定的。

在经济发展的要素驱动和投资驱动阶段，产业活动的过度开发与不合理布局会造成巨大的资源消耗与环境污染。为此，产业布局必须坚持底线思维，设置生存线、生态线和保障线作为国土开发的前提与基础。2011年以来，我国根据不同区域的资源环境承载能力、现有开发密度和发展潜力，划定四类主体功能区，构筑人口、经济、资源环境相协调的空间开发格局（樊杰，2007，2015）。

二、技术水平与产业布局

从原子经济到信息网络时代，人类经历了蒸汽技术、电力技术、信息技术三次科技革命，技术进步改变了交通、通信等条件，压缩了时空距离，扩大了商品交易和人们交流的范围，成为长时间尺度上影响产业布局的决定性力量。一个国家所处的技术层次，决定了该国产业布局的空间形态。（1）运河时代。水路是最便捷的交通方式，人口和产业在运河沿线的布局形成了产业与城镇布局的运河轴线。（2）铁路和高铁时代。快速的交通扩大了经济要素聚散的空间范围。与此同时，铁路与高铁网络建设的非均衡性，导致各个区域的“相对区位”发生改变，对时间、信息、技术、面对面交流等要求较高的产业进一步向核心区域和网点城市聚集，而对物质成本要求更高、对时间成本要求较低的产业则向边缘城市和外围区域布局，从而产生不同产业在不同网络节点布局的宏观格局（姜博等，2016）。（3）互联网与数字化时代。伴随着信息技术的大量使用，出现了一种新的空间形式——流动空间。一方面，流动空间能对全球资源进行快速动态的优化配置，跨国公司成为控制地方产业布局的重要力量（陈修颖，2009），产业在全球尺度上按照在产业链条中承担的功能进行布局（Duranton & Puga，2005）；另一方面，产业布局也是地方化的。对隐性知识的需求、对特定文化的依赖，推动了创新中心、知识密集型服务中心和高层管理中心向中心城市聚集（迪肯，2007）。

三、发展阶段与产业布局

从全球角度来看，一个国家的发展阶段决定了该国发展和承接的产业技术水平。第二次世界大战以来，产业陆续从美国转移到日本，从日本转移到韩国、新加坡等国家和地区，从韩国、新加坡等国家和地区转移到中国，从中国转移到东南亚和非洲等国家和地区。产业布局变化背后的逻辑是在不同的发展阶段，经济体具有不同的要素禀赋结构。为了实现企业的自生能力，经济体需要发展与本身要素禀赋结构相适应的产业。也就是说，产业发展要与国家发展阶段相匹配。

从一个国家看，在不同的经济发展阶段，国家的战略目标不同，因此产业布局的重点和方向也不同。当经济发展水平较低时，产业布局以效率为先，将国家有限的财力、物力优先安排在对解决全局发展的关键资源、关键产业和关键因素见效最快、效益最高的区域；当经济发展水平较高时，产业布局以公平为先。在市场和政府的双重作用下，发达区域的产业向落后区域布局（陈栋生，2013；胡安俊、孙久文，2014）。这是20世纪80年代中期邓小平提出“两个大局”、转变“平衡发展论”、促进沿海开发，1999年以来国家大力推动“西部大开发”、促进区域协调发展的基本依据。

从空间结构看，不同的发展阶段具有不同的空间结构，呈现从增长极、“点-轴”模式到网络布局的演变过程（魏后凯，2016）。面对全球化时代的激烈竞争，产业布局的空间模式也在发生变化，世界级城市群（都市圈）成为发挥规模优势、提高区域魅力和国际竞争力的新的空间组织形式，逐渐形成“城市群—都市圈—中心城市—大中小城市协调发展—特色小镇”统筹发展的空间格局（刘云中、刘嘉杰，2020）。

四、国家战略与产业布局

不同时期，国家根据经济社会全局面临的突出问题，制定针对性的国家战略，这些战略直接影响产业布局的宏观架构。从美国、英国、日本等发达国家看，（1）为了拓展疆域并改善西部落后的状况，美国实施了西进运动（1848—1900年）（何顺果，1984）。20世纪30年代以来，面对不断扩大的区域差距，美国政府先后制定了多部区域开发法，引导产业向落后区域布局。（2）针对区域差距不断扩大的现象，1937年英国成立了巴罗委员会，引导产业从过密地区向落后区域发展（霍尔、图德-琼斯，2014）。

(3) 围绕区域差距扩大的问题，第二次世界大战后的日本依次实施了据点开发和轴线开发战略，重塑产业布局。21世纪以来，面对全球化时代和东亚经济的崛起、人口减少和老龄化等问题，提出打造世界领先的国际经济战略型城市，吸引产业向世界级都市圈布局（胡安俊、肖龙，2017）。

对于中国这样一个从计划经济向市场经济转型的国家，发展战略对于产业布局的作用更加突出。中华人民共和国成立之初，基于沿海内地发展严重不平衡的现实，按照“工业布局逐步平衡、利于备战”的原则，通过“156项”项目、三线建设等，大大改善了内地工业落后的局面（陆大道，2003）。改革开放之后，为了恢复经济，按照“两个大局”的战略构想，实施沿海开发战略，极大地带动了整个经济的起飞。在此影响下，区域差距不断拉大。为此，国家先后提出了“西部大开发”和“中部崛起”等战略，通过引导产业向中西部转移，促进区域协调发展。2008年金融危机以后，随着中国经济步入新常态，习近平总书记提出“一带一路”重大倡议，这一方面将拓展中国产业发展和布局的国际空间，另一方面也将改善和提高中国边陲地区的区位条件和市场开放度，改善中国边疆产业相对薄弱的局面（卢峰等，2015）。

第二节　区域层级与产业布局

从空间范围来看，区域层级是区域规划相对应的范围，包括省域、市域和县域三种行政区单元及其不同的组合。该层级的产业布局以区域的发展定位为指导，依次探讨了第一自然、第二自然、第三自然、区域竞争四类要素与要素指向、市场指向、枢纽-网络、政策指向四类布局模式之间的理论关系，形成区域层级的产业布局范式。区域层级的产业布局，一方面，要充分发挥区域比较优势与聚集经济，更加重视人力资本与信息网络的作用，积极建设枢纽-网络空间，提高产业布局效益；另一方面，要积极发挥区域政策优势，协调区际关系，优化产业空间布局。

一、发展定位与产业选择

区域的发展定位是区域未来发展的总方向，不仅决定产业发展的主要类型与经济效益，而且也是缓解产业趋同和产能过剩、化解区域冲突的重要途径。因此，发展定位分析是区域产业布局之前首先要进行的工作。

（一）区域的发展定位

确定区域的发展定位，首先要分析区域外部环境带来的机遇和挑战。全球化时代，量子通信、石墨烯、癌症基因与导向药物、转基因技术、新能源、物联网与大数据等新兴产业的快速发展，国际产业转移的大趋势，“一带一路”倡议、长江经济带与京津冀协同发展战略的持续推进等，都为区域发展提供了难得的机遇。同时，随着科学技术水平的快速发展和生活水平的持续提高，人们对产品的需求将快速升级，这将为区域发展带来创造性破坏的挑战。确定区域的发展定位，还要分析区域内部的优势与劣势。每个区域都有自身独特的区位条件、资源基础、经济基础、产业结构、人才科技与历史文化等条件，通过横向与纵向的区域比较，研判自身的劣势，明确自身的优势。在综合分析机遇和挑战、优势和劣势的基础上，积极发挥“优势-机遇”，努力避开“劣势-挑战”，确定区域的发展定位，为区域产业选择与产业布局指明方向。

（二）产业选择与产业布局

确定区域发展定位，一方面为企业提供方向性信息，便于企业发展与布局；另一方面为政府招商引资与选资提供参考。政府在招商引资或选资中，综合考虑反映产业关联度的“罗斯托基准”和“赫希曼基准”、需求收入弹性和生产率上升率构成的“筱原基准”、区域要素供给组成的“持续发展基准”、区域社会文化组成的“地方化基准”等准则以及未来发展的趋势与方向，选择支柱产业、主导产业与潜在产业（关爱萍、王瑜，2002；吕明元，2005），并在区域资源、产业基础、交通设施等基础上，明确产业布局的主要区位。

二、第一自然与要素指向的布局模式

第一自然是区域的先天条件与自然禀赋。基于区域的第一自然，各个产业根据自身的特征，形成原料指向、能源指向等多种产业布局模式，从而在区域空间上表现为不同区域按照比较优势进行分工的格局。

按照比较优势进行产业布局，企业生产成本较低，自生能力和竞争力强，创造的社会剩余多，积累量大，经济增长快，并且能在资源禀赋动态化过程中实现产业结构变迁（林毅夫等，1999）。只要市场条件允许，按照比较优势安排产业布局能够充分考虑各区域的增长潜力，促使各区域的增长率收敛。当然，比较优势理论也存在诸多争议（杨小凯、张永生，2001），尤其对于资源型区域，比较优势导向下的资源开发模式从要素转移和制度弱化两大方面，形成不利于长期增长的机制，容易带来“资源诅咒”（徐康宁、王剑，2006）。为此，有效发挥比较优势、规避“资源诅咒”的关键在于：一要选择合适技术的产业，过于超前的技术，使得企业无法实现自生能力，不利于资本积累与要素禀赋结构的提升（林毅夫，2002）；二要深入挖掘区域特有的优势，延长产业链条，形成特色品牌经济；三要加强科研投入与职工培训，提升学习能力与技术水平，为比较优势动态化提供战略支撑；四要加强资源保护与制度管理，核算资源开发总成本，形成内逼机制，并引导资源区域开展多样化产业的布局，降低区域发展的波动性。

三、第二自然与市场指向的布局模式

随着技术水平的不断提高，产业单位产值对自然资源的依赖度不断降低，市场规模、产业关联、交通区位等在产业布局中发挥越来越重要的作用，第二自然（市场变化引发要素聚集及区位变化）成为影响产业布局的关键因素。

从第二自然的视角对产业布局进行的最系统的研究当属新经济地理。新经济地理自诞生以来，经历了三次革命、形成了三代模型，构建了较为完整的理论体系（见表 2－1）。

表 2－1　新经济地理模型体系

<table>
<tr><th colspan="3">类型</th><th>代表性模型</th></tr>
<tr><td rowspan="8">第一代</td><td colspan="2">核心-边缘</td><td>Krugman，1991</td></tr>
<tr><td colspan="2">自由资本</td><td>Martin & Rogers，1995</td></tr>
<tr><td colspan="2">自由企业家</td><td>Forslid & Ottaviano，2003</td></tr>
<tr><td colspan="2">资本创造</td><td>Baldwin，1999</td></tr>
<tr><td colspan="2">全局溢出</td><td>Martin & Ottaviano，1999</td></tr>
<tr><td colspan="2">局部溢出</td><td>Baldwin et al.，2001</td></tr>
<tr><td colspan="2">垂直联系</td><td>Fujita et al.，1999</td></tr>
<tr><td colspan="2">知识创新与扩散</td><td>Fujita，2007</td></tr>
<tr><td rowspan="11">第二代</td><td rowspan="2">多区域</td><td>离散空间</td><td>Behrens et al.，2007；Krugman & Elizondo，1996；Monfort & Nicolini，2000；Puga，1999</td></tr>
<tr><td>连续空间</td><td>Fujita et al.，1999；Krugman，1993</td></tr>
<tr><td rowspan="4">多产业</td><td>要素密集度</td><td>Amiti，2005</td></tr>
<tr><td>替代弹性</td><td>Fujita et al.，1999</td></tr>
<tr><td>交通成本</td><td>Amiti，1998；Tabuchi & Thisse，2006</td></tr>
<tr><td>竞争程度</td><td>Alsleben，2005；Combes & Duranton，2006</td></tr>
<tr><td rowspan="5">异质性</td><td>空间异质</td><td>Amiti，2005；Forslid & Wooton，2003；Ricci，1999</td></tr>
<tr><td>运输异质</td><td>Behrens et al.，2007；Krugman & Elizondo，1996</td></tr>
<tr><td>劳动异质</td><td>Mori & Turrini，2005</td></tr>
<tr><td>偏好异质</td><td>Tabuchi & Thisse，2002</td></tr>
<tr><td>企业异质</td><td>Melitz，2003；Okubo et al.，2010；Ottaviano，2011；Von Ehrlich & Seidel，2013</td></tr>
<tr><td>第三代</td><td colspan="2">CARA 模型</td><td>Behrens & Murata，2005；Zhelobodko et al.，2012</td></tr>
</table>

资料来源：胡安俊，孙久文．空间层级与产业布局［J］．财贸经济，2018（10）．

第一代模型以 Krugman（1991）的核心外围模型为代表，在 Dixit-Stiglitz 框架下，研究两区域、两部门、均质空间中，产业由均匀分布到核心边缘分布的机理与过程。本地市场效应与价格指数效应之间形成的循环因果关系放大了聚集力，市场拥挤效应随着贸易自由度的下降而下降，减少了分散力。当贸易自由度增大到一定程度，在偶然要素或预期因素等外部冲击下，聚集力超过分散力，从而促使产业由均匀分布突变为核心边缘分布。

第二代模型从多区域、多部门、异质性三个方面对新经济地理模型进行了大量拓展，得到了与核心边缘模型类似的结论。其中，企业异质从国际贸易领域引入新经济地理领域后，极大地推动了新经济地理学的发展，形成了新经济地理学派。企业异质一方面通过空间排序效应，形成不同生产率的企业在不同规模区域分散布局的力量

(Ottaviano，2011)；另一方面，通过企业选择效应，提高了出口企业的比重。国际市场在降低本地市场效应和价格指数效应的同时，也降低了拥挤效应。当后者降幅大于前者时，企业异质成为促进产业聚集的力量。与此同时，企业选择效应也提高了企业平均生产率，促进了技术进步，从而推动产业聚集（孙楚仁、陈瑾，2017；Von Ehrlich & Seidel，2013)。此外，企业异质框架下，产业布局还与交易成本的大小有关。当交易成本下降到一定程度时，即使低生产率的企业也会选择进入大市场，形成聚集布局形态（Okubo et al.，2010)。

第三代模型针对新经济地理模型没有考虑企业之间存在竞争效应的缺陷，将不变替代弹性（CES）效用函数改为可变替代弹性（VES）函数，从而研究企业之间的竞争效应（Behrens & Murata，2005；Zhelobodko et al.，2012)。

根据新经济地理学的研究结论，产业布局及优化调整中要利用本地市场效应、价格指数效应及其循环因果规律，充分发挥市场的主导作用，引导相关产业向相关区位聚集，实现聚集收益。与此同时，地方政府在招商引资和调整产业空间时，也要注意把握技巧。一是地方政府在招商引资中，要重视历史因素和偶然因素的作用，提高把握机会的能力；二是地方政府要认识到产业发展具有路径依赖的特点，在产业空间调整过程中，合理把握调控的力度，积极发挥预期的作用，从而有效实现空间优化。

四、第三自然与枢纽-网络的布局模式

进入21世纪后，人力资本成为决定产业布局的重要因素。首先，人力资本不仅是生产过程必不可少的投入要素，而且是提高生产效率的关键因素。人力资本投入的增加不仅可以提高人力资本自身的生产效率，而且通过提高物质资本的边际收益最大值、推迟边际收益下降的临界点、减缓物资资本边际收益的下降速度等作用，提高其他生产要素的生产效率。其次，人力资本是技术进步的重要源泉，是技术扩散的必要条件，是技术应用的基础，是构成技术进步的引擎（李建民，1999)。因此，人力资本成为企业角逐的核心因素。

随着信息化和网络化的普及，流动空间的触角几乎遍及所有区域；随着高铁线路网的逐步建成，将形成高速铁路、高速公路、航空等构成的综合交通网络。在此推动下，企业不再围绕一个中心城市开展贸易，而是借助信息和交通网络开拓广域市场空间。在网络空间中，决定产业布局的不是第二自然强调的本地市场规模，而是枢纽和网络所达到的广域空间。

人力资本与信息网络在产业布局中的作用日益突出，使得区域的人力资本与信息设施（含教育研发机构）构成了区域的第三自然（刘清春、王铮，2009；王铮等，2014)。在第三自然中，产业布局的空间组织形式从中心腹地的封闭的“塔尖式”模式演变为“枢纽-网络”的开放模式。产业的辐射范围不再是自身周边或腹地的城乡节点，而是覆盖全区域的所有其他枢纽和节点，同时也接收其他枢纽提供的产品和服务；承载枢纽的城市具有地区领导力，这种领导力主要是通过人力资本和知识溢出来实现

的。新时代，结合人力资本和信息网络在产业布局中的作用，积极建设枢纽城市，特别是大城市，通过积极建设“知识枢纽”，为高等级服务业的布局提供条件。

五、区域竞争与政策指向的布局模式

在任何经济中地方政府的经济决策直接决定了企业面对的激励结构，进而影响产业空间布局。1994 年分税制改革后，在政治和经济双重竞争的压力下，中国地方政府在土地、投资、税收、人才、环保等方面实施大量优惠政策，加大招商引资力度，形成区域之间相互竞价的锦标赛模式（周业安、宋紫峰，2009）。区域竞争以及与之相关的优惠政策，固然促进了地方经济的发展，但也是导致“产业潮涌”、重复布局和产业结构趋同等问题的重要原因（林毅夫等，2010）。

区域竞争也意味着产业的发展与布局呈现政治周期的特征。为了尽快取得政治成绩，新一任领导任职之后会在短时间内选择、设计和打造区别于前任领导和邻域地区的新产业，从而获得继续晋升的资本。考虑到政府官员的任期情况，政府选择的典型产业必须在短期内见到效果，而且政府官员的晋升愿望越强烈，要求产业显现效果的时间就越短（冯猛，2014）。这是导致产业布局混乱，并出现政治周期的重要原因。

为了解决这些问题，一方面需要借鉴国外发展的经验，建立跨区域的协调机构，并赋予一定的财权，协调区际关系、优化产业布局，协同打造区域产业品牌，提高协同区域的整体对外竞争力；另一方面更需要动态匹配中央与地方的财权和事权关系，改变考核问责方式，从而从体制上解决区域恶性竞争、产业布局混乱等问题。

第三节　城市层级与产业布局

城市层级是城市（城乡）规划的范围，与城市经济区相对应，主要包括建成区，也包括与建成区存在密切联系的乡村空间。城市层级上产业布局的本质任务是合理、有效、公正地创造有序的城市生产生活空间环境（吴志强、李德华，2010），而功能分区是实现空间有序发展的重要手段。按照功能分区进行产业布局有利于充分发挥聚集收益，但并非越专越好。随着城市规模的扩大，功能分区的布局模式容易带来城市拥挤、住房紧张、环境污染、过度蔓延等问题。为此，出现了多种功能疏解模式。同时，由于功能分区模式重视经济效益、轻视社会制度，重视生产、轻视生活，重视企业、轻视个体，不利于人们的生产与生活。结构主义、人文主义、后现代化主义出现后，出现了制度、文化、社会等多维转向以及产城融合等的要求。

一、聚集经济与功能分区

经济活动的一个客观规律是规模效应，工业与服务业等都需要一定的集聚规模，

才能获得聚集经济。同时，产业布局也需要降低不同产业之间的负外部性干扰，并满足社会、阶层、文化等的诉求，于是在城市内部形成居住区、商业区、工业区等功能分区。

（一）从 SML 到 SSA 的产业聚集机制

聚集经济本质上来自地理成本、时间成本与知识扩散成本的节约。马歇尔将聚集经济分解为产业关联、劳动力匹配、知识溢出三大机制；Duranton 和 Puga（2004）从共享（Sharing）、匹配（Matching）和学习（Learning）角度进行了系统总结，形成了 SML 框架。Behrens 等（2014）结合 Dixit-Stiglitz（1977）和 Henderson（1974）两大框架，从空间排序（Sorting）、选择效应（Selection）和聚集经济（Agglomeration）三个方面解释了高才能个体与高效率企业在大城市显著聚集的现象，形成 SSA 框架。空间排序、选择效应和聚集经济三者相互影响，形成互补关系。

在当前的全球竞争格局下，SML 框架仍然需要在中国绝大多数城市发展中、在乡村振兴引致的乡村整合中发挥引领作用。通过聚集增加规模，进而提高公共服务供给质量的规律，理应受到更高的重视。SSA 框架则阐述了城市体系中不同等级城市的聚集差异，是指导不同规模城市开展产业布局的基础。

（二）功能分区与分异格局

为了获得同类个体或产业带来的聚集经济，并减小不相关个体或产业的负外部性，城市空间出现了不同的功能分区模式。根据各地到城市中心的距离差异，形成了产业分布的“杜能环”规律。东京都区部集聚着注重各种信息交换的核心管理职能，从京滨地带到东京都多摩、神奈川县的广阔区域分布着 R&D 以及相应的中试生产功能，外侧则分布着量产部门（藤井，2015）。为了发挥工业的聚集效应并减少工业对居民生活的影响，中小规模城市内部出现工业区、商业区和住宅区的分异格局。芝加哥学派则基于城市土地利用结构与多元化社会关系的视角，提出了同心圆、扇形与多核心三大功能分区模型。

二、聚集不经济与功能疏解

随着城市规模的扩展，功能分区的弊端开始显现：交通拥挤、资源紧张、环境污染、城市蔓延等聚集不经济日益突出。为了打破大城市聚集不经济的路径依赖，城市政府必须积极作为，引导城市功能疏解。从功能疏解的空间形式看，主要包括以下几种方式。

（一）城市扩张

随着中心城区聚集不经济问题的日益突出，居民具有向郊区迁移的需求；郊区城镇也具有土地开发的动力；再加上上级政府在城市功能疏解方面的要求以及税收等方面的优惠，中心城区的功能不断向郊区疏散。不过，城市扩张导致消耗土地过多、依赖小汽车交通、破坏生态环境的城市蔓延现象。为此，各国政府规范土地利用性质，鼓励高密度紧凑发展，建立邻里单元和综合功能区，建设隔离绿带，强调精明增长（张庭伟，1999）。

（二）多核心城市

从单核心城市向多核心城市演变是世界各国大城市发展的基本规律，多核心城市融合大中小城市的优点，能够有效实现大城市的功能疏解（石忆邵，1999）。20 世纪 80 年代以来美国边缘城市（Edge City）的兴起，近年来北京城市副中心的建设等都是强调多核心城市的发展模式。

（三）新城建设

新城建设是为了营造新的社区，给人们提供更好的居住环境和生活条件，以吸引从中心城区疏散的人口和产业，拦截从外围流入的农村劳动力。与多核心城市中各个核心之间的关系相比，新城具有相对独立性，对中心城区的依赖较小。新城建设之前，需要根据中心城市的特点与问题，谋划新城的规模、数量与区位。在建设初期需要积极发挥政府的作用，不断完善住房、医疗、教育、交通、商业等设施，带动人口与产业迁移，形成产业与就业的良性互动，促进新城成为相对独立的社区。

（四）区域协同发展

区域内不同规模的城市分别发挥着不同的功能，它们之间形成了相互依存的关系。大城市固然提供了高等级的产品和服务，但是中小城市的功能同样不可忽视。中小城市不仅是中低等级产业布局的场所，而且为大城市拦截了众多农村劳动力。不同规模城市的协同发展，是疏解大城市病的重要方式。

从功能疏解的顺序看，出现了以居住疏散化为先导，带动产业疏散化与以产业疏散化为先导、逐步走上居住疏散化的两种道路。从疏散的效果看，以居住疏散化为起点的道路，服务设施的配套达到了较为稳定的功能疏解效果。基本公共服务均等化决定着城市功能疏解能否实现、是否可持续（张强，2016）。

三、多维转向与产城融合

长期以来，产业布局主要从经济视角研究经济活动的分布规律，重视工业、轻视服务业，重视经济效益、轻视社会和制度，重视生产、轻视生活，重视企业、轻视个体。自结构主义、人文主义、后现代化主义出现后，社会结构、制度文化、产城融合受到越来越多的重视，出现了产业布局的多维转向。这种转向在城市层级尤为显著，城市层级的产业布局，不仅与经济发展密切相关，而且与社会发展紧密相连，城市的社会特征与社会结构，如年龄结构、收入结构、文化结构等，不仅影响居住用地规模，而且影响公共服务设施的建设档次和数量，影响布局产业的类型。因此，城市层级的产业布局非常需要吸取社会发展方面的成果，提高产业布局的科学依据（崔功豪，2002）。

（1）针对功能分区导致的功能分割、城市蔓延等问题，城市规划理论从注重功能分区的《雅典宪章》转向注重人与人之间相互关系的《马丘比丘宪章》《华沙宣言》和

《北京宪章》，强调城市产业布局要以人为核心，更加重视社会文化和生态可持续发展（孙施文，2007）。

（2）20世纪80年代以来，新产业空间、学习型区域、区域创新系统等新空间不断涌现，产业布局理论充分吸收新经济社会学所发展的“嵌入性”“地方网络”“关系资产”“非贸易相互依赖”等理论工具，强调产业布局不仅是一个路径依赖和被制度化的过程，也是一个嵌入社会和建构关系的过程，出现了制度、文化、关系、尺度等多维转向（安德森等，2009；李小建，2016）。

（3）加入WTO以来，在全球化与城镇化的双重推动下，中国新城新区迅猛扩张（龙瀛，2017）。冒进扩张的新城新区普遍存在生活设施、教育、医疗等服务设施配套不足，城市综合功能发展滞后等问题，形成大量“鬼城”，严重影响人们的生产与生活。新城新区在未来产业布局中要统筹考虑城市经济增长趋势、产业演变特征、社会结构等因素，合理确定新城规划范围、居住用地规模、公共设施的建设档次与数量，处理好产业与就业、生产与生活等关系，走产城融合之路（邹伟勇等，2014）。

第四节　未来发展方向

党的十八大以来，以习近平同志为核心的党中央作出经济发展进入新常态的重大判断，形成以新发展理念为指导、以供给侧结构性改革为主线的政策框架，贯彻稳中求进工作总基调，努力从产业布局的视角谋划新的突破口，引领我国经济持续健康发展。合理的产业布局关系到国家经济、社会、环境与安全大局。国家层级的产业布局是从整个国家的大局出发，统筹考虑自然条件、技术水平、发展阶段和国家战略，谋划产业布局的总体框架；区域层级的产业布局是在区域发展定位的基础上，统筹第一自然、第二自然、第三自然和区域竞争，研究产业布局的要素指向、市场指向、枢纽-网络和政策指向等模式；城市层级的产业布局则从创造有序的城市生产生活空间环境出发，研究聚集经济与功能分区、聚集不经济与功能疏解、多维转向与产城融合等规律。

新的发展阶段，根据经济社会发展的新特点与新趋势，目前有以下新的发展方向：

（1）在统计数据的基础上，充分利用新数据（如社交数据）、新方法（深度学习、网络分析、大数据分析与可视化）以及新工具（如传感器），运用区域CGE模型、空间计量、大数据分析等模型和方法，定量回答什么类型产业在什么空间布局、什么发展阶段的产业在什么空间布局、什么类型产业与什么类型产业协同聚集（Coagglomeration）等问题，研究产业聚集扩散规律，为优化产业空间布局提供依据。另外，针对大城市病的突出问题，特别需要研究高端活动与低端活动的共生关系，为疏解城市功能提供思路。

（2）探讨产业布局在经济发展新动能、区域创新、衰退区域的崛起等关键问题中的作用。金融危机以来，伴随着国内要素价格飙升、外需萎缩和发达国家贸易保护主义等多重压力，培育经济发展新动能成为中国发展的关键任务。合理的产业布局有利于创新与创业，有利于优化资源配置效率，是经济发展的重要动能支撑。同时，随着“东北问题”的再现，通过在衰退区域布局科研院所、产业园区和科技中心，支持发展新技术产业、文化旅游等服务业，是促进衰退区域崛起的新途径。

（3）数字化技术作用下的产业布局规律。随着计算机软硬件、互联网、大数据等技术的迅猛发展和广泛应用，数字化技术框架基本成型，第二次机器革命正在来临。在第二次机器革命时代，大量程序性工作被机器替代，人类和机器之间正在变为替代关系（布莱恩约弗森、麦卡菲，2014）。在此新时代，产业布局将如何演化是未来需要研究的问题。

（4）高水平开放背景下中国产业海外布局研究。党的十九届四中全会提出，要“建设更高水平开放型经济新体制”“实施更大范围、更宽领域、更深层次的全面开放”。这意味着，中国推动更高水平开放的脚步不仅不会停滞，并且要以国家治理体系和治理能力现代化为高水平开放、高质量发展提供制度保障。2019 年 11 月 5 日，第二届中国国际进口博览会在上海正式开幕，进博会已成为中国深化市场开放的集中体现。中国构建更高层次的开放，既是应对全球化新时期各种挑战的客观要求，也是中国内部经济向高质量创新发展的内生需求。通过开放市场“引进来”全世界的优秀资源与企业，并通过参与国际多双边合作推动中国的优秀资源与企业“走出去”。不只是沿海城市参与其中，各个地区都在积极谋划深度参与。新时代中国对外开放，是全方位、全领域的，陆海内外联动、东西双向互济，正在加快推动形成全面开放新格局。一方面，中国正借此与世界分享越来越多的发展红利；另一方面，这也为企业海外投资布局提供了难得的外部环境。在此背景下，研究产业在海外布局的影响因素、布局模式、风险控制、长效机制及对策措施成为当前政府和企业的迫切需求。

参考文献

埃里克·布莱恩约弗森，安德鲁·麦卡菲．第二次机器革命：数字化技术将如何改变我们的经济与社会［M］．蒋永军，译．北京：中信出版社，2014.

彼得·霍尔，马克·图德-琼斯．城市和区域规划［M］．邹德慈，李浩，陈长青，译．北京：中国建筑工业出版社，2014.

蔡昉，王德文，曲玥．中国产业升级的大国雁阵模型分析［J］．经济研究，2009（09）：4－14.

蔡昉．中国经济增长如何转向全要素生产率驱动型［J］．中国社会科学，2013（01）：56－71.

陈栋生．中国产业布局研究［M］．北京：经济科学出版社，1988.

陈栋生．经济布局与区域经济［M］．北京：中国社会科学出版社，2013.

陈明星，李杨，龚颖华，陆大道，张华．胡焕庸线两侧的人口分布与城镇化格局趋势——尝试回答李克强总理之问［J］．地理学报，2016（02）：179－193.

陈修颖．信息社会下中国区域经济空间结构模式的创新［J］．中国软科学，2009（03）：109－114.

崔功豪．当前城市与区域规划问题的几点思考［J］．城市规划，2002（02）：40－42.

樊杰．我国主体功能区划的科学基础［J］．地理学报，2007（04）：339－350.

樊杰．中国主体功能区划方案［J］．地理学报，2015（02）：186－201.

冯猛．基层政府与地方产业选择——基于四东县的调查［J］．社会学研究，2014（02）：145－169.

富田和晓·藤井．新版图说大都市圈［M］．王雷，译．北京：中国建筑工业出版社，2015.

关爱萍，王瑜．区域主导产业的选择基准研究［J］．统计研究，2002（12）：37－40.

何顺果．西进在美国经济发展中的作用［J］．历史研究，1984（03）：150－165.

胡安俊，孙久文．中国制造业转移的机制、次序与空间模式［J］．经济学（季刊），2014（04）：1533－1556.

胡安俊，肖龙．日本国土综合开发规划的历程、特征与启示［J］．城市与环境研究，2017（04）：47－60.

姜博，初楠臣，王媛，马玉媛，张雪松．高速铁路对城市与区域空间影响的研究述评与展望［J］．人文地理，2016（01）：16－25.

凯·安德森，莫娜·多莫什，史蒂夫·派尔等．文化地理学手册［M］．李蕾蕾，张景秋，译．北京：商务印书馆，2009.

李建民．人力资本与经济持续增长［J］．南开经济研究，1999（04）：3－5.

李小建．中国特色经济地理学探索［M］．北京：科学出版社，2016.

林毅夫．发展战略、自生能力和经济收敛［J］．经济学（季刊），2002（01）：269－300.

林毅夫，蔡昉，李周．比较优势与发展战略——对“东亚奇迹”的再解释［J］．中国社会科学，1999（05）：3－5.

林毅夫，巫和懋，邢亦青．“潮涌现象”与产能过剩的形成机制［J］．经济研究，2010（10）：4－19.

刘清春，王铮．中国区域经济差异形成的三次地理要素［J］．地理研究，2009（02）：430－440.

刘云中，刘嘉杰．中国重要都市圈的发展特征研究［J］．区域经济评论，2020（04）：82－88.

龙瀛．新城新区的发展、空间品质与活力［J］．国际城市规划，2017（02）：6－9.

陆大道．中国区域发展的理论与实践［M］．北京：科学出版社，2003.

卢峰，李昕，李双双．为什么是中国？“一带一路”的经济逻辑［J］．国际经济评论，2015（03）：9－34.

吕明元．产业选择理论在中国的发展脉络：1978—2004［J］．产业经济研究，2005（03）：64－71.

石忆邵．从单中心城市到多中心城市——中国特大城市发展的空间组织模式［J］．城市规划汇刊，1999（03）.

孙楚仁，陈瑾．企业生产率异质性是否会影响工业集聚［J］．世界经济，2017（02）：52－77.

孙施文．现代城市规划理论［M］．北京：中国建筑工业出版社，2007.

孙久文，肖春梅．21世纪中国生产力总体布局研究［M］．北京：中国人民大学出版社，2014.

王铮，孙翊，顾春香．枢纽-网络结构：区域发展的新组织模式［J］．中国科学院院刊，2014（03）：376－382.

魏后凯．区域经济理论与政策［M］．北京：中国社会科学出版社，2016.

吴志强，李德华．城市规划原理［M］．北京：中国建筑工业出版社，2010.

徐康宁，王剑．自然资源丰裕程度与经济发展水平关系的研究［J］．经济研究，2006（01）：78－89.

杨小凯，张永生．新贸易理论、比较利益理论及其经验研究的新成果：文献综述［J］．经济学（季刊），2001（01）：19－44.

张强．城市功能疏解与大城市地区的疏散化［J］．经济社会体制比较，2016（03）：26－30.

张庭伟．控制城市用地蔓延：一个全球的问题［J］．城市规划，1999（08）：3－5.

周业安，宋紫峰．中国地方政府竞争30年［J］．教学与研究，2009（11）：28－36.

邹伟勇，黄炀，马向明，戴明．国家级开发区产城融合的动态规划路径［J］．规划师，2014

(06)：32－39.

Amiti，M. Trade Liberalisation and the Location of Manufacturing Firms [J]. World Economy，1998，21 (7)：953－962.

Amiti，M. Location of Vertically Linked Industries：Agglomeration versus Comparative Advantage [J]. European Economic Review，2005，49 (4)：809－832.

Antonio，L. Economic Geography and Comparative Advantage：Agglomeration versus Specialization [J]. European Economic Review，1999，43 (2)：357－377.

Baldwin，R. Agglomeration and Endogenous Capital [J]. European Economic Review，1999，43 (2)：253－280.

Baldwin，R.，Martin，P.，& Ottaviano，G. Global Income Divergence，Trade and Industrialization：The Geography of Growth Take-offs [J]. Journal of Economic Growth，2001，6 (1)：5－37.

Behrens，K.，Andrea，R.，Ottaviano，G. & Tabuchi，T. Changes in Transport and Non-transport Costs：Local vs Global Impacts in A Spatial Network [J]. Regional Science and Urban Economics，2007，37 (6)：625－648.

Behrens，K.，Duranton，G. & Robert-Nicoud，F. Productive Cities：Sorting，Selection and Agglomeration [J]. Journal of Political Economy，2014，122 (3)：507－553.

Combes，P.，Duranton，G. Labour Pooling，Labour Poaching and Spatial Clustering [J]. Regional Science and Urban Economics，2006，36 (1)：1－28.

Duranton，G.，Puga，D. Micro-foundations of Urban Agglomeration Economies [J]. Handbook of Regional and Urban Economics，2004 (4)：2063－2117.

Duranton，G.，Puga，D. From Sectoral to Functional Urban Specialization [J]. Journal of Urban Economics，2005，57 (2)：343－370.

Forslid，R.，Ottaviano，G. An Analytically Solvable Core-periphery Model [J]. Journal of Economic Geography，2003，3 (3)：229－240.

Fujita，M. Towards the New Economic Geography in the Brain Power Society [J]. Regional Science and Urban Economics，2007，37 (4)：482－490.

Gaubert，C. Firm Sorting and Agglomeration [J]. The American Economic Review，2018，108 (11)：3117－3153.

Glaeser，E.，Rosenthal，S.，Strange，W. Urban Economics and Entrepreneurship [J]. Journal of Urban Economics，2010，67 (1)：1－14.

Henderson，V. The Sizes and Types of Cities [J]. American Economic Review，1974，64 (4)：640－656.

Krugman，P. Increasing Returns and Economic Geography [J]. Journal of Political Economy，1991，99 (3)：483－499.

Krugman，P.，Elizondo，R. Trade Policy and the Third World Metropolis [J]. Journal of Development Economics，1996，49 (1)：137－150.

Martin，P.，Rogers，C. Industrial Location and Public Infrastructure [J]. Journal of International Economics，1995，39 (3)：335－351.

Martin，P.，Ottaviano，G. Growth Location：Industry in a Model of Endogenous Growth [J]. European Economic Review，1999，43 (2)：281－302.

Melitz，M. The Impact of Trade on Intra-Industry Reallocations and Aggregate Industry Productivity [J]. Econometrica, 2003, 71 (6): 1695-1725.

Monfort, P., Nicolini, R. Regional Convergence and International Integration [J]. Journal of Urban Economics, 2000, 48 (2): 286-306.

Mori, T., Turrini, A. Skills, Agglomeration and Segmentation [J]. European Economic Review, 2005, 49 (1): 201-225.

Ottaviano, G. 'New' new Economic Geography: Firms Heterogeneity and Agglomeration Economies [J]. Journal of Economic Geography, 2011, 11 (2): 231-240.

Puga, D. The Rise and Fall of Regional Inequalities [J]. European Economic Review, 1999, 43 (2): 303-334.

Tabuchi, T., Thisse, J. Taste Heterogeneity, Labor Mobility and Economic Geography [J]. Journal of Development Economics, 2002, 69 (1): 155-177.

Tabuchi, T., Thisse, J. Regional Specialization, Urban Hierarchy, and Commuting Costs [J]. International Economic Review, 2006, 47 (4): 1295-1317.

Vernon, R. International Investment and International Trade in the Product Cycle [J]. Quarterly Journal of Economics, 1966, 80 (2): 190-207.

Zhelobodko, E., Kokovin, S., Parenti, M., Thisse, J. Monopolistic Competition: Beyond the Constant Elasticity of Substitution [J]. Econometrica, 2012, 80 (6): 2765-2784.

第三章　区域产业转移与转型升级理论

作为区域政策工具的一种，产业转移是缩小区域发展差距、优化生产力布局、促进新时代区域高质量协调发展的重要途径，因而受到中央和地方政府的高度重视。在中央层面，为顺利实施产业转移，工业和信息化部相继出台《产业转移指导目录（2012 年本）》和《产业转移指导目录（2018 年本）》，指导目录在确定四大板块工业发展总体导向的基础之上，以经济带、经济区、产业带等空间形态为依托，详细列示各省份优先承接发展的产业。在《中共中央、国务院关于建立更加有效的区域协调发展新机制的意见》中，产业转移也成为统筹发达地区和欠发达地区发展的重要举措。除顶层设计外，在具体的政策实践中，中央政府自 2010 年开始设立国家级承接产业转移示范区，截至 2019 年年底，共有 10 个承接产业转移示范区获得国务院批复，分别为安徽皖江、广西桂东、重庆沿江、湖南湘南、湖北荆州、晋陕豫黄河金三角、甘肃兰白经济区、江西赣南、四川广安、宁夏银川-石嘴山示范区，范围涵盖中西部 11 个省区（直辖市）、38 个市（区）。示范区具有税收、土地等方面的政策优惠，改善了区域要素配置，优化了区域发展禀赋状况，提升了区域产业规模和层次，带动了区域经济增长。在地方层面，产业转移对地方政府意味着 GDP 的提高、财税收入的增加、就业的拉动以及产业结构的优化升级，因此，地方政府尤其是中西部地区的地方政府往往热衷于产业转移，为承接产业转移而展开政策竞争、招商引资竞争。当前，我国的产业转移正处于由承接国外产业转移到国内产业梯度转移的关键阶段，以相关理论指导产业转移实践具有重要的现实意义。

第一节　产业转移理论

产业转移的研究，是在经济学理论指导下进行的。区域产业转移实际是产业布局、区位选择和产业区际分工的动态变化的结果。产业转移理论是依托于应用经济学、区域经济学和产业经济学而形成的一整套经济理论。

一、古典区位理论与新古典区位理论

古典区位理论和新古典区位理论假定市场供给不受市场需求约束和单个企业行为追求利益最大化，利用局部均衡的分析方法，研究产业内单个企业的区位选择。古典区位论最早的研究可以追溯到德国经济学家杜能（Tunnen，1826）开创的农业区位论。杜能从不同地段地租出发，研究了因地价不同而引起的农业分带现象。杜能考察问题的方法也成为“孤立化的方法”，即排除其他要素（诸如土质条件、土地肥力、河流灌

溉条件）的影响，只探讨决定运费成本的市场距离的作用。由于农场主的生产活动是追求地租收入最大化的活动，因此农场主会在不同的地段选择获得最大化收益的农作物进行生产，从而形成了农业土地利用的杜能圈结构。根据杜能的研究表明，农业生产方式的空间配置以城市为中心，由里向外依次为自由式农业、林业、轮作式农业、谷草式农业、三圃式农业、畜牧业这样的同心圆结构。

杜能从运费成本影响农业经济活动空间布局，而劳恩哈特是第一个试图解决为使运输成本最小化的厂商区位择优问题的人。劳恩哈特（Launhardt，1882）认为运输成本是影响企业区位决策最重要的影响因子。他利用“结点原理”求解三个区位怎样连接成一个“V”字形或“Y”字形的问题，从而得到单个企业的空间布局格局。韦伯（Weber，1909）认为影响企业区位抉择的因素不仅包括运输成本，而且还包括劳动力成本和集聚因素。他先以原料指数（指需要运输的原料的重量与成品重量之比）分析运输成本与工业区位的关系；同时提出劳工系数概念（指劳工成本指数与所需运输的总重量之比），并以此分析劳动成本与工业区位的关系，在运费、工资和集聚三者关系中寻求最小成本区位。

克里斯塔勒（Christaller，1933）认为经济活动区位影响要遵循运输最小化原则、市场原则和行政原则。克里斯塔勒通过引入六边形市场组织中心地系统的概念，从而提出了中心地理论。当然对于克里斯塔勒的中心地理论，有的经济学家认为该理论不算是一个经济学模型，如克鲁格曼（Krugman，1995）和藤田昌久（Fujita，1999）认为克里斯塔勒的中心地理论并没有涉及家庭或企业的决策影响，也没有解释促进中心地形成的机理问题，因此该理论只能说是宏观上对经济活动的布局具有一定的指导意义，而并没有解决现实经济系统中单个家庭或企业的布局问题。

勒什（Losch，1939）则博采众长，构建了独具特点的理论体系——市场区位理论。与杜能和韦伯等最低成本学派比较而言，勒什认为区位主要由市场需求量和产品销售范围大小共同决定，勒什的市场区位论更强调市场利润，他提出了最大收益区位论（也称为最大需求理论）。勒什试图将一般均衡理论应用于经济活动空间布局中，既强调个别工厂区位的决定，又重视经济系统的总体均衡。勒什用一般化假设代替通常的“其他条件不变”假设，假设同一经济系统中原材料和人口是均等地分布，并把经济活动的空间布局看成经济系统中单个家庭和厂商的互动过程，认为经济系统中竞争消费者、生产者相互影响，他们的行为共同决定区位系统的均衡。

艾萨德（Isard，1956）对古典区位论进行了拓展，他利用凯恩斯的宏观均衡分析方法突破区位研究的“微观化问题”，通过引入比较成本与投入产出分析等方法论证工业区位的布局，从而形成宏观区位论。艾萨德把空间要素纳入分析框架中，研究重点由以前的单个企业或部门的区位决策转向区域综合分析，将单个企业的最佳模型加以扩大，建立一般均衡的区域空间模型，包括生产厂商、交通运输、商业流通、社会政策、生态环境等组成部分。艾萨德研究了区域总体均衡以及各种影响要素对区域总体均衡的作用机制，虽然他也已经意识到空间关系中总是会出现垄断性因素，但并没有建立起规模经济和不完全竞争相融合的空间模型，也未能将空间问题纳入经济理论的核心。

总的来看，古典和新古典区位理论对要素的分析不断丰富，从单一强调运输成本、到全面分析劳工成本、利润、产供销关系等。以农业区位论和工业区位论为代表的古典区位论，以古典政治经济学的地租学说、比较成本学说为理论基础，提出成本最小区位论法，开创了从“空间”角度研究人类经济活动理论视角；以市场区位理论为代表的新古典区位理论，以均衡价格理论为基础，强调产品的市场价格、供求、竞争、运输成本在区域经济活动区位选择中的重要影响，更加强调市场区位和利润最大化的作用。古典和新古典的绝大部分区位理论虽然具有较强的理论逻辑性，但在各种假设条件的严格限定下，构造简单而关键的环境，特别是市场完全竞争、区位主体理性经济人和完全信息假设，与现实还有很大差距。特别是在完全竞争和规模报酬不变的一般均衡范式，如果忽略掉自然资源的空间非均匀性，所揭示的是一个自给自足的社会典型，无法解释现实中的企业所具有的市场扩张能力，更不能解释大规模经济集聚现象的出现和增长。

二、产品生命周期理论

产品生命周期理论由哈佛大学教授弗农（Vernon，1966）提出，原是用于阐明产品生命周期的，后来成为分析产业转移的重要理论基础。弗农认为，工业发达国家的产品先是国内生产，然后出口，再进口。但这与赤松要（Akamatsu，1943）的雁形模式理论中提出的后发工业国产业发展经历消费品国外进口、消费品国内生产、消费品出口、资本品进口替代的产业发展路径不同。其基本内容如图 3-1 所示。工业发达国 A 是具有新产品开发能力的国家（如美国）。第一阶段为新产品导入期。在此阶段，由于消费者对新产品不熟悉，生产者必须不断开拓市场，扩大生产规模，这时的生产和销售主要面向国内。第二阶段为成长期。在此阶段，随着该产品国内需求市场的扩大和生产技术的不断成熟，该产品开始进入国内大规模生产阶段。本国生产的该产品不仅满足国内市场的需求，并且还能向比 A 国经济稍逊一筹的发达国家 B（如欧洲、日本）出口。第三阶段为成熟期。在此阶段，一方面由于该产业的国内需求市场逐渐趋于饱和，产品销售开始递减；另一方面其他发达国家（如 B 国）逐渐掌握生产该项产品的技术，再加上 B 国由于具备生产该产品更低的劳动力成本，使得 B 国该产品的竞争力超过了 A 国。至此，A 国开始将该产品的生产向生产成本较低的国家和地区转移，而国内需求也变为从海外进口。

产品生命周期理论认为，产业是生产具有同类或类似产品的企业的集合。产业的发展经历产生、发展、成熟和衰退的过程。企业由于拥有某种垄断优势，如运输条件、劳动力、技术等方面的优势，具备生产某种产品独特的能力，并且只在国内生产。但随着产业的发展，产品的生产逐渐走向成熟、生产技术日益标准化、同类产品厂家不断增加，从而产生更加激烈的市场竞争。企业为了继续获得竞争优势，就会转移到更具有比较优势的地区生产，从而出现产业区际转移。

由产品生命周期理论可知，中部地区可以在一种产业的某个阶段（或几个阶段）发挥比较优势。如该理论所示，当产品进入成长期后，产业实际就开始转移了。承接

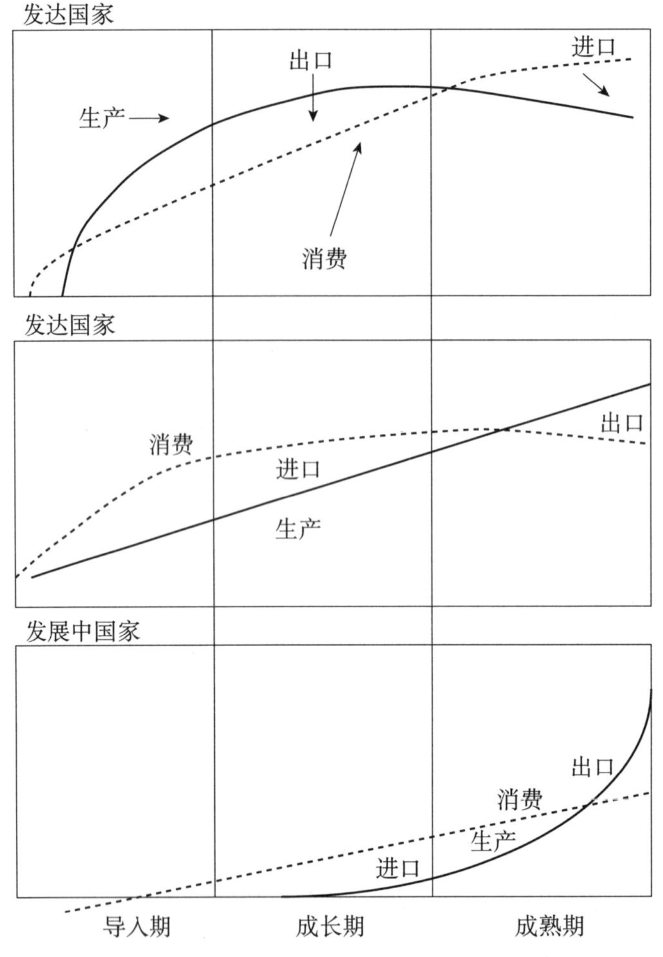

图 3-1　弗农理论：产品和产业生命周期

注：消费和生产分别用虚线和实线表示，出口和进口分别用消费和生产两曲线的差的面积表示。

资料来源：陈建军．要素流动、产业转移和区域经济一体化［M］．杭州：浙江大学出版社，2009：69．

这一阶段的产业转移的国家或地区必须具有较强的投资能力，有足够的熟练工人和一般技术人员，管理水平较高。到了产品成熟期后，该产业也进入成熟阶段，承接这个阶段的产业的国家或地区需要的是大量廉价的普通而具有技术的劳动力，以及一个广阔的不断成长的市场。比如一些经济不够发达的国家，其经济快速增长，且具有大量的廉价劳动力和巨大市场，成为成熟产业转移的承接地。中部地区应立足地区比较优势承接成长期和成熟期的产业。值得一提的是，中部地区并非被动承接产业转移，同时应注重培育和发展新兴产业，避免陷入“比较优势陷阱”。

三、“雁形模式”理论

雁形理论模型是日本经济学家赤松要教授提出的。雁形理论原属于国际贸易理论，是用来说明一国对某一同类商品在不同的经济发展阶段出现进出口变化的理论。但这个理论可以用来解说各国在国际经济中产业状态的变化及原因。赤松要认为一国产业的发展可为四个阶段，即消费品国外进口、消费品国内生产、消费品出口、资本品进口替代。第一阶段由于进口少量的国外工业消费品，国内出现效仿消费，国内市场需求产生。第二阶段是随着国内需求市场的增长，该消费品生产进入了本国生产时期，使得消费品的进口开始减少而资本品的进口增加。第三阶段是当国内生产的消费品大于本国对该消费品的需求水平，于是进入消费品的出口阶段，但此时出口主要是向后进国的出口；同时，由于本国开始模仿和消化进口技术，国内开始生产资本品，也就是进入了资本品的进口替代时期。第四阶段是随着国内资本品生产规模不断扩大，因此对先进国的资本品进口有所减少，本国进入资本品的进口替代发展阶段，同时本国对后进国的消费品出口开始减少，这是因为后进国也开始进入进口替代的发展阶段，但是本国对后进国的资本品的出口仍然具有优势。赤松要把这些阶段用图表示，就像雁阵飞翔一样（见图 3－2）。并且指出随着经济发展，雁行模式中的“雁”演变成不同的国家和地区。

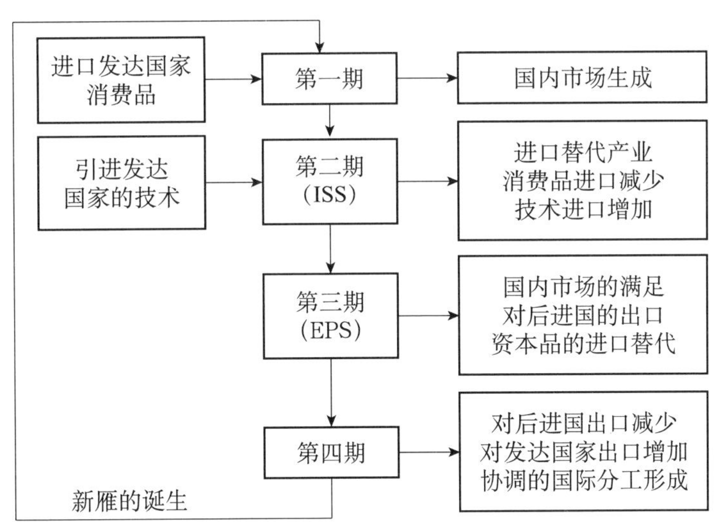

图 3－2　基于雁形形态的四个阶段模式图

资料来源：陈建军．要素流动、产业转移和区域经济一体化［M］．杭州：浙江大学出版社，2009：67.

赤松要的雁形模式被许多日本学者证实该理论可以反映日本的众多产业的发展路径，包括钢材、汽车、纤维等。雁形模式成为日本向亚洲其他国家和地区进行产业转移的重要理论依据。

对于雁形模式理论对于中国产业区际转移的实践是否具有理论指导意义，国内学者对此持有不同意见。如汪斌（2002）认为雁形模式的形成是有条件的，当条件发生变化时，该模式也将转换，即这一模式可以说明过去，但不一定能说明将来；可以适用于中小国家和地区，但不一定适用于发展中大国。该模式只是一个特定历史时期的产物。但蔡昉（2009）认为，作为大国经济体，中国由于存在区域经济之间的异质性，一些沿海地区不具备优势的产业在内陆地区仍有比较优势，而且广阔的中西部地区产业基础比较薄弱，承接产业转移的比较优势明显，具备形成产业梯度转移的国内雁形模式。中部地区可以同时实施其他模式。假定大国适应产业转移雁形模式，将中部地区视为一个较低发展水平的经济体，那么中部地区只能承接东部地区转移过来的低附加值劳动密集型产业。实际上，中部地区可以凭借现有工业基础、劳动力、土地和广阔的市场，承接其他类型的产业转移，包括那些暂时没有比较优势但地区经济发展十分需要的产业。这些产业由于目前生产成本高而没有优势但地区经济发展迫切需要，降低这些产业的生产成本只是生产技术的掌握问题。

四、边际产业转移理论

边际产业转移理论是日本的小岛清（Kojima，1978）教授提出的。该理论的中心思想是某国（投资国）应当将本国不具备比较优势的产业向海外转移，而承接这种产业转移的国家（投资对象国）则具备或潜在具备该产业发展的比较优势。

投资国的企业则将原本投入本国失去比较优势的那些经营资源转移到具有比较优势的其他国家和地区的产业，这样对投资国和投资对象国而言均获得了利益。小岛清利用一个简单模型阐述了他所提出的边际产业转移理论所产生的投资国和投资对象国的“双赢”效果。

图 3-3 中，轴线 1 和轴线 2 分别表示投资国和投资对象国的生产成本。对于投资国而言，从 A 到 Z 产品成本依次升高，对于投资对象国而言，从 A′到 Z′产品成本依次升高。在 M 产品上，两国的生产成本相等。但由于投资对象国在生产 A′、B′、C′产品方面具有更低的成本优势。因此，投资国将在本国生产 A、B、C 产品的生产转移到投资对象国，由于投资国加大对投资对象国 A′、B′、C′产品相关产业的投资，这样投资对象国在生产 A′、B′、C′产品的比较优势进一步扩大，这些产品的价格进一步降低，即由 A′、B′、C′降低到 A″、B″、C″，而投资国可以以更低的价格从投资对象国进口 A、B、C 产品。小岛清用这个模型阐述了产业转移理论。

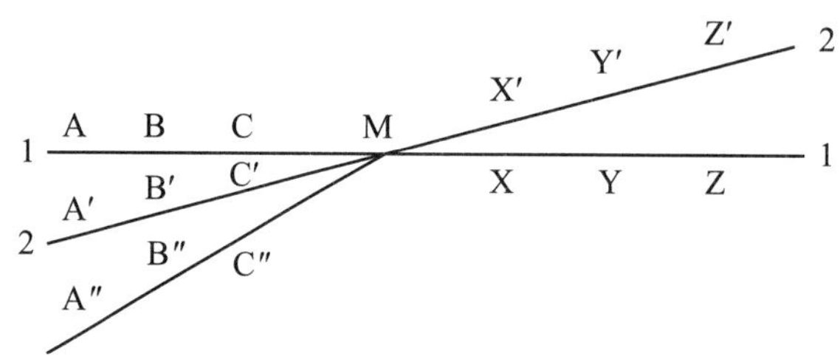

图 3-3　边际产业转移理论的示意图

资料来源：陈建军．要素流动、产业转移和区域经济一体化［M］．杭州：浙江大学出版社，2009：71.

边际产业转移理论本质上是投资国和投资对象国之间的动态产业转移理论。转移的产业对投资国而言是具有劣势的产业，对于投资对象国而言是具有发展潜力的产业。产业转移会给双方带来福利。但这是一种垂直型产业分工，单纯按照这种产业转移模式，后进国家将永远处于国际产业分工中的低级阶段。

另外，小岛清指出，产业发展水平相近的国家之间可以采取“协议性的产业内部交互投资”，在产业内部发挥比较优势互相投资。因此在我国当前产业区际转移过程中，中部地区不仅承接东部的传统劳动密集型产业的转移，同时应积极推动与东部地区的产业合作，承接资金、技术密集型产业转移。

五、大山产业转移理论

日本学者大山道广认为小岛清的边际产业扩张理论强调生产成本比较优势，但直接投资的必要条件是绝对优势，而并非是相对优势。大山道广认为，国际贸易基于比较优势，但是国际直接投资是基于绝对优势，所以以直接投资作为载体的产业转移的必要条件应该是承接产业转移国家或地区对产业转移的国家或地区拥有绝对优势。大山道广用一个模型，即大山模型证明了他的观点。

大山模型假定：

（1）世界上只存在两个国家，即国家 A 和国家 B；

（2）只存在两种产品，即产品 1 和产品 2；

（3）劳动是唯一的生产要素；

（4）同一国家内部的所有企业具有相同的生产函数；

（5）各国的市场都是完全竞争的。

设生产函数为 F，j 国生产 i 产品的产量为Y_{ij}，劳动投入量为L_{ij}，则$Y_{ij}=F_{ij}(L_{ij})$。假定 A 国企业进入 B 国直接投资和实行产业转移的诱因是追求利润最大化；A 国向 B 国进行产业转移不存在任何障碍；B 国由于承接 A 国产业转移，因此 B 国和 A 国面临相同的生产函数，即有$F_{ia}(L_{ia})=F_{ib}(L_{ib})$。

由于以上假定，B 国国内各产业的工资报酬率相同，即有 $F'_{1b}(L_{1b})=PF'_{2b}(L_{2b})$，其中 P 为 B 国产品 2 和产品 1 的相对价格。

A 国企业进入 B 国取得利润的条件是$\dfrac{F_{ia}(L_{ia0})}{L_{ia}}=\dfrac{F_{ib}(L_{ib0})}{L_{ib}},(i=1,2)$，其中$L_{ia0}$、$L_{ib0}$分别为 A 国和 B 国的产品 i 产业的最低劳动费用投入量。

由此可见，A 国的企业在产业 1 和产业 2 对 B 国的企业拥有绝对优势。而$\dfrac{F_{ia}(L_{ia0})}{L_{ia}}$代表 A 国 i 产业的劳动生产率。A 国 i 产业劳动生产率大于 B 国 i 产业劳动生产率，这正是 A 国对 B 国进行产业转移的必要条件。大山道广认为，国际贸易的必要条件是比较优势，但以直接投资为载体的国际产业转移的必要条件是绝对优势。

六、中心-外围理论

以新经济地理理论为基础的区位理论与以传统的古典和新古典区位理论为基础所决

定的企业区位选择不同，新经济地理理论中的区位理论是在垄断竞争的市场结构和规模报酬递增的假定下，借用“冰山运输”的处理方法，利用 Dixit-Stigliz 垄断竞争模型，解释经济活动的空间集聚和“中心-外围”（C-P）空间结构的形成。该理论从报酬递增、规模经济、集聚经济、溢出效应等角度探讨企业区位的选择。许多经济学家对此作了深入的研究。如 Krugman（1991）、Martin（1999）、Bergman 和 Feaer（1999）等。Krugman（1991）通过构建中心-外围（C-P）模型，说明了一个国家或地区的制造业企业倾向于选择需求较大的市场，但较大的市场需求又取决于制造业企业的分布。所以，中心-外围模式的出现依赖与运输成本、规模经济与国民收入中的制造业份额。Gersbach 和 Schmutzler（1999）研究了产业外部环境与内部外溢效应对企业区位选择的影响，他们认为成本递减促进产业聚集，同时一个区位内存在产品创新的多重均衡。Walz（1996）的研究结果表明，地方的经济增长源自产业部门的地理集中所表现出的持久的生产率增长，这同样与技术等要素的溢出效应密切相关。Martin（1999）认为随后的其他企业能够从该区域聚集形成的外部经济中获益。Helsley 和 Strange（1990）建立了企业和劳动者之间相互匹配过程的模型，来说明聚集经济的一个来源是随城市规模扩大的劳动力市场的改善。在大城市，企业可能更容易地找到它所需要的熟练工人，工人可能更容易地找到适合于他的工作。企业和工人相配的预期质量，随城市规模而提高。Krugman（1993）研究表明当运输成本足够小、投入品可替代性为零和国民收入中制造业比重足够大时，制造型仍然出现空间上的产业集聚。Krugman 和 Fujita（1995）放宽农民不能自由流动的假定，证明了 C-P 模型仍然成立，但对于一个国家或地区而言，也可能出现多个产业集聚中心。

近年来，相关学者在新经济地理模型的基础上不断深入研究导致产业向某个地区集聚的其他因素。Picard 和 Zeng（2005）认为 Krugman 的 C-P 模型忽略了农业部门对制造业发展的作用，他们认为对于大多数发展中国家而言，农业为制造业提供了充足的劳动力（即使是无技能），他们的研究显示农业部门的各项指标都会显著地影响制造业的空间布局。Okubo（2009）认为产业之间存在前向联系和后向联系，利用贸易成本可以测算地区间产业集聚水平的变化。他们的研究表明贸易成本逐渐下降会导致产业集聚水平的逐步升高而非突然升高。同时贸易自由化并没有改善“中心-外围”存在的福利水平的差异，反而是导致中心地区福利上升，外围地区福利下降。陈良文和杨开忠（2008）在 C-P 模型的分析框架下，将产业转移理论汇总入城市内部通勤成本和马歇尔外部规模经济效应，发现当存在马歇尔外部规模经济效应时，即使运输成本为零，经济活动可能出现唯一的单个集聚中心的稳定均衡；由于城市内部通勤成本的存在，经济活动的集聚程度有所降低。梁琦和吴俊（2008）将中国行政制度改革纳入 C-P 模型分析框架中，发现“减少形成层级”将能够削弱“中心-外围”结构，从而缓解城乡发展差距。

各种产业转移理论汇总见表 3-1。

表 3-1　产业转移理论汇总

产业转移理论	分析角度	理论基础	分析框架	理论假设	发生载体	转移动因
1. 劳动密集型产业转移理论（刘易斯，1978） 2. 边际产业转移理论（小岛清，1987） 3. 产品生命周期理论（弗农，1966） 4. 国际生产折中理论（邓宁，1977） 5. “雁形模式”理论（赤松要，1932） 6. 重合产业理论（卢根鑫，1994）	1. 产品 2. 企业 3. 产业	外生比较优势	新古典分析框架	1. 完全竞争市场 2. 规模报酬不变	异质区域	1. 比较优势变化 2. 发展阶段变化 3. 产业要求的要素条件变化
7. 中心-外围（C-P）理论	消费（生产者）、企业区位选择	新经济地理学	KEV 框架（克鲁格曼-藤田昌久-维纳布尔斯）	1. 不完全竞争市场（垄断竞争） 2. 规模报酬递增	均质空间	广义运输成本变化（包括狭义运输成本、交易成本、制度成本等）

资料来源：丁建军．产业转移的新经济地理学解释［J］．财经科学，2011（01）：35-42；冯根福，刘志勇，蒋文定．我国东中西部地区间工业产业转移的趋势、特征及形成原因分析［J］．当代经济科学，2010（02）：1-10.

通过对产业转移理论的梳理总结，可以发现，现有的产业转移理论可以分为两大类。第一类以外生比较优势为理论基础；第二类则基于新经济地理学，注重产业集聚的产业扩散（转移）的机制分析，发展出了区域要素迁移模型、要素累计驱动模型以及产业垂直关联模型。从分析角度来看，第一类理论较为宏观，注重从产业、产品的角度来分析，在国际产业转移方面具有较强的解释力。第二类理论则较为微观，将消费者、生产者纳入模型之中，以利润最大化、福利最大化为准则，为产业转移引入“第二自然”的解释力。从产业转移的动因来看，两类理论的观点也不尽相同。第一类理论认为产业转移的动因在于比较优势、发展阶段、产业发展要求的变化，而第二类理论则认为产业转移最重要的原因是广义运输成本。需要指出的是，两类理论并非互斥关系，而是互补关系。第一类理论能够弥补第二类理论抽象掉“第一自然”的不足，第二类理论则能够为第一类理论提供较为丰富和坚实的微观基础。

第二节　国内产业转移研究综述

近年来，国内的很多学者对产业转移的理论、动因、规律、实践进行了深入的研究。他们在传统理论的基础上，围绕产业转移这一话题在理论上和实证上做了诸多有益的探索。中国知网（CNKI）的论文数据显示，1998—2019 年这 22 年间，以产业转移为主题的 CSSCI 学术论文共计 3 336 篇，产业转移这一话题的热度呈现先上升后下降的趋势。在2008年金融危机前后，有关产业转移的文章数量出现井喷，从2007年的111篇增长到2008年的215篇，文章数量翻了近一倍，有关产业转移的论文数量在2012年达到顶峰，此后热度逐年下降（见图3－4）。从主题分布来看，产业转移占比最高，为43.2%，国际产业转移紧随其后，占比达到10.1%，排名第三的主题为承接产业转移，排名四到十位的主题分别是：中西部地区、东部地区、制造业、产业升级、产业结构、劳动力以及实证研究（见图3－5）。

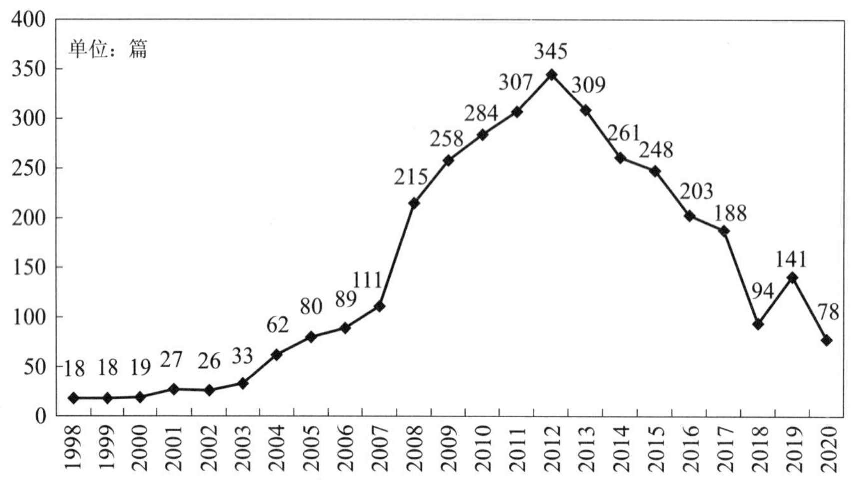

图3－4　历年有关产业转移的文章（CSSCI）数量

资料来源：中国知网。

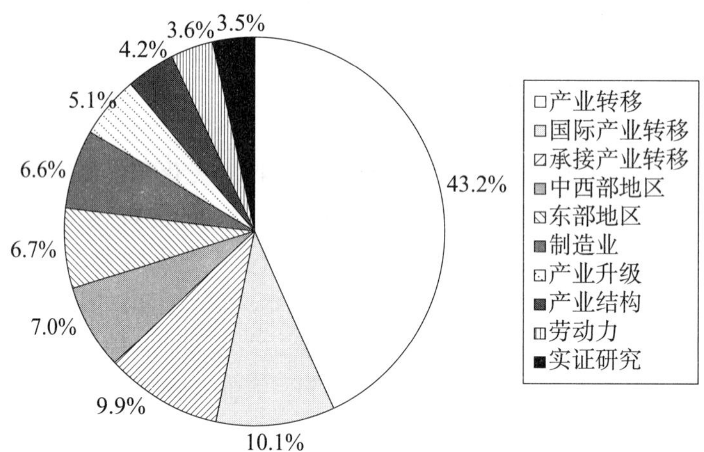

图3－5　有关产业转移文章的主题占比

资料来源：中国知网。

学界普遍认为，产业转移对缩小区域发展差距、优化产业空间布局、缓解区域产业结构矛盾冲突、实现区域高质量协调发展具有重要作用，产业转移这一话题具有重大的理论和现实意义。目前，我国学术界对于产业转移问题的研究，已经取得了较为丰硕的成果，但与产业转移的现实影响力和区域经济发展的实践相比，仍存在不小差距。具体来说，国内有关产业转移的研究凸显如下问题：一是在产业转移的概念上存在较多争议，如在产业转移是否导致区域间产业规模的绝对变化、产业转移是否必然由要素流动引起以及产业转移是否等同于企业的搬迁上存在较多争议；二是在产业转移的重大问题上研究不够，对于中西部地区承接产业转移的专题研究稍显不足，对中西部地区承接产业转移的特性分析和实证分析尤其不够；三是研究思路上照搬国外既有理论，理论深化稍显欠缺，过于依赖国外产业转移相关理论致使学界难以充分解释我国产业转移的实际情况，如在制造业外流现象及产业梯度转移受阻现象上的解释力不足；四是研究范式上注重定性分析和案例研究，而有关产业转移对转出地和转入地的定量评估稍显不足，致使政府、业界、学界对产业转移的效果难以形成较为科学的判断。

一、产业转移理论研究

（一）重合产业理论

重合产业是指发达国家与发展中国家在某一特定时期存在的技术构成相似的同类产品生产部门。随着产业贸易与产业投资的发展，这种重合产业会不断出现、发展和持续演变。当产业深化不足以弥补相对较低的成本优势时，只有通过产业转移进行调整。这是由于产业转移不仅能使得重合产业摆脱高成本的劣势，而且能够实现重合产业价值的二次增值。

卢根鑫（1997）的研究认为“重合产业”是产业转移的基础条件，随着贸易与投资的发展，重合产业不断成长和演变，发展中国家有成本优势，发达国家必须通过重合产业转移来摆脱成本劣势，实现重合产业价值增值。

产业转移的方式为产业贸易与产业投资。一方面，发达国家通过产业贸易，将重合产业所需的资本品、中间品等出售给发展中国家，使之扩大重合产业生产，从而满足对重合产业产品的需求。另一方面，发达国家通过产业投资，将重合产业所需的大部分生产要素转移到发展中国家并进行生产，从而满足自己的需求。因此，产业转移的浪潮往往体现为，世界范围内的产业调整以及产业在地区分布的变化。

（二）梯度推移理论与反梯度推移理论

关于区域产业转移理论在国内存在一定的争议，影响较大的首先当属著名的梯度推移理论和反梯度推移理论之争。20世纪下半叶以来，区域经济学家克鲁默和海特等人以赫希曼和威廉姆斯的不平衡发展理论为依托，以弗农等人首创的产品生命周期理论为依据，创立了区域发展梯度推移理论。为适应我国经济建设实践的需要，许多学者在80年代中后期也依次提出了梯级产业转移的构想。何钟秀、夏禹龙、冯之浚等国内学者明确提出了一种经济发展战略理论——梯度推移理论，认为区域之间存在经济技术梯度，推动经济发展的创新活动（包括新产品、新技术、新产业、新制度和管理方法等）主要发生在高梯度区域，然后依据产品周期循环的顺序由高梯度区域向低梯度区域推移，梯度推移主要通过城市系统来进行。刘再兴、陈栋生从自然要素、经济要素、社会因素、人力资源、生态环境质量、制度层面拓展了广义梯度理论，把梯度推移理论从单向度发展为多向度。

梯度推移理论认为，中国区域经济发展客观上存在东部、中部和西部三大地带，这三大地带由于地理位置、劳动力素质、科技水平、经济基础等方面的差异，形成了经济技术的整体梯度。生产力的空间推移应从区域间梯度差异的实际情况出发，首先让有条件的高梯度地区——东部沿海地区引进资金和先进技术，然后逐步依次向第二、第三梯度——中西部地区转移，并通过三大地带间经济发展的推移，逐步缩小地区间差距，实现区域经济均衡发展。

反梯度推移理论则认为，我国生产力水平呈东、中、西三级梯度态势是客观事实，但落后的低梯度地区只要政策得当、措施得力，也可以直接引进并采用世界先进技术，提高自身的技术水平，实行超越式发展，然后向高梯度地区进行反推移。

事实上，梯度推移理论与反梯度推移理论之争的核心是国家优先发展高梯度地区还是低梯度地区的战略抉择问题。其实质是东部与中西部地区尤其是西部地区之间的利益之争，这涉及区域发展战略、产业政策、区域平衡等方面的政策选择问题，是主观性的区域间政策支持之争。

二、产业转移动因研究

关于产业转移的动因，学术界一般从政府与市场两个角度展开研究。从政府的角度来看，中央政府将产业梯度转移作为促进区域高质量协调发展的重要抓手，因而不论从顶层设计，还是政策供给、制度保障上，均积极促进产业转移。从地方政府来说，主流的地方政府竞争理论和晋升锦标赛理论均表明，地方政府有充分的动机为产业发展展开竞争。对于转出地政府来说，产业转移的影响具有两面性：一方面，产业转出会暂时削弱制造业的整体规模，对地区的 GDP、财税收入等重要经济发展指标产生不利影响；另一方面，转出的具体产业往往与地区的发展阶段、生产条件、产业转型升级要求相违背，这些产业的转出往往能够起到“腾笼换鸟”的作用，助力产业结构优化与产业升级，增强地区的可持续发展能力。对于潜在的转入地政府来说，承接产业转移往往能够迅速促进地区经济增长，因而潜在的转入地政府往往为争取承接产业转移而在政策、招商引资上展开激烈竞争，而忽视本地实际承接产业转移能力的培养，在一定程度上导致了资源的浪费。从市场的角度来看，作为市场中的微观主体，企业在决定在哪里生产这一问题时，往往会以利润最大化为目标，综合考虑产业供给条件、产品需求状况、要素成本价格、市场发展潜力等影响生产成本的具体因素，进而做出最有利的选择。

陈建军（2002）结合浙江 105 家企业的问卷调查报告，研究了特定地区现阶段产业区域转移现象，认为导致企业进行产业转移决策的主要因素分为两类：市场扩张因素和资源利用因素。戴宏伟（2003）认为由于生产要素禀赋的不同，不同地区在产业结构方面具有极大的差异性，这种产业梯度与要素禀赋的差异带动了要素的跨区域流动与组合以及区域之间的经济合作，推动产业在区际的转移。蒋满元（2008）认为市场化、工业化、区域一体化是广西承接产业转移的动力来源。王忠平、王怀宇（2007）提出区域间比较优势差异是区域产业转移的根本动力，并从区际产业转移的动力角度提出区际产业转移的定量衡量指标。蔡昉等（2009）在金融危机背景下以及大国假设下，认为小国雁形模式是指独立经济体之间的产业转移和承接，而大国雁形模式则表现为一个独立经济体内部地区之间的产业转移和承接。他们从经验上实证了 21 世纪以来中国各地区制造业增长和生产率提高的格局变化，即东北和中部地区比沿海地区有更快的全要素生产率提高速度和更高贡献率。因此，通过实现产业在东中西部地区的重新布局，即沿海地区的产业升级、转移与中西部地区的产业承接，可以在中西部地区回归其劳动力丰富比较优势的同时，保持劳动密集型产业在中国的延续。蔡昉等认为中国是一个大国经济体，由于其内部的异质性，中国具备产业梯度转移的雁形模式，他们详细分析了劳动力成本和劳动生产力的地区差异对于产业转移的影响，并指出中部地区具备承接东部地区产业转移的劳动比较优势。根据中国的经验，雁形模式的未来发展趋势应该是建立在动态比较优势基础上的。但是大山道广在其著名的大山模型中，用一个模型证明了国际贸易的必要条件是比较优势，但国际产业转移和对外投资的必要条件是绝对优势。无论是从地区比较优势还是绝对优势角度衡量，我国地区分工差距明显存在。但是鲜有文献从评价承接产业转移能力的角度度量我国地区分工差距。马涛、李东等（2009）运用主成分分析的方法，基于 2001—2006 年各省的工业相关数据，对全国各地区工业承接产业转移的能力进行综合评价和比较。同时，他们进一步从各地区的成本因素、市场潜力因素、投资环境政策、产业配套能力、技术研发水平和经济效益因素六个方面找出各地区在承接产业转移能力上的优势和不足，但是该研究仅停留在基于地区间工业数据的宏观比较，并没有深入研究制造业内部各地区承接产业转移能力。

地区专业化是影响产业转移的重要因素，从地区专业化角度审视中部地区承接产业转移的能力，不失为研究产业转移的一个新的视角。分析一个国家的地区专业化水平及其趋势的路径有两条：一是从行业入手，在对各行业的地方化水平分析的基础上，讨论国家的地区专业化水平及其进展；另一个是从地区入手，在对各地区的专业化水平分析的基础上，讨论国家的地区专业化水平及其进展。樊福卓（2009）在封闭经济假设和地区间需求结构一致的假设下构造了地区专业的度量指标——地区专业化系数；这一度量指标更具有一般性，产业结构差异系数、空间分布差异系数、绝对利差及行业分工指数等指标只是作为它的特例而存在。

三、有关产业转移的实证研究

中国现有的研究主要围绕产业梯度转移的规模测算、产业转移理论的实证检验以及产业转移的效果评价三个方面展开。

（一）产业梯度转移的规模测算

在有关产业梯度转移的规模测算上，现有研究争议较多，目前的研究主要集中在产业梯度转移是否发生上，现有的研究结论存在较大争议。一种观点认为东部地区的产业已经向中西部转移（陈建军，2002；魏后凯和白玫，2009；王非暗等，2010）；另一种观点认为东部地区的产业没有向中西部转移（Wen，2004；冯根福等，2010；刘红光等，2011）。胡安俊和孙久文（2014）认为，这种争议与研究时段有关，2003 年和 2004 年是中国空间格局的转折时期，在 2003 年和 2004 年之前与之后中国产业转移的速度和流量有较大差异（胡安俊和刘元春，2013），从而影响研究结论。此外，也与研究者所选产业为两位数制造业、所选区域为省域有关，较宽的产业与空间尺度容易低估产业转移的规模。更为重要的是，在测算产业梯度转移规模和程度时，有必要厘清产业转移的具体概念，概念界定的不一致也是导致产业梯度转移是否存在这种争论的重要原因。我们认为对产业转移的概念，要澄清三个问题。

第一，产业区域转移所造成的产业规模变化，在区域间是绝对变化还是相对变化？一般认为，产业从某一个国家或地区转移到另一个国家或地区会造成产业规模在转出地绝对减少，而在承接地相应地绝对增加。但是有些时候，在产业区域转移发生时可能承接地和转出地的产业同时处于增长或减少时期。我们认为，产业转移影响产业在相应地区产业规模的相对变化，而不是绝对规模的增减。

第二，产业转移是否必然由要素区际流动引起？一般而言，一些关键生产要素由一个地区转移到另一个地区，会造成一个地区产业规模相对减少而另一个地区规模相对增加，形成产业区域转移。如发达国家通过 FDI 将一些产业向发展中国家转移等。但是，产业在一个地区的增长是由于自身要素运用效率提高，竞争实力增强所致，可能并未或较少运用了在区域间转移流动的生产要素，也就是说产业区域转移可能与要素流动没有或存在较弱的关系。例如，在中国，有些国内投资为主的劳动密集型产业在国际市场上占据越来越重要的地位，同时导致发达国家相应产业的地位削弱，同样被认为接受了国际产业转移。

第三，产业转移是否等同产业内单个企业搬迁？有些学者还经常把某一个产业的一些企业从一个区域迁移到另一个区域造成产业区域分布的变化当作产业区域转移。多数情况下，某个产业在一些区域相对减少而在另一些区域相对增加可能并不是由同样的企业引起的。因此，企业搬迁是产业转移的微观主体行为。与产业转移的宏观分析是同一个问题的不同方面。本章测度的产业转移不涉及具体分析微观行为。因此，本章所界定的产业转移的概念是：由于生产要素禀赋或生产技术条件发生变化，通过直接或间接投资的方式，使某些产业从一个地区（或国家）转移到另一个地区（或国家）的过程，从而导致产业转出地与承接地的该产业的相对规模发生变化称为产业转移。基于上述产业转移的具体概念，胡安俊和孙久文（2014）利用中国地级行政单元的三位数制造业数据测算了产业转移的程度，结果表明，中国制造业已经出现了由东部地区向中西部地区的大规模产业转移。

（二）产业转移理论的实证检验

在产业转移理论的实证检验上，蔡昉等（2009）将雁形模式理论用于分析中国地区间的产业转型升级问题。研究表明，21 世纪以来中国地区制造业增长和生产率提高格局为东北和中部地区比沿海地区有更快的全要素生产率提高速度和贡献率。通过实现产业在东中西部三类地区的重新布局，即沿海地区的产业升级、转移与中西部地区的产业承接，可以在中西部地区回归其劳动力丰富比较优势的同时，保持劳动密集型产业在中国的延续。张其仔（2014）基于能力的比较优势理论，实证检验了中国地区之间是否已经发生雁形产业升级，研究发现，无论是利用传统的产业分类方法，还是新的产业分类方法进行分析，中国已经发生了雁形产业升级现象，而且进入雁形产业升级的第二阶段，东部地区在向中西部地区转移产业的同时，其自身的产业升级方向并不十分明晰。

（三）产业转移的效果评价

在产业转移的效果评价上，许多学者通过实证分析证实了承接发达地区的产业转移对欠发达地区的经济社会发展具有积极作用。主要体现在：一是推动经济跨越式增长，促进资本形成。如杨英（2006）在研究广东承接国际产业转移情况中提出，1979—2005 年广东省通过大规模地承接国际产业转移，使广东从以农业为主的落后的传统经济体系，发展成为外向型区域经济体系。二是扩大承接地就业乘数效应。张定胜在分析国际产业转移时使用了一般均衡贸易模型，分析了转移对输入国和输出国的工资和福利的影响。三是吸收先进的技术和管理理念。如王军（2004）指出对承接地而言，在产业转移过程中输入的先进技术被承接地消化吸收后会导致承接地的技术进步，带动承接地经济增长。同时产业转移也带来了先进的管理理念，使承接地企业能够优化企业组织结构，提高企业运营效率，提升利润。四是提升承接地区的总体竞争力。如魏后凯（2003）从微观角度提出企业迁移或者产业转移最终将有利于提高企业的整体竞争力，从宏观角度提出产业转移会提升产业承接地的产业竞争力，增加就业机会。在这种正面效果得到普遍支持的同时，很多研究也开始关注于承接产业转移带来的种种不利之处，这些负面效果主要为以下几方面：一是导致环境破坏与污染加重，如谢姚刚（2004）指出发达国家制定的环境保护政策普遍较发展中国家严格，这会导致污染产业从发达国家转移到发展中国家，使发展中国家成为“污染避难所”。二是导致产业结构失衡与固化，影响产业级差的缩小。如陈秀山和徐瑛（2008）针对空间经济学所关注的区位锁定效应，对制造业产业空间结构变动“过程”和“结果”进行度量，发现扩散过程对于区域产业结构冲突的贡献远大于聚集过程，接受扩散且被聚集的地区产业结构冲突性最强。三是影响承接地自主创新与工业的发展。如王军（2004）指出依据比较优势原则进行的产业转移，对承接地而言，其承接的产业是偏重于利用自然资源要素和劳动力要素的低成本优势，造成承接地一味接受传统产业转移而缺乏创新，打破了承接地原有产业的低效垄断局面，而且自主性和稳定性受到影响。四是影响当地生产率的提高。聂华林和赵超（2000）研究了我国东部向中西部产业转移的效应问题，他认为，东部向中西部的产业转移为中西部产业结构调整和升级提供了契机，有利于提高中西部产业的科技总水平和形成产业规模经济，有利于缓解西部产业趋同现象。同时会造成产业级差和技术级差的进一步拉大并固定化，还会带来污染等问题。

近年来，随着承接产业转移示范区的纷纷设立，有关产业转移示范区的政策效果评估的研究也不断涌现。贺胜兵等（2019）基于中国城市层面全要素生产率的数据，采用双重差分方法分析了设立承接产业转移示范区对地区 TFP 的政策处理效应。研究表明，从整体来看，设立承接产业转移示范区对城市 TFP 的政策处理效应显著为负，并存在明显的地区差异，中部地区的政策效应不显著，西部地区的政策效应显著为负。陈凡和周民良（2020）基于中国城市层面的数据，采用双重差分方法，定量评估了示范区政策对区域产业转型升级的具体效应，研究表明示范区促进了产业结构合理化，但抑制了产业结构高级化。并且政策效果存在异质性，相较于西部示范区来说，中部示范区对产业结构高级化抑制作用更大，对产业结构合理化促进作用更小。陈凡和周民良（2019）基于城市层面的数据，采用双重查分方法实证检验承接产业转移示范区政策对环境的影响，结果表明国家级承接产业转移示范区未加剧区域环境污染，国家级承接产业转移示范区对环境的优化效应大于抑制效应。此外，示范区在西部地区和一般等级城市中发挥了更大的优化环境效应，能够带动区域发展的同时，改善生态环境。但是，在中部地区和高等级城市的发展过程中，承接产业转移不利于高质量的发展要求，加剧了环境污染。

参考文献

Fujita，M.，Krugman，P. When is the Economy Monocentric? [J]. Regional Science and Urban Economics，1995，25（4）：505－528.

Gersbach，H.，Schmutzler，A. External Spillovers，Internal Spillovers and the Geography of Production and Innovation [J]. Regional Science & Urban Economics，1999，29（6）：679－696.

Helsley，R. W.，Strange，W. C. Matching and Agglomeration Economies in A System of Cities [J]. Regional Science & Urban Economics，1990，20（2）：189－212.

Kojima，K. Reorganisation of North-South Trade：Japan's Foreign Economic Policy for the 1970s [J]. Hitotsubashi Journal of Economics，1973，13（2）：1－28.

Krugman，P. First Nature，Second nature，and Metropolitian Location [J]. Journal of Regional Science，1993，33（2）：129－144.

Krugman，P. Increasing Returns and Economic Geography [J]. Journal of Political Economy，1991，99（3）：483－499.

Martin，R. The New 'Geographical Turn' in Economics：Some Critical Reflections [J]. Cambridge Journal of Economics，1999，23（1）：65－91.

Okubo，T. Trade Liberalisation and Agglomeration with Firm Heterogeneity：Forward and Backward Linkages [J]. Regional Science & Urban Economics，2009，39（5）：530－541.

Vernon，R. International Investment and International Trade in the Product Cycle [J]. International Executive，1966，80（4）：190－207.

Walz, U. Transport Costs, Intermediate Goods, and Localized Growth [J]. Regional Science & Urban Economics, 1993, 26 (6): 671 - 695.

Wen, M. Relocation and Agglomeration of Chinese Industry [J]. Journal of Development Economics, 2004, 73.

蔡昉，王德文，曲玥．中国产业升级的大国雁阵模型分析 [J]. 经济研究，2009，44 (09)：4 -14.

陈凡，周民良．国家级承接产业转移示范区是否加剧了地区环境污染？[J]. 山西财经大学学报，2019，41 (10)：42 - 54.

陈凡，周民良．国家级承接产业转移示范区是否推动了产业结构转型升级？[J]. 云南社会科学，2020 (01)：104 - 110.

陈建军．中国现阶段的产业区域转移及其动力机制 [J]. 中国工业经济，2002 (08)：37 - 44.

陈良文，杨开忠．集聚与分散：新经济地理学模型与城市内部空间结构、外部规模经济效应的整合研究 [J]. 经济学 (季刊)，2008 (01)：53 - 70.

陈秀山，徐瑛．中国制造业空间结构变动及其对区域分工的影响 [J]. 经济研究，2008，43 (10)：104 - 116.

戴宏伟．加快"大北京"经济圈生产要素流动 促进产业梯度转移 [J]. 经济与管理，2003 (06)：5 - 6.

樊福卓．中国工业地区专业化结构分解：1985—2006 年 [J]. 经济与管理，2009，23 (09)：15 - 19.

冯根福，刘志勇，蒋文定．我国东中西部地区间工业产业转移的趋势、特征及形成原因分析 [J]. 当代经济科学，2010，32 (02)：1 - 10+124.

贺胜兵，刘友金，段昌梅．承接产业转移示范区具有更高的全要素生产率吗？[J]. 财经研究，2019，45 (03)：127 - 140.

胡安俊，刘元春．中国区域经济重心漂移与均衡化走势 [J]. 经济理论与经济管理，2013 (12)：101 - 109.

胡安俊，孙久文．中国制造业转移的机制、次序与空间模式 [J]. 经济学 (季刊)，2014，13 (04)：1533 - 1556.

蒋满元．产业集聚中心形成的动态累积过程：历史与预期因素的影响 [J]. 经济问题探索，2008 (11)：8 - 12.

梁琦，吴俊．财政转移与产业集聚 [J]. 经济学 (季刊)，2008 (04)：1247 - 1270.

刘红光，刘卫东，刘志高．区域间产业转移定量测度研究——基于区域间投入产出表分析 [J]. 中国工业经济，2011 (06)：79 - 88.

卢根鑫．国际产业转移论 [M]. 上海：上海人民出版社，1997.

马涛，李东，杨建华，翟相如．地区分工差距的度量：产业转移承接能力评价的视角 [J]. 管理世界，2009 (09)：168 - 169.

聂华林，赵超．我国区际产业转移对西部产业发展的影响 [J]. 兰州大学学报，2000 (05)：11 - 15.

汪斌．基于全球视角的产业结构研究——一个新的切入点和研究框架 [J]. 社会科学战线，2002 (02)：22 - 27.

王非暗，王珏，唐韵，范剑勇．制造业扩散的时刻是否已经到来 [J]. 浙江社会科学，2010 (09)：2 - 10+125.

王军．贸易和环境研究的现状与进展 [J]. 世界经济，2004 (07)：67 - 80.

王忠平，王怀宇．区际产业转移形成的动力研究 [J]. 大连理工大学学报 (社会科学版)，2007 (01)：22 - 26.

阿尔弗雷德·韦伯．工业区位论［M］．北京：商务印书馆，1997.

魏后凯，白玫．中国企业迁移的特征、决定因素及发展趋势［J］．发展研究，2009（10）：9-18.

魏后凯．产业转移的发展趋势及其对竞争力的影响［J］．福建论坛（经济社会版），2003（04）：11-15.

谢姚刚．理性看待污染密集产业转移［J］．国际贸易问题，2004（11）：63-65.

杨英．广东承接国际产业转移存在的问题与对策［J］．暨南学报（哲学社会科学版），2006（05）：49-54+176.

张其仔．中国能否成功地实现雁阵式产业升级［J］．中国工业经济，2014（06）：18-30.

第二部分　我国区域产业发展实践与创新

第四章　我国产业布局实践

从静态上看，产业布局是形成产业的各要素、各部门和各环节在空间上的分布和地域上的组合。从动态上看，产业布局则表现为各种资源、各生产要素甚至各企业和各产业为选择最佳区位而形成的在空间地域上的流动、转移或重新组合的配置与再配置过程。由于经济活动总是在一定的区域空间展开，以及区域地理位置、资源禀赋和发展水平的差别，使产业布局成为资源配置以及产业发展模式中最重要的决定因素，因此，产业布局的科学性和合理性极大地影响一国发展的经济效益、社会效益和生态效益，事关社会经济发展战略目标的实现。

在我国，三次产业有不同的历史发展轨迹，本章主要分析新中国成立以来中国农业、工业的产业布局情况。

第一节　农业的国内布局转变与海外拓展

农业生产布局是指农业生产的地域分布，它是由农业地域分异规律所决定的农业生产在地域上的分工形式，是农业各部门、各生产项目在空间上的动态组合与布局。农业的生产和地区自然条件息息相关，因此自然条件是农业生产合理布局的基础，但是，社会生产力是农业生产合理布局的决定性条件。

一、我国九大综合农业区

（一）九大综合农业区的特点

东北区是全国的粮食、大豆、甜菜生产基地，也是中国最大的天然用材林区。内蒙古及长城沿线区以牧业为主，农牧交错发展。黄淮海区以旱地灌溉为主，土地利用率高，农业生产总量大，是中国小麦、棉花、玉米、花生、暖温带水果等多种农产品的重要商品生产基地。黄土高原区以旱作为主，夏粮比重大。长江中下游区是中国最重要的农业综合商品基地，种植业以水稻为主。西南区的立体农业层次分明，多种多样；烤烟、油菜以及桑茶果在全国居重要地位；生猪商品生产优势明显，林特产品丰富多样。华南区是中国适于热作的地区之一，以鲜活农产品为重点的创汇农业占较大比重。甘新区农耕历史悠久，农区普遍分布于有灌溉水源的平原；牧业以山地放牧业为主，草原牧业与农区牧业并存。青藏区海拔高，空气稀薄，太阳辐射强度大，而热量不足；土地资源以草地为主，林地次之，耕地数量极少但分布相对集中，水资源异常丰富但地区分布不均，水的矿化度高，利用难度较大；野生动植物资源丰富，名贵中药材、珍稀动物繁多。

（二）九大综合农业区发展规划

2016年，国务院印发《全国农业现代化规划（2016—2020年）》（以下简称《规划》）。《规划》提到，要促进区域农业统筹发展，对优化发展区、适度发展区、保护发展区分别做了不同的规划设计。

1. 优化发展区

对水土资源匹配较好的区域，提升重要农产品生产能力，壮大区域特色产业，加快实现农业现代化。

东北区。合理控制地下水开发利用强度较大的三江平原地区水稻种植规模，适当减少高纬度区玉米种植面积，增加食用大豆生产。适度扩大生猪、奶牛、肉牛生产规模。提高粮油、畜禽产品深加工能力，加快推进黑龙江垦区等大型商品粮基地和优质奶源基地建设。

华北区。适度调减地下水严重超采地区的小麦种植，加强果蔬、小杂粮等特色农产品生产。稳定生猪、奶牛、肉牛、肉羊养殖规模，发展净水渔业。推动京津冀现代农业协同发展。

长江中下游区。稳步提升水稻综合生产能力，巩固长江流域"双低"（低芥酸、低硫甙）油菜生产，发展高效园艺产业。调减重金属污染区水稻种植面积。控制水网密集区生猪、奶牛养殖规模，适度开发草山草坡资源发展草食畜牧业，大力发展名优水产品生产。

华南区。稳定水稻面积，扩大南菜北运基地和热带作物产业规模。巩固海南、广东天然橡胶生产能力，稳定广西糖料甘蔗产能，加强海南南繁基地建设。稳步发展大宗畜产品，加快发展现代水产养殖。

2. 适度发展区

对农业资源环境问题突出的区域，重点加快调整农业结构，限制资源消耗大的产业规模，稳步推进农业现代化。

西北区。调减小麦种植面积，扩大马铃薯、饲用玉米、牧草、小杂粮种植面积。扩大甘肃玉米良种繁育基地规模，稳定新疆优质棉花种植面积，稳步发展设施蔬菜和特色园艺。发展适度规模草食畜牧业，推进冷水鱼类资源开发利用。

北方农牧交错区。推进农林复合、农牧结合、农牧业发展与生态环境深度融合，发展粮草兼顾型农业和草食畜牧业。调减籽粒玉米种植面积，扩大青贮玉米和优质牧草生产规模，发展奶牛和肉牛肉羊养殖。

西南区。稳定水稻面积，扩大马铃薯种植面积，大力发展特色园艺产业，巩固云南天然橡胶和糖料甘蔗生产能力。合理开发利用草地资源和水产资源，发展生态畜牧业和特色渔业。

3. 保护发展区

对生态脆弱的区域，重点划定生态保护红线，明确禁止类产业，加大生态建设力度，提升可持续发展水平。

青藏区。严守生态保护红线，加强草原保护建设。稳定青稞、马铃薯、油菜发展规模，推行禁牧休牧轮牧和舍饲半舍饲，发展牦牛、藏系绵羊、绒山羊等特色畜牧业。

海洋渔业区。控制近海养殖规模，拓展外海养殖空间。扩大海洋牧场立体养殖、深水网箱养殖规模，建设海洋渔业优势产业带。

二、退耕还林工程和18亿亩耕地红线

（一）退耕还林工程

新中国成立之初过分强调均衡布局的思想，导致全国产业布局的高成本和低效率。特别是作为我国重要的生态屏障和河流源头的西部地区，由于片面追求粮食当地自给率，偏离比较优势，造成大面积毁林开荒、陡坡种植，广种薄收的种植方式虽然在当时获得了较大的收益，但是却是以牺牲环境为代价换取的。西部和北部地区生态脆弱，森林覆盖率低，水土流失严重，荒漠化面积增大，农业灾害频发，严重制约了这些地区农业和农村经济的发展。对此，政府曾采取多项措施积极应对，其中包括建立自然保护区，实施环京津风沙源治理，以及推行退耕还林工程等。

退耕还林的目的是遏制水土流失，从保护和改善生态环境出发，将易造成水土流失的坡耕地有计划、有步骤地停止耕种，并按照适地适树原则，因地制宜植树造林的一项环境保护工程。退耕还林工程的实施改变了部分地区原来的农业生产，在一定程度上改变了我国的农业产业布局。退耕还林工程的实施最早追溯到1998年我国长江、松花江以及嫩江流域的特大洪灾，政府意识到水土流失的危害，进而提出“封山植树，退耕还林”的灾后重建指导原则。1999年退耕还林工程率先在四川、陕西、甘肃三省试点，并于2000年将试点范围扩大至13个省（自治区、直辖市），2002年正式在全国展开，覆盖25个省（自治区、直辖市）和新疆生产建设兵团。截至2013年，中央累计投入3 542亿元，全国累计完成退耕还林任务4.47亿亩，其中包括退耕地造林1.39亿亩、荒山荒地造林和封山育林3.08亿亩，直接惠及3 200万农户、1.24亿农民，成为中国乃至世界范围内资金投入规模最大、覆盖面最广、群众参与程度最高的一项生态工程。

（二）18亿亩耕地红线

耕地具有生产、生活、生态等多重功能，是国家粮食安全的根本保证，其重要性不言自明。随着退耕还林的进行，耕地面积不断缩减，1997年到2005年，退耕还林一共减少耕地1.3亿亩。同时，随着我国经济的不断发展，交通基础设施的不断完善，城市化进程的快速推进，非农建设占用也导致耕地面积不断减少。水灾、泥石流等自然灾害也是耕地面积减少的一个原因。此外，农业结构调整，退耕造林、改果、改渔、改牧使大量耕地用作其他用途。2006年，第十届全国人民代表大会第四次会议通过的《国民经济和社会发展第十一个五年规划纲要》明确提出，18亿亩耕地是未来五年一个具有法律效力的约束性指标，是不可逾越的一道红线。

三、中国农业海外发展情况

中国加入 WTO 标志着进入全面对外开放的新阶段，开始实施“引进来”与“走出去”共同发展的战略，越来越多的中国企业走向了国际市场。2008 年 10 月 12 日，党的十七届三中全会通过的《中共中央关于推进农村改革发展若干重大问题的决定》，第一次提出“培育农业跨国经营企业”的口号，强调我国要“统筹开展对外农业合作”。之后进一步强调“健全外商经营农产品和农资准入制度”“制定鼓励政策，支持农业企业走出去”。2012 年 3 月，我国农业部表示支持符合条件的重点龙头企业境内外上市融资，发债及通过并购重组及控股等方式组建大型企业集团。在金融方面，鼓励农行和农业发展银行及进出口银行等政策性金融机构加大对龙头企业固定资产投资和农产品收购支持力度。并提出只要是符合条件的农垦种业企业上市，国家都会给予支持。这是我国第一份支持农业龙头企业的政策。

我国农业对外直接投资涵盖农、林、牧、渔领域，投资区域涉及俄罗斯、非洲、东南亚、拉美等国家和地区。2018 年中国对外直接投资流量中，农/林/牧/渔业为 25.6 亿美元，同比增长 2.2%，占对外直投投资流量的 1.8%。如天津聚龙集团在印度尼西亚建成中国企业在海外的第一个棕榈种植园；黑龙江农垦集团在俄罗斯承包土地，签订种植合同。

我国农业海外发展的形式除了上述几个典型企业采用的海外屯田和农业合作示范基地，还有一个重要的途径就是对外农业援助（见表 4－1）。我国对外农业援助主要集中在非洲、拉丁美洲和亚洲周边地区。非洲的农业资源非常丰富，但是由于经济和技术落后，很多国家的粮食不能够自给自足。我国目前对非洲 40 多个国家进行了农业援助，实施了多个农业合作项目。项目集中在水利建设、水稻种植培训和开垦荒地等方面。通过多年的努力，中国企业对非洲的投资不仅获得了良好的收益，而且大大提升了当地的居民生活水平，为其经济稳定和科技发展做出了很大的贡献。

表 4－1　2017 年度农业对外合作百强企业评选名单

序号	企业名称	序号	企业名称
1	中粮集团有限公司	12	内蒙古伊利实业集团股份有限公司
2	光明食品（集团）有限公司	13	广东海大集团股份有限公司
3	海南天然橡胶产业集团股份有限公司	14	通威股份有限公司
4	新希望六和股份有限公司	15	上海水产集团有限公司
5	山东如意科技集团有限公司	16	云南农垦云橡投资有限公司
6	中化国际（控股）股份有限公司	17	如皋市双马化工有限公司
7	雷沃重工股份有限公司	18	山东美佳集团有限公司
8	中国化工农化有限公司	19	一拖国际经济贸易有限公司
9	中国水产有限公司	20	中国农垦（集团）有限公司
10	大康国际农业食品股份有限公司	21	新疆生产建设兵团建设工程（集团）有限责任公司
11	广东省广垦橡胶集团公司	22	天津食品集团有限公司

续前表

序号	企业名称	序号	企业名称
23	山东锦昉棉业科技有限公司	62	烟台中宠食品股份有限公司
24	北京颖泰嘉和生物科技股份有限公司	63	浙江鼎慈进出口有限公司
25	天津聚龙嘉华投资集团有限公司	64	宁夏金福来羊产业有限公司
26	辽宁禾丰牧业股份有限公司	65	宝清米斯农业技术服务有限责任公司
27	广东恒兴饲料实业股份有限公司	66	上海中房置业股份有限公司
28	内蒙古鹿王羊绒有限公司	67	普洱市众和橡胶有限公司
29	宏东渔业股份有限公司	68	中地海外农业发展有限公司
30	福建易成纯生态产业股份有限公司	69	安徽江淮园艺种业股份有限公司
31	湖北省联丰海外农业开发集团有限责任公司	70	上海布鲁威尔食品有限公司
32	东风井关农业机械有限公司	71	保山市隆茂农业开发有限公司
33	山东百佳食品有限公司	72	抚远金良现代农业有限公司
34	青岛瑞昌科技产业有限公司	73	宁夏香岩产业集团有限公司
35	东宁华信经济贸易有限责任公司	74	天津天隆农业科技有限公司
36	云南精谷科技有限公司	75	淄博新农基作物科学有限公司
37	晨光生物科技集团股份有限公司	76	山东荣成海洋渔业有限公司
38	春申股份有限公司	77	仲衍种业股份有限公司
39	深圳华大基因农业控股有限公司	78	江苏杰龙农产品加工有限公司
40	山东七河生物科技股份有限公司	79	海南顶益绿洲生态农业有限公司
41	吉林省海外农业投资开发集团有限公司	80	四川农大高科农业有限责任公司
42	袁隆平农业高科技股份有限公司	81	福建金山都发展有限公司
43	河南省黄泛区实业集团有限公司	82	绥芬河市宝国经贸有限责任公司
44	中国山东国际经济技术合作公司	83	北京中农牧贸易有限公司
45	广西荣冠远洋捕捞有限公司	84	广西万川种业有限公司
46	吉林省金达海外农业开发投资有限公司	85	玉溪德商农业投资有限公司
47	玖久丝绸股份有限公司	86	宁夏泰金种业股份有限公司
48	中非农业投资有限责任公司	87	山东潍坊润丰化工股份有限公司
49	安徽荃银高科种业股份有限公司	88	青海清华博众生物技术有限公司
50	宁夏沃福百瑞枸杞产业股份有限公司	89	山东绿健生物技术有限公司
51	北京中垦绿粮油有限公司	90	九圣禾种业股份有限公司
52	江苏红旗种业股份有限公司	91	山东好当家集团有限公司
53	山东五征集团有限公司	92	秦皇岛成隆冷冻食品有限公司
54	北京中农富通园艺有限公司	93	山东御苑生物科技有限公司
55	山东蒙阴万华食品有限公司	94	广东雄集进出口集团有限公司
56	北大荒米业集团国际米业（北京）有限公司	95	江苏明天种业科技股份有限公司
57	云南昌胜达投资有限公司	96	广东温氏大华农生物科技有限公司
58	绥芬河良运农产品开发有限公司	97	内蒙古富源国际实业有限公司
59	福清市绿叶农业发展有限公司	98	上海都市绿色工程有限公司
60	北京华农农业工程技术有限公司	99	哈尔滨维科生物技术开发公司
61	重庆粮食集团海宁福地投资有限公司	100	河南黄国粮业股份有限公司

资料来源：中国农业国际交流协会，http://www.caaie.org.cn/companyfile/14.html.

第二节 工业的国内布局与转移

一、均衡产业布局（20世纪50年代—70年代中期）

新中国成立之初，面临的是极不均衡的产业布局情况。从分布上看，全国70%以上的工业和交通运输设施集中在占全国陆地面积不到12%的东部沿海地带，主要集中在上海、天津、大连、沈阳、青岛、广州等少数城市，而广大内陆地区（除武汉、重庆等少数沿江城市外）的近代工业几乎是空白。针对这样严重失衡的产业发展格局，为改变生产力过于倚重东部沿海地区的不均衡状况，党中央在处理产业区域布局的指导思想上，以苏联的均衡配置论为理想模式，提出了产业均衡布局的战略构想。

“一五”计划（1953—1957年）期间，我国的发展重点是优先发展能源、原材料、机械工业等为主的重工业，工业建设主要围绕苏联援建的156项重点工程和694个投资限额在1 000万元以上的项目进行。这些项目中相当大部分摆在工业基础相对薄弱的内地，5年内动工兴建的694个大型工业项目中，有472个在内地。这样，不仅东北、上海、武汉等工业基础建设得到加强，同时还以西部地区的川（成都地区）、渝、陕（关中地区）、甘（兰银地区）为重点，西部地区以重化工业优先增长为中心开始了大规模的工业开发。“一五”计划之后，西部地区形成了以兰州、西安、成都等城市为依托的新工业城市，西部地区工业化发展展现出了崭新的形势，极大地改变了西部地区的落后面貌。

“二五”计划（1958—1962年）期间，全国施工了大量的大、中、小型项目，新建数以万计的工业基地。在1963—1965年国民经济调整时期，大部分布局不当的中、小企业被“关、停、并、转”；保留下来的企业，通过“五定”（定原料、定材料、定燃料、定动力来源、定外部协作关系）使企业间布局的相互关系有所改善。

“三五”计划（1966—1970年）和“四五”计划（1971—1975年）的中心是备战和国防建设，与此相应在产业布局上突出“大三线”建设。在西南、西北、豫西、鄂西、湘西和晋南等地区新开辟了一系列工业基地。在新建的同时，国家又有计划地从东部沿海地区向内陆地区搬迁了一批企业和科研单位，充实了内地的经济实力。经过10年的新建、迁建、改迁建，在三线地区建成近2 000个大、中、小型企业和科研单位，形成45个大型生产科研基地和30个新兴工业城市。

公平优先的均衡产业布局拓展了我国生产力发展空间，其所强调的均衡发展、产业区域布局向西部地区倾斜政策的着力实施，尤其是“三线”建设，刺激了西北地区和西南地区工业的增长。整个西部地区形成了以钢铁、机械、化工、电子、航空航天、建材、能源工业为主要组成部分的一大批装备精良、人才荟萃的工业基地和科研基地。例如，在西南地区建设了以重庆为中心的常规兵器工业基地，以成都为中心的航空工业基地，以攀枝花钢铁公司为中心的攀西工业基地，以长江上游重庆至万县为中心的造船工业基地；在西北地区建设了航空工业、航天工业、常规兵器、电子和光学仪器等工业基地。这些战略后方基地的形成，客观上改变了我国工业东、西部地区布局长期不合理状况，带动了西部地区工业生产的发展，对于保障国家安全，加强国防建设，促进内地和少数民族地区的发展，使生产力的空间安排趋于均衡等方面发挥了重要的推进作用。

尽管从 1949 年到 1978 年，我国的产业发展取得了巨大成就，产业布局发生了历史性变化，但也存在一些严重问题：（1）由于过分强调均衡布局的原则，东部沿海地区的优势难以得到发挥，偏离了发展和效率主题。（2）在强调注意国防安全的同时，也使一些重要工业项目不能依托大中城市发挥良好效益，表现出工业化脱离城市化的倾向。（3）均衡产业区域布局还使中国各地区产业结构趋同，各省区工业布局出现大而全、小而全的封闭式布局倾向，缺乏地区间分工协作，没能充分发挥各地区的比较优势。

二、非均衡产业布局（20 世纪 70 年代末—90 年代中期）

从 20 世纪 70 年代开始，国际形势发生了重大变化，和平与发展逐渐成为时代主题，这时候国防战备已不再是重要考虑因素，改革与发展成为这一时期我国的主要目标。均衡发展战略的实施，对于改善我国地区生产力布局和夯实内地经济基础起到了一定的作用，但这一时期地区差距的缩小是以全国整体经济效益的下降为代价的。通过对均衡发展战略的反思、借鉴世界各国（地区）经济发展的经验，20 世纪 80 年代以后，随着中国地缘政治军事形势相对趋缓，党和政府开始逐步转变经济发展战略。1978 年，以邓小平同志为代表的第二代中央领导集体充分吸收了西方产业区域布局理论的精髓，对我国产业布局做了重大调整，实行了效率优先的非均衡产业布局战略。

“六五”计划（1981—1985 年）期间，我国区域经济发展重心继续向东部沿海地区倾斜。“六五”计划把全国分为沿海、内陆和少数民族地区，并提出“对于沿海地区，要积极利用沿海地区的现有经济基础，充分发挥它们的特长，带动内地经济进一步发展。对于内陆地区，要加快能源、交通和原材料工业建设，支援沿海地区经济的发展”。“六五”计划开始了由均衡发展向非均衡发展的战略转变。

“七五”计划（1986—1990 年）首次提出了全国经济区域“三大地带”的划分，并进一步突出东部沿海地区优先发展的地位。依据梯度推移理论，我国实施的是由高梯度向低梯度推移的梯度开发，全国的产业区域布局和开发顺序遵循先东部、后中部、再西部的顺序。西部地区在“六五”和“七五”计划期间工业增长速度逐渐下滑，分别低于全国 0.5 和 0.6 个百分点，而同期东部沿海省份依旧保持两位数以上的增长。

“八五”计划（1991—1995 年）恢复了沿海与内陆的划分模式，提出了促进地区经济朝着合理分工、各展所长、优势互补、协调发展的方向发展。1992 年 10 月，党的十四大报告正式提出了我国经济体制改革的目标是建立社会主义市场经济体制，重新明确了东部、中部、西部三地带的划分，并且重申了沿海地区应以更快速度和更好效益发展的要求。从实践上看，“八五”期间成为我国改革开放推进最快的时期，确立了社会主义市场经济目标，形成了由沿海到内地、由一般加工工业到基础工业和基础设施的总体开放格局。

非均衡产业布局的实施取得了明显的成效，对我国经济发展和产业布局产生了深远的影响。首先，我国对外开放格局全面形成。从全国范围来看，对外开放已形成“经济特区—沿海开放城市—沿海经济开放区—内地”这样一个包括不同开放层次、具有不同功能的梯度推移格局。这些开放城市、经济开放区以及经济特区形成我国对外开放的前沿地带，成为我国产业布局的重点地区。同时，随着新兴产业的兴起，有国家政策扶持的高新技术工业园区成为东部沿海地区的高新技术产业和新的经济增长点主要布局地。其次，出现产业集聚现象。在市场经济带动下，在市场化程度较高的南方和东部沿海城市，一些产业已经开始依照产业发展的规律逐渐集聚。例如，在广东、浙江、江苏等省份，形成“一村一品、一乡一业”的经济现象，并由一个产品发展为一个产业集群，如温州的皮鞋产业集群、打火机产业集群、人造革产业集群及锁具产业集群等都是闻名遐迩的产业集群，其产品几乎覆盖同类市场，甚至占领了国际市场。最后，跨地域经济带逐渐形成。由于地区间的合作不断得到加强，一些地理上相近的城市开始出现较为有序的分工。共享分工、相互融合的跨地区城市经济带开始出现。东部沿海地区逐渐形成以上海、广州和北京为核心的“长三角”“珠三角”和“京津冀”三大经济带并产生了很大的地区产业集聚效益。

随着非均衡产业布局的全面实施和市场自发作用的逐步增强，非均衡产业布局的弊端也逐渐显现，其中最主要的问题就是东西部发展差距不断扩大。东部地区 GDP 占全国的比重由 1978 年的 49%上升到 1990 年的 54%，并且在后续的年份（我们只统计到 2000 年）一直保持每年约 2%的增加。而中西部地区的 GDP 占比则徘徊不前，西部地区在某些年份甚至还有下降的趋势。同时，随着市场经济经济体制的不断放开，地方政府的经济权益增加，特别是地方财政包干制引起地方政府发展本地经济的积极性从无到有，再加上加工业产品和原材料的价格剪刀差，各地纷纷引进加工技术和设备。为了保护本地的幼稚产业不受外来产品的冲击，地方政府采取种种行政手段，构筑名目繁多的贸易壁垒，对地区的资源、技术、人才和商品的进出实行垄断和封锁。由此引发各种资源大战，加剧了地区之间的矛盾和贸易摩擦，严重阻碍了商品经济和统一市场的形成，导致全国经济秩序的混乱。

三、区域协调发展的产业布局（20 世纪末至今）

为了改变区域差距日益扩大的趋势，1996 年第八届全国人民代表大会第四次会议通过的《中华人民共和国国民经济和社会发展“九五”计划和 2010 年远景目标规划纲要》中，专设了题为“促进区域经济协调发展”一章，提出要按照市场经济规律和经济内在联系及地理自然特点，突破行政界限，在已有经济布局的基础上，以中心城市和交通要道为依托，逐步形成长江三角洲及沿江地区、环渤海地区、东南沿海地区、西南和华南部分省区、东北地区、中部五省区和西北地区 7 个跨省区市的经济区域；

各经济区重点发展适合本地条件的重点和优势产业，避免地区间产业结构趋同，促进区域经济在更高起点上向前发展。

1999年底中央决定实施西部大开发，我国的区域经济发展进入东部支援西部的新的时期。这一时期最显著的特征，是基础设施建设取得突破性进展：青藏铁路、西气东输、西电东送、国道主干线西部路段和大型水利枢纽等一批重点工程相继建成，完成了送电到乡、油路到县等建设任务。特别是大规模的交通基础设施建设，改变了西部闭塞的状况，使物流更为通畅，人员出行更为便捷。2002年，中央提出实施东北等老工业基地振兴战略，核心是对东北等老工业基地进行技术改造，提升发展能力。以国有企业的改组改制为主体的体制机制创新也取得了很大的进展。2004年，中央开始实施中部崛起战略，中部地区以承接产业转移为核心，发展现代制造业。因此，国家在安徽皖江城市带、重庆沿江、湖南湘南、湖北荆州等地建设国家级承接产业转移示范区，取得了明显的成效。在西部大开发、东北振兴、中部崛起等区域发展战略实施之后，一个覆盖全部国土的区域发展战略开始形成，这就是区域发展总体战略。2004年国务院《政府工作报告》提出“要坚持推进西部大开发，振兴东北地区等老工业基地，促进中部地区崛起，鼓励东部地区加快发展，形成东中西互动、优势互补、相互促进、共同发展的新格局”，标志着全国进入区域协调发展的新阶段。

在党的十八大之后，习近平总书记多次强调要继续实施区域发展总体战略，提出区域政策和区域规划要完善、创新，特别强调要缩小政策单元，重视跨区域、次区域规划，提高区域政策精准性。2013年的中央经济工作会议，中央把改善需求结构、优化产业结构、促进区域协调发展、推进城镇化作为中国经济发展的四个主攻方向，提出加大对革命老区、民族地区、边疆地区、贫困地区的扶持力度，“精准扶贫”是这一时期提出的最有代表性的扶持政策。区域协调发展战略的另一个重要发展，是在党的十八大之后，中央推出三个经济带发展战略：京津冀协同发展战略、长江经济带发展战略和“一带一路”倡议，形成“四大板块＋三大战略”的新的区域发展战略。

党的十九大报告将区域协调发展战略首次提升为统领性的区域发展战略，正是为了解决新时代社会主要矛盾中的“不平衡不充分”的发展问题。习近平总书记在十九大报告中对区域协调发展战略的阐述是：“加大力度支持革命老区、民族地区、边疆地区、贫困地区加快发展，强化举措推进西部大开发形成新格局，深化改革加快东北等老工业基地振兴，发挥优势推动中部地区崛起，创新引领率先实现东部地区优化发展，建立更加有效的区域协调发展新机制。以城市群为主体构建大中小城市和小城镇协调发展的城镇格局，加快农业转移人口市民化。以疏解北京非首都功能为‘牛鼻子’推动京津冀协同发展，高起点规划、高标准建设雄安新区。以共抓大保护、不搞大开发为导向推动长江经济带发展。支持资源型地区经济转型发展。加快边疆发展，确保边疆巩固、边境安全。坚持陆海统筹，加快建设海洋强国。”习近平总书记的报告概括了区域发展的全部内容，区域协调发展战略与乡村振兴战略等已经成为新时代建设现代化经济体系的重要组成部分。

参考文献

何荣天．论我国45年来产业布局的演进［J］．福建师范大学学报（哲学社会科学版），1995（02）：1－7．

王庶，岳希明．退耕还林、非农就业与农民增收——基于21省面板数据的双重差分分析［J］．经济研究，2017，52（04）：106－119．

李瑜，郑少锋．农业区位理论与西部退耕还林区农业产业布局研究［J］．农业现代化研究，2007（02）：147－150．

戴孝悌．中国农业产业空间布局现状、问题与对策分析［J］．农业经济，2013（12）：50－52．

段昕轶．中国农业海外发展战略研究［D］．天津：天津财经大学，2012．

何昭顺．基于FDI的中国农业企业海外发展战略研究［D］．济南：山东建筑大学，2016．

陈栋生．论我国产业布局政策和区域政策［J］．地理学与国土研究，1989（03）：17－31．

廖元和．中国产业布局的历史演进及区域经济变化趋势［J］．重庆广播电视大学学报，2014，26（01）：3－10．

刘慧玲．我国产业区域布局的发展历程与展望［J］．工业技术经济，2010，29（11）：129－134．

孙久文．论新时代区域协调发展战略的发展与创新［J］．国家行政学院学报，2018（04）：109－114＋151．

第五章 区域产业转型升级

21 世纪的第二个十年是世界经济大变革、大调整的十年，在中国 GDP 跃居世界第二之后，与排名第三的日本差距逐渐拉大。新一轮的科技革命和产业革命也处于孕育突破的前夕。国内的人口红利消退和国际产业大转移的浪潮加大了我国区域产业转型升级的压力。本章在讨论我国区域产业转型升级背景的基础上分析转型升级的途径，之后通过案例介绍我国区域产业转型升级实践。

第一节 区域产业转型升级背景

当前，世界政治经济格局正在发生深刻的变化，经济产业调整加剧。互联网、云计算、大数据、物联网、人工智能、3D 打印、生物识别、新型材料等多点突破和融合互动，推动新产业、新业态、新模式的快速兴起，全球将形成新的产业链、价值链和供应链，国际产业分工和全球产业竞争将形成新的格局。欧美发达国家“再工业化”战略和新兴经济体工业化进程加快，使得我国面临发达国家高端回流和其他新兴经济体中低端分流的“双向挤压”，对我国产业转型升级构成倒逼机制，加快我国产业转型升级已迫在眉睫。本节从国际和国内两个方面阐述我国区域产业转型升级的背景。

一、国际背景

2018 年美国发起的对华贸易战表明贸易保护主义和“逆全球化”的理念已经逐渐从一种声音转变成为国家意志。2019 年末爆发的新冠疫情也使得发达国家制造业空心化矛盾凸显，“制造业回归”的呼声也越来越高。另外，科技创新也在影响全球产业布局。

（一）贸易保护主义和“逆全球化”浪潮加剧

近几年以来，“逆全球化”浪潮加剧，贸易保护主义不断升级，全球多边机制受挫，单边主义和民族主义有所抬头，典型如英国脱欧、美国大选、中美贸易战。美国政府提出“美国利益至上”、对中国启动“301 调查报告”、全球堵截华为、封锁中兴通讯等高科技企业，进一步凸显了我国产业跨越提升到新阶段所面临的技术封锁和升级阻滞。我国以 FDI、加工贸易和服务外包等方式低端嵌入全球价值链，很大程度上实现了产品升级和流程升级，但功能升级和链条升级则受到发达国家的控制和阻击。阻击手段包括：制定更严格的质量、安全或者环保等进入壁垒；利用代工企业专用性资产的投资锁定特征和代工者间的价格战，切断其靠利润积累获得研发投入的通道；通过政治否决机制等进行技术封锁；采用知识产权保护和行业技术标准体系等。在美国将中国视为其主要对手之后，未来一段时间，以美国为首的西方国家利益集团将会持续鼓吹“逆全球化”以及推行贸易保护主义，中国国际贸易的环境将会不容乐观。

（二）西方发达国家的“再工业化”战略

自 2008 年全球经济危机以来，西方发达国家逐步调整国内产业结构与发展战略，提出了“再工业化”和“制造业回归”等一系列措施。特别是在唐纳德·特朗普当选美国总统以来，基于其“让美国再次伟大”的竞选承诺，采取了诸如贸易保护、减税等一系列激进的方式推进美国制造业回归。在欧洲，德国的工业 4.0 战略表明了其力图抢占全球产业发展的战略制高点的雄心。欧美制造业的振兴计划说明产业转型的方向已经不是用服务业等第三产业去替代制造业，而是采用创新的方式，不断提高制造业的技术水平和附加值，以达到推动制造业和服务业双向融合发展的目的。这种“再工业化”战略将会在某种程度上抵消我国制造业的出口竞争优势，在国内消费结构未完成转型之前将会在一定程度上加剧我国的产能过剩问题，不利于我国已成熟产业的发展和高端产业的突破。

（三）新科技革命带来的科技和产业突破

从世界经济史的发展历程看，历次经济危机都伴随着全球范围内的产业结构调整和生产方式的变革，也催生了新的科技革命和产业变革。自上次经济危机以来，诸如大数据、云计算、物联网、生命科学和新能源等领域不断有新的发现和突破，新产业、新业态以及新模式的不断出现带来全球产业分工格局的调整，不断重塑各个国家和区域在全球产业价值链中的地位。从历史来看，每次的科技革命和产业变革都是后发国家实现“弯道超车”和“换道超车”的时间窗口（李晓华，2018）。在新科技革命爆发的前夕，我国一定要抓住这一历史机遇，适应全球产业变革和技术发展方向，加快传统产业技术改造升级，培育壮大新经济，推进信息技术与制造业深度融合，抢占全球产业发展战略制高点，推进产业迈向全球价值链中高端。

二、国内背景

我国经济发展进入新常态，正处在转型升级的关键阶段，长期累积的结构性矛盾进一步凸显，产业层次低、结构不合理，产业“低度化”“碎片化”“空心化”“趋同化”等问题突出，低端产能重复过剩与高端产品短缺并存的问题较为尖锐。随着我国劳动力、土地等要素成本的上升和资源环境约束的加剧，这种高资本投入、高资源消耗、高污染排放、低成本竞争、低效率产出的产业发展模式已难以为继，以低端产业、低附加值产品、低层次技术为主的产业格局正经受着严峻的挑战。在此基础上，传统比较优势丧失、结构性矛盾加剧、经济下行压力加大等新问题，促使我们必须改变以往产业转型升级的方向与路径。

（一）居民消费结构转变亟须深化供给侧结构性改革

改革开放 40 余年来，我国经济迅猛发展，总量已经跃居世界第二，工业品产量跃居世界第一，成为全球第一大货物出口国。我国经济已经从供给短缺转变为结构性供给过剩，突出表现为日益严重的传统产业产能过剩问题。但与此同时，我国在一些中高端产品和消费领域出现了结构性短缺，引发了近几年火热的出国购物狂潮。其背后根源在于随着我国进入中等收入国家行列，居民消费结构在不断升级，对中低端产品的需求降低，对高端产品的需求在上升。消费已经从过去的模仿型排浪式消费转变为当前的个性化、多样化消费（江飞涛、李晓萍，2015）。消费结构的变化迫切需要深化供给侧结构性改革，通过提升改造传统产业和培育壮大战略性新兴产业及现代服务业，来推进产业迈向全球价值链中高端，满足人民群众日益增长的高质量、差异化的消费需求。

（二）资源环境约束加剧

我国矿产资源和能源等人均拥有量低，资源、能源利用效率较低，随着经济快速增长，除煤炭、稀土等少数矿产资源外，大部分矿产资源和能源需要依赖进口，生产成本不断上升，且面临较大不确定性。改革开放以来，我国通过发挥劳动力、土地、能源、环境价格低廉的比较优势，参与国际产业分工合作，获得了快速的经济增长，但也面临日益强化的资源环境约束，经济可持续发展问题受到国内外学者的广泛关注。近年来，我国劳动力成本不断上升，土地等非流动要素价格大幅上涨，资源环境承载力大幅下降，极大地提高了传统制造业发展成本。资产价格暴涨暴跌也加大了宏观经济运行的不稳定性，影响制造业投资预期，对制造业发展形成了明显的挤出效应，经济“脱实向虚”问题突出。我国以重化工业等传统产业为主的产业结构，消耗了大量的资源能源，带来严重的环境污染。传统产业所带来的环境污染已日益达到甚至超出生态环境的承载力。随着人民生活水平的提高，人民群众对生态环境的要求也日益提高，传统产业转型升级迫在眉睫。只有不断培育和集聚人力资本、技术、信息等高端要素资源，才能打破资源环境约束，提升改造传统产业，培育壮大新兴产业，加快要素禀赋结构升级和比较优势动态转换，形成新的产业竞争优势。

（三）人口红利状况的改变

进入 21 世纪后，随着经济快速增长，我国劳动力工资呈持续快速上升趋势。根据国家统计局相关数据，全国城镇单位就业人员平均工资年均名义增长率为 13.23%，实际增长率为 10.21%。2004 年以后，我国劳动力供求关系开始发生逆转，导致劳动力成本进一步上升。改革开放初期，农村大量剩余劳动力亟待向城市和工业部门转移，劳动力呈无限供给状态。进入 21 世纪以来，我国农村有效剩余劳动力数量持续下降，而劳动力需求不断增长，劳动力供求关系发生转折性变化，从“民工潮”向“民工荒”转变。同时，1980 年以来的独生子女政策导致青壮年比例不断下降，加剧了劳动力供求失衡，甚至出现劳动年龄人口的绝对下降，人口红利正在逐年缩水。劳动力供不应求，必然导致工资不断上涨。自 2004 年以来，“民工荒”现象从沿海向内地蔓延。我国以农民工为主体的普通劳动力工资呈持续上涨态势，导致劳动力比较优势不断下降。在劳动力工资快速上涨的同时，我国劳动生产率与发达国家和世界平均水平相比仍然存在较大差距。劳动力比较优势已不明显，劳动力成本过快上涨已严重削弱我国制造业的竞争力。随着发达国家制造业的回归，高端制造业也面临严峻挑战。在发展中国家工业化与发达国家再工业化的双重挤压下，传统产业特别是劳动密集型产业转型升级迫在眉睫。

第二节　区域产业转型升级途径

我国早在党的十六大时就提出，在实现新型工业化的过程中，必须以信息化带动工业化，以工业化促进信息化，不断地实现产品技术含量的提升，逐步降低资源消耗，在减轻经济发展所带来的环境压力的同时，构建现代工业体系。从单纯凭借传统比较优势转向依靠体制创新和自主创新参与国际分工，从单纯依靠价格竞争转向更多地依靠质量、品牌和服务等非价格竞争，大力提升要素禀赋，着力突破能够有效提升国际分工地位和价值链层级的研发设计、营销网络、品牌培育、供应链管理等制约产业转型升级的关键环节，大力推动产业发展从规模扩张为主向质量提升为主转变，由加工制造向创新创造转变，由比较优势向竞争优势转变，加快促进产业向高端化、信息化、集群化、融合化、生态化、国际化方向发展，进一步拓展延伸产业链，提升价值链、完善供应链，加快构建产业新体系，全面提高产业核心竞争力。

一、加速推进传统产业转型升级

第一，信息化与工业化的融合是必然趋势。越来越多的制造企业意识到，保持和提升自己的竞争优势必须在产品研发、渠道拓展、企业运营管理等方面全面实现信息化。目前，我国制造业的信息化投入在企业营业额和利润中的比例仍远远低于国际平均水平，而软件和咨询服务的信息化投入比例更低于国际平均水平。推进信息化与工业化的融合，积极推广制造业信息化，是贯穿我国制造业产业升级全过程的必修课。通过工业化和信息化的深度融合，促进智能生产，优化生产过程，提高生产效率，构建新的商业模式，创新营销和服务模式，赢得更多商机。

第二，将传统产业与新技术、新模式结合起来，加速传统产业改造升级。传统产业通过结构性调整和突破性技术的应用改造，不仅使企业提高生产效率、改善经营绩效，而且使企业生产重心向产品附加值高的产业领域或价值链环节转移。尤其是以数字化、网络化、智能化为重点的技术升级，不断强化先进基础工艺、核心元器件、产业技术基础设施等作用的发挥，甚至会颠覆传统的生产经营方式。如3D打印、大数据等技术的应用。

第三，生态文明是工业文明之后的一个新的文明形态，通过将传统产业向先进绿色制造业转型升级，在加强生态文明建设的同时达到产业转型升级的目的。通过财政税收优惠政策促进传统产业采用清洁生产方式，并对废弃产品进行再利用和再制造，推动传统产业向先进绿色制造业转型升级。一是运用清洁生产方式和循环利用技术改造传统产业，从源头上节约资源能源消耗并减少环境污染。在初次生产过程中，通过产品设计、原材料选择、设备工艺改革、生产过程管理和物料内部循环再利用等措施，改造传统产业，使其生产过程尽可能节约原材料和能源消耗，并减少废物排放数量和毒性，以消除或减少对环境的损害。同时，通过产品设计生产绿色产品，使其在使用和报废处理过程中不对人类和环境造成损害，促进传统产业逐步向绿色制造业转型。二是通过对传统产业废旧产品的再利用和再制造，从末端提高资源能源再利用率并减少环境污染。具体途径包括：在分类基础上，将废旧产品进行材料水平的再循环；将回收废品进行加工再利用变为原材料，重新投入生产过程；对废旧产品及其零部件进行修复和再制造，直接变为新产品。

第四，促进传统产业技术创新和设备改造，重塑传统产业的核心竞争力。一是加强传统产业技术创新及产品开发。一方面，建立和完善产业共性技术研究中心和公共实验室，为传统产业相关企业技术创新提供技术平台和实验平台；另一方面，通过引进技术并进行消化吸收再创新，或运用自主技术成果对传统产业进行技术升级，促进新产品和新工艺的开发。二是推动传统产业生产设备的自动化和智能化。随着我国经济快速发展和劳动力成本的不断提高，研究开发替代劳动力的生产装备，提高传统产业生产设备自动化和智能化水平，实现传统产业由劳动密集型向知识技术密集型的转变，是我国传统产业升级的必然途径。

二、发挥创新在产业升级中的引领作用

第一，通过创新提高劳动生产率和全要素生产率。产业转型升级的根本在于从价值链低端转向中高端，在于提高产业发展质量和效益，而提高产业发展质量和效益的根本在于提高劳动生产率和全要素生产率，在于创新要素质量的全面提升和结构优化。首先，要全面推动劳动力要素的升级和结构优化。未来一段时期，要按照社会经济发展的需求进一步深化高等教育体制改革，把精英教育与创新创业教育相结合，加强职业技能教育体系，培养一批高水平技术工人。其次，要推动资本要素的升级和结构优化。对于创新和产业转型升级来说，资本也有好坏之分。简单地说，就是政府投资不能形成对社会投资的“替代效应”，金融发展不能形成对实体经济的“攫取效应”。从财政资金来看，要改革科技投入和评价体系，进一步发挥政府资金的引导作用，强化企业的主体地位，提高全社会研发资金使用效率。从金融体系来看，要发展“创新友好型”的金融体系，完善多层次资本市场，以资本要素引导创新创业和产业转型升级。最后，以全球化的视野，在开放合作中提升产业的创新能力和全球竞争力。要紧密跟踪国际最新技术创新和产业发展动态，坚持问题导向、需求牵引，高标准、大范围、跨领域进行国际经济技术交流与合作，整合和集成世界性的创新资源，在合作中提升技术创新能力和产业发展水平。要利用好中国的市场优势、产业条件和人才基础，通过在国内设立开放实验室、产业创新联盟、创新孵化器等多种模式，加强与国际大企业、研究机构和大学之间的战略合作。最后，要坚持推进公共资源配置市场化。要消

除行政垄断、行业垄断和地方垄断，强化竞争和统一市场，使土地、矿产等稀缺的公共资源能够成为产业升级的杠杆，而不是利益输送的手段。

第二，创新性探索产业发展新领域。在突破性技术创新的带动下，商业模式、生产组织方式、产业形态也会发生革命性改变，开拓产业发展新空间，并不断演化出新的产业形态，从而成为新的经济增长点。如物联网等新一代信息技术的发展，促进信息技术产业发展和应用水平提升。而且，随着新一代信息技术驱动下一系列突破性技术创新的扩散和渗透，不断催生产业发展新领域，实现生产力跃升。近年来，人工智能、云计算、大数据等一系列信息技术与物联网技术的融合发展带动智能网联汽车、无人机、机器人等产业蓬勃发展。在工厂环境中应用的物联网技术，其价值不仅在于生产效率提升，而且在安全生产、设备维护、库存优化等方面每年可创造巨大的经济价值。

第三，通过创新生产方式和组织模式，推动传统产业转型升级。借鉴发达国家的经验，在传统产业中创新生产方式和组织管理模式，广泛运用精益生产、敏捷制造、细胞生产方式和模块化生产等新的生产方式和组织管理模式，通过动态、柔性灵捷的组织运筹、工艺再造和系统整合，提高投入要素的配置效率，推动传统产业转型升级。一是实施精益生产方式，在企业内部以计算机网络并行工程为基础，以即时生产、柔性自动化生产、全面质量管理和专业化协作生产为支柱，通过精准的生产规划实现零库存，将推进式生产组织系统改为需求牵引式组织系统，采用数控机床、加工中心或柔性生产系统、机器人技术和自动化检测技术等组成的辅助自动化生产系统，在保证质量的前提下实现多品种生产自动化。二是实施敏捷制造方式，以计算机集成制造系统（CIMS）为基础，以动态联盟（虚拟企业）、并行工程、虚拟制造和高素质员工为支撑，在迅速变化的竞争环境中对顾客需求和市场做出快速反应，以提高传统产业的生产经营效率。三是推广和发展互联网工厂和智能制造模式，将精益生产、敏捷制造、模块化制造和个性化定制有机结合，实现生产制造的自动化、智能化和个性化，促进传统产业转型升级。开发支持大规模定制的互联网架构软件服务平台，用户通过交互式信息网络平台与企业和模块供应商进行互动，参与产品设计，进行个性化定制。由平台团队根据用户需求整合全球一流的设计资源、模块供应商等外部资源，满足用户的个性化需求，实现从大规模制造向大规模定制转型。

三、从纵向和横向等多方面调整产业布局

第一，协调产业在区域上错位布局。中国传统支柱产业发展过程中的产业集群布局资源导向型的特征明显，产业集群带动周边经济发展的辐射力度不够，产业集群依旧处于数量扩张的阶段，而且集群间的产业同构现象明显，导致了产业雷同、产品重复等问题，继而引发经济发展过程中的地区性分割与封锁，区域经济发展的专业化分工程度较低。为此，需要推进区域间产业协调错位发展，依照各区域所具有的自然条件、资源与环境的承载能力、产业发展基础，不断实现区域间的产业协调错位发展。

以区域性中心城市为依托，推进城市特色产业的错位发展，形成各地区内部大中小城市合理分工、科学布局的现代产业发展的新格局。

第二，推动主导优势产业向链条两端延伸。中国当前传统支柱产业中的有色冶金、钢铁、石油化工、纺织等优势产业集中于产业链条低端的原材料采掘等环节，产业链条高端的研发设计和精深加工等环节发展欠缺，使得产品附加值较低，深加工和技术密集型产品较少。为此，中国传统支柱产业的转型升级可以通过构建梯度升级的产业链条，以实现产业价值链的延伸，着力打造精深加工产品。一是实现纵向联合，以龙头企业为先导，向下游扩散产品，以实现产品链的延伸；二是推进横向联合，关键技术由核心企业掌握，关键市场处于产业链两端，链条中间的企业加工能力尽可能扩散。

第三，加速推进战略性新兴产业的培育和发展。战略性新兴产业是新兴科技与新兴产业的深度融合，进入21世纪以来，新一轮技术革命和产业革命正在酝酿，战略性新兴产业发展也处于新一轮更替的酝酿期。为掌握未来主动权，主要发达国家纷纷制定新的国家发展战略，加快战略性新兴产业发展。为在未来经济发展中塑造新优势，2010年，我国也不失时机地提出培育和发展战略性新兴产业，这不仅是应对国际金融危机、促进经济平稳较快发展的重大举措，也是加快经济发展方式转变的战略抉择。当前，在我国经济进入新常态的背景下，培育和发展战略性新兴产业更是关系我国经济社会发展全局和推动经济发展走上创新驱动、内生增长轨道，从而实现经济稳定、社会繁荣和建设生态文明的必然要求。近年来，在我国战略性新兴产业发展中忽视自主创新和市场机制作用、产业发展“泛化”等问题比较突出，一些产业仍然存在不掌握核心技术、“大而不强”的现象，甚至核心技术关键设备几乎全部依赖进口。因此，加强自主创新，防止在新一轮国际产业分工重构中再次成为“世界加工厂”，是我国培育战略性新兴产业的前提和立足点。应以重大技术的自主创新产业化为核心，以新一代信息产业、生物产业、节能环保产业为主导方向，在技术研发、规模化、市场培育三个重要环节实现组织机制的突破性创新，有效促进战略性新兴产业的快速发展。

第四，推动传统产业在全球价值链和国际分工中地位的攀升，提高传统产业的全球竞争力。参与国际分工和融入全球价值链，有利于各国充分发挥比较优势。但国际分工不同位置和全球价值链不同环节获得的价值是不均衡的，因此，只有推动我国传统产业由低端产品向高端产品发展，由价值链低端环节向高端环节攀升，才能获得更多的价值增值，在国际分工和全球竞争中处于有利地位。首先，在同一产品全球价值链布局中，推动我国传统产业实现由价值链低端向价值链高端的升级。全球价值链不同环节的价值增值有较大差异，大部分价值增值来源于上游的研发、设计、创新和标准化，以及下游的营销、物流和品牌，只有一小部分价值增长来源于中游的制造和组装。长期以来，我国传统产业很多企业根据跨国公司的全球战略布局嵌入全球价值链，主要从事组装和制造环节，所获利润极其微薄。因此，必须采取有效措施，推动我国传统产业企业向全球价值链两端发展，由原材料提供、加工组装等低端环节向研发设计、关键设备制造、市场营销及品牌培育、供应链管理和技术服务等中高端环节攀升，增加在全球价值链中高附加价值环节的比重，从全球组装制造中心发展为全球研发设计中心、全球物流和营销中心，实现传统产业由价值链低端向价值链高端的升级。为实现全球价值链攀升，相关企业必须通过持续学习和不断创新，形成自主技术研发和设计能力，在此基础上培育具有自主知识产权的品牌。

四、推进产业内部调整，培育新发展模式

第一，促进龙头企业和中小企业协同发展。为了更好地带动传统支柱产业的转型升级，需要在重要行业和关键领域培育核心竞争力较强且具有可持续发展能力的大型企业集团。在此基础上，不断扩展龙头企业的数量和规模，以优势产业为依托，打造全产业链。还可通过企业并购、联合重组等多种方式，实现优势企业的强强联合或者跨区域的兼并重组，逐渐形成一批跨地区、跨行业的大型企业集团。通过大型企业集团不断增强的辐射带动力，推进大型企业集团与中小型企业的产业链接，不断引导大型龙头企业由产品制造者向解决方案提供者转型，实现产业链的整合，集中精力发展产业链的核心环节，向中小企业延伸产业链和资本链。龙头企业还可积极发展业务外包，并以技术、管理、市场等各种形式实现对中小企业提供援助和支持，从而带动中小企业提高专业化的配套能力，构建现代产业分工合作网络。

第二，通过产业间技术扩散渗透，促进产业链上下游发展。新技术一旦形成，并在产品应用和市场需求方面得到认可，便会在产业间不断扩散开来，这一点通用目的技术表现尤为明显。尽管渐进性技术创新与突破性技术创新都具有这种扩散效应，但二者存在较大差异，突破性技术创新的扩散渗透效应更强。随着市场需求的扩大，突破性技术创新的市场占有率逐渐提高，甚至拥有一定的市场垄断力，由此导致市场竞争格局发生改变。随着新行业新进入企业的增多，模仿创新、技术改进或产品更新使得突破性技术实现市场扩散。与此同时，突破性技术发明或产品应用扩散、渗透到其他产业，形成一批又一批新型的知识密集如5G技术领域典型突破性技术创新，不仅推动传统通信产业链上下游产业产生巨大变化，而且在加工制造业、能源、金融、零售、运输等多个产业领域不断扩散和渗透。

第三，推动传统产业组织调整和集群创新，提高传统产业的竞争优势。一是加强传统产业整合和企业重组。在产业政策引导下，一方面，通过相关企业兼并、破产收购、重组等方式优化传统产业的市场结构，淘汰部分技术落后、资源能源消耗多、污染严重的小企业，将资产从低效企业流向技术设备水平较高的高效优势企业，从而减少生产能力过剩，实现高效企业低成本快速扩张，改善传统产业的市场绩效；另一方面，通过财政补贴、税收减免和金融优惠等措施，对先进大企业的技术改造和设备更新给予大力扶持，提高传统产业的技术水平及国际竞争力。二是促进传统产业形成集群与集群创新。首先，创造良好的投资环境，包括基础设施、配套产业等，在本地具有一定竞争优势的传统产业吸引国内外企业向该地区集中，形成传统产业集群。其次，在已形成传统产业集群的地区，采取各种政策措施推动集群创新。通过编制和实施产业集群创新规划，采取提供研发津贴、低息贷款、风险投资、技术指导、孵化器支持、

政府采购等政策措施推动集群企业技术创新；建立集群信息网络平台，促进集群企业信息交流与技术溢出；搭建集群产学研合作平台，促进大学、研究机构与集群企业间的知识技术交流与扩散；通过创建产业集群品牌，扩大集群产品的国际市场；通过编制国家集群方案，搭建为集群创新服务的支撑体系，包括建立提供商业、法律、财会、统计、认证、集群管理培训服务等中介机构，建立由技术专家组成的技术协会，创办培养专业化和高度熟练工人的技术院校等。

第四，通过产业融合发展，促进传统产业转型升级。一是通过传统产业间的协同发展，延长传统产业生命周期。一方面，通过不同传统产业间的协同发展，延伸上下游产业链。在我国传统产业转型升级过程中，可通过不同产业的有机联系，将产业链向上下游延伸，实现产业间协同发展。例如，可在我国传统能源煤炭主产区形成焦煤焦炭-钢铁-机械-采矿、冶金产业链，动力煤-电力建材、冶金、化工、机械产业链，以及无烟煤-化工、陶瓷和冶金产业链等，从而将多个相互关联的行业有机结合，既拓展了产业链环节，实现了资源充分利用，又延长了传统产业生命周期。另一方面，将传统产业创新技术应用于其他相关产业，实现产业链延伸和产业升级。在传统产业转型升级过程中，可以通过学习迁移效应，通过将某一传统产业技术特别是先进技术向其他相关产业的应用促进传统产业升级。例如，可将高性能化学纤维材料从纺织服装业应用到塑料、农业、消防、电子材料、建筑材料、医药行业及环保产业等，延长上下游产业链，实现传统产业转型升级。二是通过新兴产业与传统产业的融合发展，推动传统产业转型升级。首先，运用信息技术改造传统产业，推动传统产业的智能化和现代化。将信息技术应用于传统产业的生产经营和组织管理过程，推动传统产业在设备与产品、工艺流程与生产过程控制、组织管理方式、销售经营方式、产品设计与物流配送等多方面进行重构和创新，促进传统产业的转型升级与现代化。其次，通过信息技术与传统产业的融合发展，推动一系列新兴产业的产生和发展。例如，将信息技术向机械制造、航空业渗透，促进了机械电子、航空电子等新兴产业的产生与发展；将信息技术应用于机床业、机器人产业，产生了数控机床、智能机器人等新兴产业；将计算机网络技术向传统商业、运输业、金融业渗透，产生了电子商务、物流业、互联网金融等新兴产业。

第三节　我国区域产业转型升级实践

沿海地区作为我国经济改革发展的排头兵，在改革开放以来始终处于我国经济总量增长与产业结构升级的前沿，为我国区域产业结构的转型升级提供了非常宝贵的启示。本节选取我国沿海的经济强省广东省，结合广东省产业发展实践，把握我国产业转型升级的路径及经验。

自 21 世纪初期以来，广东省产业结构处于不断优化的一个过程。从图 5 - 1 中可以看出，从 2000 年到 2007 年，广东的第一产业所占比重呈现出明显下降的趋势，第二产业所占比重变化不大，第三产业所占比重上升。2007 年之后，第一产业占比的下降空间逐渐压缩，第二产业所占比重持续下降，第三产业所占比重逐渐上升。可见，从产业结构上看，广东省的产业结构不断趋向合理。早在 2007 年，广东人均 GDP 就已经达到了 4 000 美元的工业化后期水平，但是在此之前产业结构的调整并没有出现“二产持续下降，三产逐渐占支配地位”的合理变化趋势，产业结构的比重一直是“二三一”，且优化程度不明显。并且依照发达国家的经济结构变化的一般规律，在进入工业化中后期之后，第三产业的发展主要靠金融保险业、不动产以及商务服务和社会服务拉动，但是那时的广东第三产业的主要构成是商贸物流和交通运输，缺乏传统意义上的服务业。但是从 2007 年之后的产业结构调整的态势来看，其产业转型和产业结构调整较为成功。下面就具体分析在 2000 年到 2010 年广东省产业转型升级的实践经验。

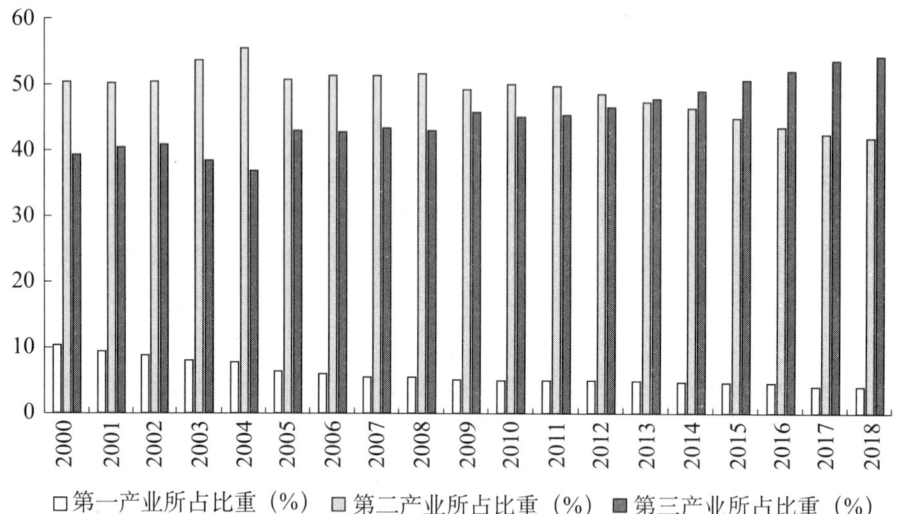

图 5-1 广东省 2000—2018 年三次产业结构变化

资料来源：EPS 数据库。

一、广东产业转型升级的背景

21 世纪的第一个十年是广东产业转型发展关键的十年，在经过工业化发展近 30 年之后，广东的经济增长模式带来了诸多问题。首先是长期粗放的经济增长模式，是以牺牲自身资源、能源、环境以及劳动者低廉的价格、恶劣的劳动条件为代价的；二是出口产品大都处在价值链低端，许多行业和企业存在核心技术受制于人的现象，缺乏关键知识产权和自主创新的能力，没有自己的品牌，利润低。

第一，人民币升值导致出口压力加大。自 2005 年人民币对美元升值以来，人民币长期升值趋势明显。中国人民银行授权中国外汇交易中心公布，人民币兑美元 4 月 7 日中间价为人民币 7.002 0 元，为 2008 年以来第 29 次新高。按照汇改时 8.11 的汇率计算，汇改以来人民币已累计升值 15.82%。对依赖出口的企业来说，人民币升值给企业利润带来了巨大压力。《中国企业家》调查显示，82.4%的企业认为，人民币汇率的变化，直接影响企业的经营活动。除了升值带来的产品出口竞争力的下降外，更直接的是人民币对美元升值造成的汇率损失。而对于拥有众多出口型企业的广东，人民币汇率的不断攀升造成许多加工贸易企业面临经营成本压力。

第二，原材料价格上涨，新劳动合同法生效，提高了用工成本。国际原油价格不断攀升造成相关产业成本猛增，作为化纤产业链最源头的原料，油价上升首先影响化纤业，进而推动上下游联动。同时拉动电价、煤价、运费上升，使产业链各环节成本通胀。在其带动下，棉花价格也会进一步上涨。由于国内资源的硬缺口及投资的过快增长，原料的压力将会成为企业特别是纺织业的新负担。在劳动力成本方面，新劳动合同法使得短期内企业的人力成本大大提高，如医疗保险、加班费用的增加等，经济的发展、劳动者收入的提高，使广东原来低廉的劳动力已不低廉。而随着水、电、原材料、燃料价格、运输费用等要素价格不断上涨，广东已比全国大多数地方都高，导致企业的生产、销售成本迅速攀升，劳动密集型产业赖以生存的根基受到了削弱，广东企业亟须另谋出路，转型升级。

第三，流动人口增加带来一系列社会问题。伴随着工业化、城镇化进程的不断推进，我国的流动人口急速增长，农民工构成流动人口的主体，大量涌入东部地区和大中城市，为这些地方的经济建设作出巨大贡献的同时，也加剧了人口与资源环境的紧张状况，增加了社会管理和社会服务的压力。以广东省为例，40 年的改革开放不仅使广东成为外贸大省、经济大省，更成为流动人口大省。2019 年的数据显示，广东常住人口约 11 346 万，位居全国第一。人口学家认为，广东人口过多的负面影响已经初现端倪，尤以对生态环境、资源等方面的压力为甚，人多带来的生活垃圾污染也不容忽视。而流动人口的不断增加更是带来了一系列社会问题，影响到经济社会的发展，如教育、社保、医疗、住房、城市的治安、春运、农民工子女教育问题等。

第四，发展模式粗放以及环境问题严重。广东特别是珠三角地区是靠发展“三来一补”产业实现工业化起飞的，因此劳动密集、污染严重的电镀、制鞋等行业占了很大的比重。尽管近年来在环境保护上成绩显著，但是“高投入、高消耗、高污染、低产出”粗放型的增长方式并没有得到根本性的改变，带来的严重的资源、环境问题，已经成为广东产业可持续发展的重要制约因素。环境、资源问题的不断恶化以及政府在能源、环保方面的政策出台都推动着企业进行升级、转型。

二、广东产业转型升级的实践

从目前看来，广东的产业转型升级是相对成功的，具体来看，以下措施在推进产业转型升级中发挥了比较重要的作用。

第一，政府政策与市场机制“双轮驱动”引导产业转型升级。在推进产业转型升级的过程中，从决策到实践都始终按照“政府引导、市场运作”的方针，充分发挥政府政策和市场机制的“双轮驱动”作用。政府制定产业规划和区域发展规划，分类指导区域产业结构调整；制定激励性和限制性产业政策，在宏观上引导和推动产业转型升级；加强政府服务能力建设，搭建公共平台，帮助地方和企业推进产业转型升级。市场主体根据政府政策的激励或限制性质，以及市场需求的变化，通过市场机制的基础性作用有效配置资源，促进生产要素向现代产业积聚。政策的引导作用和市场的资源配置机制有机结合，进而推动了广东的产业转型升级。

第二，将体制优势转化为企业的内生动力，推进产业转型升级。早在2008年，广东省政府就制定了旨在促进产业转型升级的有关政策，充分发挥集中力量办大事的制度优势，集中财力物力和政策资源，决定用5年时间拿出400多亿元鼓励和扶持产业转型升级。通过组织实施“十大创新工程”和重大科技专项，加快企业技术中心、技术创新公共服务等创新平台建设；加强产学研合作，实施“百校千人万企省部企业科技特派员创新工程”，选派科技人员入驻企业，辐射带动一万家以上企业实现转型升级。各地也相继出台了相关措施从体制机制上激励企业转型升级。如东莞市设立“百万元市长奖”，筹资3亿元组建市科技创业投资有限公司，专门资助扶持创新创业型企业。

第三，政府主导的体制机制创新，进一步转化为企业创新的内生动力，产业转型升级成为企业的自觉行动。例如，东莞勤上光电公司与10多家国内高校合作研发大功率LED产品，拥有了自主品牌和核心技术，2008年销售额同比增长40%，利润增长30%多。2009年前9个月订单逆市增长超三成。市场的“倒逼”压力、政策有效的引导、体制机制的激励约束，逐渐转化为企业的内生动力。企业转型升级的成功，进一步坚定应对危机的信心和决心，反过来又激发企业重视创新，重视产品研发、市场开拓和经营模式转型，从而建立更为内生的企业竞争优势。

第四，引导产业向园区集中，加快传统产业转型升级。结合国家重点产业调整和振兴规划，广东制定了重点产业调整振兴实施方案，加快淘汰落后产能，运用高新技术和先进适用技术改造提升传统产业，实行就地转型升级和异地转移相结合的方式，促进区域产业转型升级。2009年上半年全省技术改造投资增幅同比提高53.6个百分点。按照“政府引导、市场运作，优势互补、互利共赢”的方针，将珠三角传统的低端制造业转移至粤北及东西两翼地区，促进这些地区的经济发展，使珠三角地区劳动密集型产业比重显著下降。同时，腾出空间，吸引先进制造业及高端服务业进驻珠三角。2008年到2010年，仅广州市就向省内外转移企业174家，腾出了发展空间，发展了一批高端服务业，如广东塑料交易所、信义国际会馆等。在实践中，珠三角各地坚持以高端产业转入促进低端产业转出，以增量引入带动存量调整。通过提高企业准入门槛和产业用地、能耗、水耗和污染物排放标准，加快发展先进制造业和现代服务业，构建现代产业体系。深圳市在实施产业转移的同时，坚决关停高耗能、高污染企业262家，2008年第三产业比重首次超过第二产业，高新技术产品产值提高到60%。

第五，调整产品市场结构，促进产业转型升级。2008年的国际金融危机对广东尤其是珠三角企业的冲击，主要源自外需不足，因为这些地区的企业对外依存度很高。因此，将外源型增长方式逐步转型为内外源共同推动的经济增长，一直以来都是广东经济结构调整的目标。金融危机使广东的企业充分认识到，市场结构的调整与产业

（产品）结构的调整同等重要，有了主动调整的积极性。政府因势利导，把调整企业产品的市场结构作为产业结构调整的重要组成部分，制定了一系列扩内需、促消费、拓市场的政策，促进企业转型升级。例如，深圳市通过培育消费热点、优化消费环境、加大政府预算内采购力度、推进“深货北上”等措施，加大对企业参展的资金资助力度，拓展内需市场。

三、广东省产业转型升级的启示及我国区域产业转型升级的展望

第一，产业转型升级需要宏观层面的体制机制创新和相关政策的调整。产业结构调整和转型升级虽然是经济动态发展的必然要求，但微观主体的理性选择并不都能达到预期效果，因此，极其需要的是相关体制机制和宏观政策的相适应，而现有相关政策调整和体制机制的改革创新已成为当务之急。首先，结构调整是个“风险投资”，本质上“厌恶风险”的政府决策者和企业经理人不会自动“入局”，而现行考核评价机制大多重视总量指标，忽视结构指标。因此，干部考核评价机制必须改变。要从体制机制上解决“谁先调整结构谁先吃亏，不调结构也许还得益”的状况，使产业结构转型升级成为经济动态发展过程中可持续的自觉行为。其次，产业结构调整需要以资源配置模式相应的改革作支撑。目前的金融政策、财政分配和投入政策、资本市场规则等，还不能适应经济结构动态调整的需求。必须进一步改革资源配置体制，使财政、金融和资本市场的资源配置机制向优势产业倾斜，鼓励创新，鼓励提升产业竞争力的结构升级。要建立地方主导产业与资本市场创新有机结合的体制机制，充分发挥资本市场的资源配置和创新诱导作用。最后，要强化产业规划、区域规划和产业政策的约束力，以保证产业转型升级符合科学发展的要求。

第二，产业转型升级必须遵循特定产业的演进规律。广东在推进产业转型升级过程中，特别注意处理好传统产业与现代产业的关系、就地转型与异地转移的关系，“拿来主义”与自主创新的关系，国内市场导向与国际市场导向的关系，根据不同地区、不同产业、不同企业的实际情况，分类规划、分类指导、分批推进，采取了“退”（高污染高能耗的传统夕阳产业必须就地退出）、“转”（有市场、可以通过技术改造节能降耗的传统劳动密集型产业转移出去）、“引”（引进新的技术、新的项目、新的产业促进区域产业转型升级）、“育”（培育新兴产业、培育企业创新能力，促进产业向“微笑曲线”两端延伸）等一系列措施，使产业转型升级既做“加法”（引进、升级）也做“减法”（退出和转移），从而保证产业转型升级的科学性和产业竞争力。

第三，合理规划产业布局，谋划产业转移的“内循环”。发展的“不平衡、不充分”是我国区域经济的基本情况。劳动力自由流动无法完全消弭地区间劳动力成本差距，客观上存在巨大的区域间土地成本差异，因此产业的国内转移不仅能够解决需要发展高端产业地区的“腾笼换鸟”问题，还能够解决中西部产业发展问题，这就需要在顶层设计上根据各地区的资源禀赋差异合理制定相关产业布局，做到地区间协调、城市间互补，增强我国东、中、西产业发展活力和经济发展韧性。

参考文献

杜朝晖．经济新常态下我国传统产业转型升级的原则与路径［J］．经济纵横，2017（05）：61－68．

杜传忠，金华旺，金文翰．新一轮产业革命背景下突破性技术创新与中国产业转型升级［J］．科技进步与对策，2019，36（24）：63－69．

方建中．产业转型升级的范式转换：从分立替代到耦合互动［J］．江海学刊，2013（06）：71－77．

费洪平．当前我国产业转型升级的方向及路径［J］．宏观经济研究，2017（02）：3－8＋38．

江飞涛，李晓萍．当前中国产业政策转型的基本逻辑［J］．南京大学学报（哲学·人文科学·社会科学），2015，52（03）：17－24＋157．

蒋兴明．产业转型升级内涵路径研究［J］．经济问题探索，2014（12）：43－49．

金碚．工业的使命和价值——中国产业转型升级的理论逻辑［J］．中国工业经济，2014（09）：51－64．

金京，戴翔，张二震．全球要素分工背景下的中国产业转型升级［J］．中国工业经济，2013（11）：57－69．

李文军．经济新常态下加快产业转型升级的路径［J］．经济纵横，2015（08）：73－77．

李晓华．"新经济"与产业的颠覆性变革［J］．财经问题研究，2018（03）：3－13．

刘英基，杜传忠，刘忠京．走向新常态的新兴经济体产业转型升级路径分析［J］．经济体制改革，2015（01）：117－121．

毛蕴诗，李田，吴斯丹．从广东实践看我国产业的转型、升级［J］．经济与管理研究，2008（07）：16－21＋41．

宋林，陈元，李伟，孙宝树，祝善忠，高广滨，宋长瑞，温思美．加快产业转型升级 促进经济发展方式转变——广东的实践与成效［J］．中国党政干部论坛，2010（02）：19－22．

宋林，张杨．创新驱动下制造业的产业转型升级［J］．西安交通大学学报（社会科学版），2020，40（01）：38－47．

田学斌，柳天恩，周彬．新形势下我国产业转型升级认识纠偏和政策调适［J］．当代经济管理，2019，41（07）：1－7．

第六章　我国的区域产业转移实践

第一节　我国区域产业转移的背景

一、国内经济发展进入新常态，经济发展方式亟须转变

改革开放以来，我国东部沿海地区凭借良好的区位优势和政策优势，通过大量承接发达国家的制造业转移，大力吸引外资，造就了近几十年飞速的经济发展，也促进我国工业化进程由中期阶段向高级阶段过渡。然而从2008年金融危机之后，全球经济持续低迷，对我国外向型经济发展模式产生严重影响，尤其是2012年以后，我国经济增速逐渐下降，内外宏观环境的变化促使以往发展过程中积累的问题逐渐显现，经济发展不平衡、不充分的问题更加凸显。2014年，习近平主席做出我国经济呈现新常态的重要战略判断，我国经济从高速增长转为中高速增长，经济结构不断优化升级，需要从要素驱动、投资驱动转向创新驱动。

经济新常态要求尽快转变经济发展方式，构建我国现代化工业体系，从而实现经济高质量发展。以往我国经济发展过程中，经济发展模式较为粗放，整体经济发展效益不高，对生态环境重视程度不够。随着东部地区能源价格上涨，污染排放标准提升，环境承载力下降，东部地区一些企业在较为严格的环保政策以及日益上涨的成本下难以继续生存。同时，东部地区处于我国科技发展的领先地位，产业转移至中西部地区有助于为东部地区释放更多发展空间，提高现有资源利用效率，同时充分挖掘中西部地区发展潜力，发挥地区比较优势，从而进一步推动现代化产业体系建设，有利于贯彻落实新发展理念，提高经济发展效益，促进经济的高质量发展。

同时，经济新常态也为产业转移带来了新的挑战。经济新常态背景下中西部地区也更加注重本地产业布局调整，一方面，一些地方政府推动跨越式产业布局，加快发展高端制造业和新兴产业，对东部地区转移出去的淘汰落后产能接收意愿不高，加大了产业转移的工作难度，这就要求在产业转移的过程中，对原有产业进行调整，进一步提高产业层次。另一方面，产业转移将会带来资本的转移，以及企业税收的转移，转出地地方政府面临财政收入减少的压力，尤其是在转出地当前经济增速较低的情况下，面临的财政压力会更大，这就需要协调好转出地与承接地的利益分配，有效推进以市场为主导的产业转移。

二、区域协调发展新机制建立，生产力空间布局有待优化

在经济建设取得巨大成就的同时，我国区域发展不平衡的问题更加凸显。为了缩

小区域发展差距，我国实施了西部大开发、中部崛起、东北振兴等一系列区域发展战略，这些战略在一定程度上缓解了我国区域发展差异。然而，当前我国区域发展差距仍然较大。2019年，东部地区占全国GDP比重为51.88%，仅比2000年降低1.56个百分点，中、西部地区占全国GDP的比重与2000年相比分别提升3.05和3.22个百分点，东北地区GDP占比显著下降，从2000年到2019年下降了4.80个百分点。人均GDP差距也较大，2019年东部地区人均GDP达到9.44万元，中西部地区人均GDP仅分别为5.87万元和5.37万元，东北地区人均GDP最低，为4.66万元。同时，南北经济分化现象显现。2019年，北方地区占全国GDP比重为35.61%，相比2012年下降了7.40个百分点，且近年来南方地区GDP增速一直高于北方，南北发展差距呈现扩大趋势。随着经济的发展，我国东部地区比较优势逐渐弱化，而中西部地区基础设施水平不断提高，产业配套不断健全，产业转移运作经验不断丰富，承接产业转移能力不断增强，为产业转移提供了良好的条件，中西部地区的资源、劳动力优势尚未充分发挥，我国生产力布局仍有待优化。

党的十九大提出要加快实施区域协调发展战略。为推动区域协调发展战略的落实，2018年，党中央、国务院印发《关于建立更加有效的区域协调发展新机制的意见》，阐明了区域协调发展战略的目标，将区域协调发展新机制的内容概括为“统筹有力、竞争有序、绿色协调、共享共赢”。产业转移作为推动区域协调发展的重要抓手，该意见提出“要以承接产业转移示范区、跨省合作园区等为平台，支持发达地区与欠发达地区共建产业合作基地和资源深加工基地；鼓励生态受益地区与生态保护地区、流域下游与流域上游通过资金补偿、对口协作、产业转移、人才培训、共建园区等方式建立横向补偿关系；加强产业转移承接过程中的环境监督，防止跨区域污染转移”，对产业转移提出了更高的要求，指明了产业转移的模式和方向。

三、世界形势发生深刻变化，“双循环”发展新格局正在形成

金融危机之后，各国经济增长陷入困境，为促进国内经济发展，发达国家纷纷实施贸易保护主义，希望通过大力发展本国产业，减少进口。我国作为最大的出口国，面临外需不断减少的困境，对外贸易摩擦增多。我国需要从出口导向型经济向内需型经济转型，充分挖掘国内需求市场，激发居民消费潜力。同时，在经历金融危机之后，各国意识到制造业的重要性，先后提出实施“再工业化”战略，力图恢复本国制造业竞争力，发展新兴产业，减少海外投资规模，国内一些外资企业撤资，对我国制造业的发展带来了一定影响。此外，我国经过较长的工业化发展过程之后，劳动力等生产要素成本上升，东南亚等国家纷纷凭借较低的劳动力成本和较为丰富的自然资源积极参与国家分工体系，承接了大量国际订单，加剧了我国的出口竞争。东南亚国家通过提供土地、税收等政策优惠，吸引我国及发达国家部分企业向东南亚国家的转移，使得外国企业对国内投资进一步减少。

当前，全球政治经济形势正在发生复杂而深刻的变化，全球化进程不确定程度仍

在加强，逆全球化思潮迭起。中美之间的贸易争端愈加激烈，美国对华不断制造“贸易摩擦”“技术战”“知识产权战”“网络战”，并逐步由贸易领域的争端转移至科技、文化、教育等各个方面。本波新冠疫情使各国更加深刻认识到产业向海外转移可能带来的供应链条断裂风险，未来可能会加强本土化产能预备，我国在世界制造业的中心地位将会下降。面对当前全球经济发展态势，我国提出构建“以国内大循环为主的双循环”新发展格局，将经济发展立足点放在国内。我国正处于新型城镇化建设和新型工业化建设的时期，投资需求较大，尤其是中西部地区是我国内需体系中的重要组成部分，推动形成“双循环”发展格局将为中西部地区的产业发展提供有利的政策空间，进一步促进国内产业转移。

四、新一轮科技革命孕育兴起，全球制造业转移呈现新趋势

以信息技术为核心的新一轮科技革命正在孕育兴起，人工智能、大数据、量子技术、5G 等技术正在进行颠覆性创新，产业变革蓄势待发。新一轮科技革命将导致新的生产要素替代旧的生产要素，新的生产方式替代旧的生产方式，形成创造性破坏过程。纵观历次科技革命，都对传统产业进行了颠覆性改变，催生出新产品、新业态、新产业，推动产业革命的爆发，从而导致世界制造业中心的转移，改变全球价值链分工布局。18 世纪 60 年代，蒸汽机的发明推动了第一次工业革命，机器开始代替手工，生产力产生质的飞跃，蒸汽机诞生国英国也成为“世界工厂”。19 世纪 60 年代，第二次工业革命开启，电力用于带动机器，美国借助第一次工业革命积累的产业基础与先进的管理经验，迅速超过英国成为世界经济新霸主。新一轮科技革命必将对全球产业布局产生重大影响。

为了抢占新一轮科技革命发展先机，各国积极推出制造业振兴计划，美国等国家推出了“工业 4.0”、工业互联网等振兴战略，促使全球制造业转移呈现出一些新趋势。新一轮科技革命带来的技术进步使得制造业更加注重提升生产设备的智能化水平，劳动力等传统生产要素低成本优势的重要性降低，智能化生产和高效的管理使得综合生产成本降低，发达国家因此吸引了大量制造业回流。我国改革开放以后积累的雄厚经济实力和科技领域的显著进步，为参与本轮科技革命的竞争提供了基础，我国要抓紧新一轮产业变革，获得全球领先地位。新一轮科技革命为产业转移带来了新的机遇和挑战，同样，有序引导产业转移可以推动产业布局的优化调整，提升整体产业竞争力，打造现代化产业体系，为参与全球科技竞争提供支撑。

第二节　我国区域产业转移的现实进展

一、区域产业转移速度放缓，产业链布局处于调整阶段

产业转移与行业类型存在较为密切的关系，不同行业生产要素密集度不同，在资

本、土地、劳动、资金、技术等生产要素的使用方面存在较大差别，而不同地区各类要素的比较优势存在一定差异，因此不同生产要素密集度的产业进行转移的方向也不同，而同类型产业转移规律则大致相同。实践中，从 2006 年起我国沿海地区劳动力成本逐渐上升，出现了“用工荒”现象，一些劳动密集型行业开始转移至中、西部地区。此后，资本密集型行业也开始逐渐往中西部地区迁移。因此，本章参考国际通用行业分类标准，将制造业各行业划分为劳动密集型、技术密集型和资本密集型 3 种类型（见表 6－1），考察各类型行业在 2006—2009 年、2009—2013 年和 2013—2016 年这 3 个阶段的区域产业转移变动情况，从整体上把握最近产业转移的动向。

表 6－1　要素密集型行业分类标准

行业分类	制造业行业
劳动密集型	纺织业、纺织服装/服饰业、皮革/毛皮/羽毛及其制品和制鞋业、木材加工和木/竹/藤/棕/草制品业、家具制造业、其他制造业、废弃资源综合利用业
技术密集型	化学原料及化学制品制造业、化学纤维制造业、医药制造业、橡胶和塑料制品业、通用设备制造业、专用设备制造业、汽车制造业、铁路/船舶/航空航天和其他运输设备制造业、电气机械和器材制造业、计算机/通信和其他电子设备制造业、仪器仪表制造业
资本密集型	农副食品加工业、食品制造业、酒/饮料和精制茶制造业、烟草制品业、造纸和纸制品业、印刷和记录媒介复制业、文教/工美/体育和娱乐用品制造业、石油加工/炼焦和核燃料加工业、非金属矿物制品业、黑色金属冶炼和压延加工业、有色金属冶炼和压延加工业、金属制品业、金属制品/机械和设备修理业

整体来看，各类型产业转移速度均有所放缓。参照已有研究，采用各类型行业占全国份额变动情况来衡量各区域之间产业转移情况。从表 6－2 可看出，对于劳动密集型行业而言，呈现出东部地区向中西部地区转移的态势，2006 年以来，东部地区行业份额不断减少，而中西部地区行业份额不断增加，其中中部地区行业份额增加最多，东北地区在 2013 年至 2016 年期间行业份额开始减少；从时间维度上看，各地区在 2009 年到 2013 年期间行业份额变动最为明显。对于技术密集型行业而言，同样呈现出东部地区向中西部地区转移的态势，近年来东北地区向中西部地区的产业转移也开始显现，东北地区从 2013 年起产业份额明显减少；从时间维度上看，同样是 2009 年至 2013 年期间各地区行业份额变动较为明显。对于资本密集型产业而言，2006 年至 2013 年期间，呈现出东部地区向中西部地区转移的态势，2013 年之后发生显著调整，东部地区产业份额开始回升，而东北地区产业份额大幅减少。总结三大类型行业可以发现，2013 年之后产业转移进度略有滞缓，东北地区近年来各类产业份额均显著减少。从现实情况来看，东部地区对外贸易运输成本相对较低，且产业配套较为完善，部分企业选择通过吸引季节性的工人来本地工作的方式，以劳动力转移代替产业转移，以此降低劳动力成本，使得东部地区产业份额变动相较以往略小。东北地区由于经济全面下滑，其产业份额的显著降低除了产业转移的因素之外，还受区域生产总值下滑的影响。此外，通过以上总体分析，可以发现当前产业转移呈现出双向转移等新特征，下文对此进行具体分析。

表 6－2　四大板块各类型行业份额变动

劳动密集型行业份额变动				
	东	中	西	东北
2006—2009 年	－3.77%	2.56%	0.57%	0.63%
2009—2013 年	－8.89%	6.05%	0.46%	2.37%
2013—2016 年	－1.02%	2.91%	0.65%	－2.54%
技术密集型行业份额变动				
	东	中	西	东北
2006—2009 年	－6.63%	3.81%	1.81%	1.00%
2009—2013 年	－4.58%	3.43%	0.96%	0.19%
2013—2016 年	－0.89%	2.75%	1.40%	－3.26%
资本密集型行业份额变动				
	东	中	西	东北
2006—2009 年	－4.13%	2.21%	1.17%	0.75%
2009—2013 年	－3.76%	2.92%	0.82%	0.02%
2013—2016 年	0.64%	2.95%	0.97%	－4.56%

资料来源：《中国工业统计年鉴》。

中西部地区加快吸引高端产业转移，注重提升产业转移结构层次。东部地区向中西部地区转移的产业不仅仅是劳动密集型产业等较为低端的产业，也包括一些高端产业。中西部地区在承接东部地区产业转移的过程中，较为关注转移的产业类型，通过布局高端制造业及战略性新兴产业等，优化调整产业结构，提升区域产业竞争力，建立产业转移示范区等，打造产业承接高地。从表 6－3 可知，通用设备制造业和专用设备制造业加快向中部地区集聚，2013 年到 2016 年中部地区产业份额分别提升 3.65 和 3.00 个百分点。汽车制造业在中西部地区的占比也更高，2013 年到 2016 年两地产业份额共提升 3.39 个百分点。随着汽车销售重心逐步向中西部地区转移，传统的企业制造业基地东北地区的汽车产量不断减少，不少汽车企业纷纷在中西部地区开设汽车生产厂，以武汉为代表的中部汽车产业集群，以及以重庆为代表的西南汽车产业集群实力不断增强。计算机、通信和其他电子设备制造业产业转移最为明显，2013 年至 2016 年，东部地区产业份额减少 5.61 个百分点，而中西部地区分别提升 4.02 和 2.27 个百分点。中西部地区各城市都非常重视电子信息产业的发展，通过吸引科技人才和研发机构的进入，优化电子信息发展的产业环境，2018 年内蒙古、江西、广西、云南等中西部省份电子信息产业收入增速达 15%。其中以四川最为典型，四川较早地将电子信息产业定位为全省支柱产业，全球半数的笔记本电脑在四川完成测试。医药制造业的产业转移趋势也较为明显，2013 年至 2016 年东部地区产业份额减少 1.03 个百分点，而中西部地区分别提升 2.71 和 0.47 个百分点。

表 6-3 四大板块部分高端制造业行业份额变动（2013—2016 年）

行业	东	中	西	东北
通用设备制造业	2.88%	3.65%	1.26%	−7.78%
专用设备制造业	1.96%	3.00%	1.02%	−5.97%
汽车制造业	0.81%	1.95%	1.44%	−4.20%
计算机、通信和其他电子设备制造业	−5.61%	4.02%	2.27%	−0.69%
医药制造业	−1.03%	2.71%	0.47%	−2.15%

资料来源：《中国工业统计年鉴》。

近年来，东部地区向中西部地区单向转移的态势被打破，能源原材料行业向东部地区转移。部分能源原材料类型行业开始出现东部和中西部双向流动的现象，石化、钢铁、有色金属等行业转移至沿海地区，东部地区产业份额逐步增加。如表 6-4 所示，2013 年至 2016 年东部地区黑色及有色金属冶炼和压延加工业份额均明显增加，而之前东部地区份额则处于不断减少的态势；对于石化行业，东部地区份额增加则更为显著，2013 年至 2016 年份额增加 4.66%。石化行业的生产过程需要大量用水进行冷却，沿海布局可以方便取水用水，世界其他国家石化行业也主要分布在沿海地区，美国最大的石油炼化基地即位于墨西哥湾。2014 年我国出台《石化产业规划布局方案》，推动建立七大石化产业基地，重点对沿海地区进行布局。对于钢铁行业，铁矿石是钢铁行业主要原材料，需要大量从国外进口，将钢铁厂建在有深水港的沿海地区，可以减少原材料内陆运输成本，而以往钢铁行业注重从市场需求方面进行产业布局，内陆钢铁企业数量多于沿海地区。随着钢材内陆运输成本的逐步降低，综合考虑成本收益，将钢铁厂布局在沿海地区成为更经济的选择。一些大型钢铁企业开始着手沿海布局，首钢、宝钢和武钢分别在曹妃甸、湛江和防城港等沿海地区建立钢铁厂。对于有色金属行业，铜、镍等部分金属产品对进口原材料依赖度较高，然而由于内陆运输成本相对较高，也选择布局在沿海地区，工信部发布的《有色金属工业发展规划（2016—2020 年）》也提出要“引导利用境外资源项目在沿海布局”。

表 6-4 四大板块部分能源原材料行业份额变动（2013—2016 年）

行业	东	中	西	东北
石油加工、炼焦和核燃料加工业	4.66%	−0.01%	−1.80%	−2.85%
黑色金属冶炼和压延加工业	3.86%	−0.05%	0.80%	−4.61%
有色金属冶炼和压延加工业	0.98%	0.36%	0.84%	−2.19%

资料来源：《中国工业统计年鉴》。

总结而言，尽管当前产业转移速度整体有所放缓，但产业转移更加理性，不论是产业转出地还是承接地都更加认真评估产业转移的利弊。中西部地区通过跨越式产业布局，注重培育高端制造业和战略性新兴产业，吸引优质产业转移落地，而钢铁、石化、有色金属等行业也顺应当前市场环境，综合考虑成本收益，开始由中西部地区向东部地区转移，由此促进了全国范围内产业链布局的不断优化调整。

二、我国产业海外投资更趋理性，海外资本加大对中西部地区投资

我国对外投资经历了迅速增长阶段后，近年逐渐回归理性。2012 年以来，随着东部沿海地区劳动力成本的日渐高涨和环保要求日趋严格，我国不少企业寻求海外布局，东南亚等国以廉价的劳动力和优惠的投资政策对我国企业产生了巨大吸引力，尤其是“一带一路”倡议推出以后，我国企业走出去步伐加快，海外投资热情日益高涨，2016 年当年对外直接投资迅速增加，达到峰值，2013 年到 2016 年 5 年间对外直接投资年均复合增长率达 22%。我国对外投资的迅速增长改变了我国境内外资本流动格局，2014 年起我国对外直接投资金额超过实际使用外资金额，资本呈净流出状态，2016 年净流出资本约为 700 亿美元。实际上，部分企业转移至海外之后的经营状况并不乐观，东南亚等国家的供应链体系不健全，产业配套较差，较多原材料仍需从国内进口，运输成本加上关税等使得原材料成本高出预期，且劳动力效率较低，政策变动较为频繁，部分盲目进行海外投资的企业甚至面临倒闭风险。2017 年之后，随着对外投资政策的收紧，以及对海外经营的深入了解，我国对外投资显著减少，2017 年和 2018 年分别减少 379 亿美元和 153 亿美元，目前我国吸引外资量和对外直接投资量处于持平状态，对外直接投资略高于外商直接投资（见图 6－1）。总体来看，目前我国对外投资逐渐回归理性，对外产业转移速度有所放缓。在全球经济形势不景气的持续蔓延，新冠疫情常态化导致全球化进程不确定性程度增加，加强国内大循环的背景下，相关产业预计会更多寻求国内中西部地区发展机会，减少对外产业转移规模。

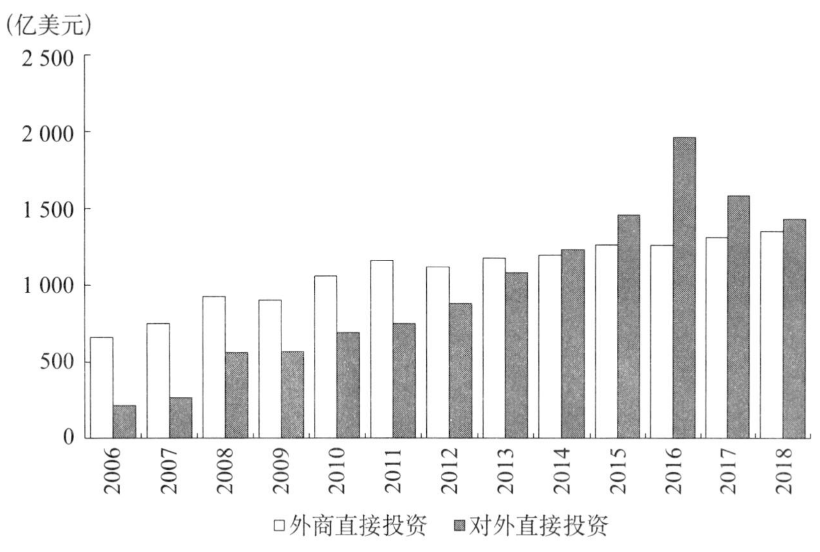

图 6－1　我国外商直接投资与对外直接投资变化（2006—2018 年）

资料来源：外商直接投资数据来源于《中国统计年鉴》，对外直接投资数据来源于《中国对外直接投资统计公报》。

海外资本加强对中西部地区投资布局。东部地区外商直接投资实际使用金额历年波动较大，占全国比重呈明显下降趋势。2006 年到 2013 年期间，东部地区吸收外资金额逐年不断扩大，由 826 亿美元增加至 1 725 亿美元，占全国比重由 80.39%下降至

67.26%，降低13.13个百分点，2013年之后，东部地区外商直接投资实际使用金额波动程度较大，2018年降至1 434.12亿美元，占全国比重也下降至56.30%，2013年至2018年期间下降了10.96个百分点（见图6-2）。东部各省份中，只有浙江省保持了外商直接投资实际使用金额的稳定增长，由2006年的88.89亿美元逐步增加至186.40亿美元。中部地区外商直接投资实际使用金额呈逐年增加趋势，由2006年的140.70亿美元增加至2018年的862.68亿美元，年均复合增长率达16.31%，外商直接投资实际使用金额迅猛增长；外商直接投资实际使用金额占全国的比重也在持续增加，由2006年的13.70%增加至2018年的33.86%，增加了20.16个百分点。其中，河南、安徽、湖南三地利用外资规模最多，三省具有较强的劳动力优势，且交通较为便利，原材料及成品运输成本相对较低，2018年三省外商直接投资实际使用金额均在160亿美元以上。西部地区外商直接投资实际使用金额近年来增长较不稳定，2006年至2011年期间，由60.65亿美元增加至256.08亿美元，占比也由5.91%提升到12.06%，此后西部地区外商直接投资实际使用金额呈不稳定变动趋势，2018年外商直接投资实际使用金额为250.62亿美元，占比仅为9.84%。西部各省份中，只有陕西省保持了较为稳定的增长态势，2006年至2016年年均复合增长率达17.56%。2018年，国务院印发《关于积极有效利用外资推动经济高质量发展若干措施的通知》，提出要引导外资投向中西部地区。因此，尽管当前东中西部地区吸引外资规模差距较大，预计在政策引导推动下，随着中西部地区要素红利的逐渐释放，与东部地区的差距会越来越小。

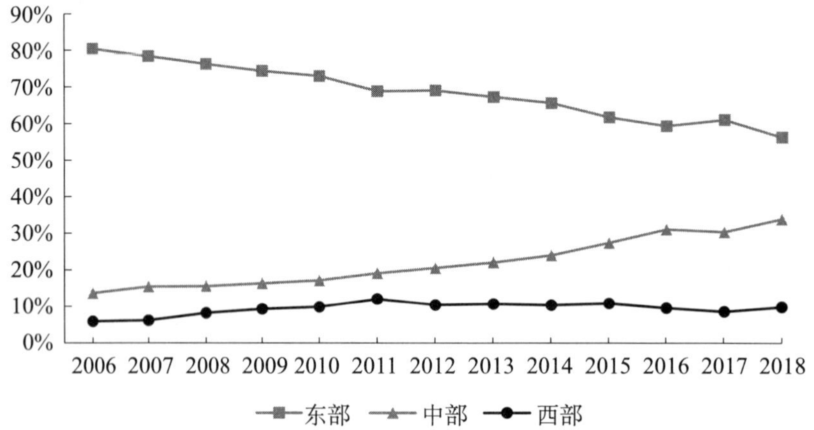

图6-2 各地区外商直接投资实际使用金额占比（2006—2018年）

资料来源：各省统计年鉴、各省统计局官网和wind数据库。

从国际国内产业转移态势来看，我国企业海外转移逐步回归理性，预期海外转移规模会进一步缩减。外资企业国内转移近年来规模逐渐稳定，不断加强对中西部地区尤其是中部地区的投资，未来东部和中西部地区承接海外产业转移差距将会逐步缩小。

三、区域内部合作加强，各地积极推动区域内产业转移

我国不仅区域之间发展差距明显，而且区域内部甚至省份内部也存在较大发展差

距，为了缩小区域内部发展差距，各地政府选择通过产业转移的方式促进区域均衡发展。

在区域内部产业转移方面，长三角、京津冀等城市群内部产业转移增强。近年来长三角内部产业转移呈现明显增多趋势，且呈现明显的层次性，上海将产业转移至江苏、浙江，再由江苏、浙江两省将产业转移至安徽。早在 2010 年，上海、江苏、浙江、安徽四省市就签署了《关于共同推进皖江城市带承接产业转移示范区建设合作框架协议》，提出由安徽省牵头设立“产业转移组”，通过园区共建，促进区域内部产业转移。2019 年中共中央、国务院印发《长江三角洲区域一体化发展规划纲要》，其中明确提出“建设皖北承接产业转移集聚区，积极承接产业转移”。2020 年 1 至 5 月，皖北地区的重点承接产业平台园区累计签约项目 129 个，协议资金达 284 亿元。京津冀产业转移是京津冀区域协调发展战略的重要内容之一，为高效引导京津冀产业协同发展，2016 年三地政府共同制定了《京津冀产业转移指南》，提出构建“一个中心、五区五带五链、若干特色基地”的产业发展格局。2019 年，河北分别与京津签署《关于进一步加强非首都功能疏解和重点承接平台建设合作协议》《关于进一步深化津冀协同发展战略合作协议》等合作协议，加快引导京津冀区域内部产业有序转移和承接。当前京津冀产业转移取得了一定成果，京津冀协同发展 6 年来，河北省共承接北京和天津转入企业 9 773 个，打造重点承接产业转移平台 46 个。

在省内产业转移方面，江苏和广东积累了较多的经验。改革开放以来，江苏经济飞速发展，取得了较大的进步，但是苏南、苏中、苏北的经济发展差距日益明显。江苏省政府为了促进省份内部各区域的协调发展，确立了“着力提升苏南发展水平、促进苏中崛起、加快苏北工业化进程”的发展思路，出台了《省政府关于支持南北挂钩共建苏北开发区政策措施的通知》，推动苏南和苏北共同建立开发区，引导苏南产业转移至苏北。截至 2011 年，苏南地区 10 年来累计向苏北地区转移大型项目超 1.7 万个，总投资约 1 万亿元。同时，不断提升产业层次，丰富投资渠道，着力提升产业转移的质量。广东省内部也存在较大发展差距，粤西、粤北和粤东等市经济发展水平较低，为推进区域协调发展，广东省政府出台了《关于我省山区及东西两翼与珠江三角洲联手推进产业转移的意见（试行）》，将 15 个产业园区认定为产业转移工业园。2017 年，广东省财政厅出台支持珠三角与粤东西北产业共建的财政扶持政策，安排 210 亿元财政资金鼓励技术含量较高的珠三角地区企业优先转移到省内其他地区，对符合要求的企业进行财政补贴，着力引导珠三角地区产业链条向省内其他地区转移。截至 2017 年，广东省各类产业转移工业园区共 87 个，基本覆盖粤东西北各县区，2017 年上半年珠三角产业转出市推动企业落户粤东西北地区 12 市及惠州、江门、肇庆市的项目达到 329 个，省内产业转移成为当前广东省产业转移的主要模式（陈林、朱卫平，2010）。

四、产业转移以产业集群方式进行，充分发挥产业链内企业协同作用

产业转移的模式包括直接投资模式、企业一体化模式、产业集群转移模式等，当

前产业集群模式逐渐成为我国产业转移的主流模式。从国外发展经验来看，国际产业转移经历了从单个企业转移到产业整体转移的过程。随着行业竞争的加剧，跨国企业不再仅仅将单个项目、单个企业转移到东道国，而是逐步将研发、设计、采购、销售等多个环节，以及多个零部件配套企业也转移至东道国，以充分利用东道国资源，发挥企业网络协同效应，提升在全球范围内的资源配置能力。例如，沃尔玛的海外投资直接带动了相关中小企业的转移，美国底特律等制造业基地内大型企业的跨区域转移也随之带动了中小企业的转移。

随着社会分工的日益精细，产业价值链不断细化，各经济主体间的联系更加复杂，企业之间的合作关系不断加强，上下游企业或者核心企业与配套企业形成了较为稳定的依赖关系，产业集群有利于发挥各企业的专业化优势。所谓的产业集群转移不仅指单独转移某个企业或企业集团，而是强调产业链的协同作用，将产业链的上下游企业以集群方式一并转入承接地，实现研发、生产、销售、物流等运营活动各环节的共同转移。该种方式可以提升产业转移的效率，发挥产业集群整体优势，维持产业链内各企业的稳定合作关系，稳定产业链的整体竞争力。但是与单个企业直接转移相比，产业集群转移项目的落地需要的时间较长，项目风险也较大。

理论上，产业集群转移主要包括以下五种方式：跨国公司带动型、龙头企业带动型、承接地带动型、生产外包带动型和产业链带动型。跨国公司带动型是指在国外企业迁入后，为了辅助国外企业的发展在当地形成新的配套产业集群；龙头企业带动型是指发挥龙头企业的示范带头作用，通过龙头企业的搬迁，吸引相关中小企业共同转移；承接地带动型是指打造专门承接产业转移的园区，弥补承接地配套企业不足的问题；生产外包带动型是指跨国公司将附加值较低的生产环节打包到经济较不发达的地区；产业链带动型是指核心企业带动与其配套的中小企业的转移。在国内产业转移实践中，龙头企业带动型和承接地带动型是产业集群转移的主要方式。

在国内实践经验方面，龙头企业带动型产业转移已有较多成功案例。例如，成都围绕英特尔、中芯国际等，着力引进集成电路、终端产品等 IT 产业集群落户；郑州引入富士康，发展该企业相关配套产业，形成了电子制造产业集群；无锡特种装备制造业向安徽省郎溪县进行转移，承接地郎溪县产业基础薄弱，交通相对较为不发达，对于转移企业的吸引力较弱，但是当地政府通过逐步引进产业链条较长、竞争力较强的一些龙头装备制造业，逐步吸引产业链条相配套的中小企业转移至当地，在当地形成了无锡工业园特种装备制造产业集群，有力地推动了当地经济的发展。

承接地带动型的经验则更为丰富，各地都大力推进共建产业园区，改造原有工业园区为专业的产业承接园区。广东省是较早采用该种做法的省份，2005 年根据相关标准将一些园区认定为产业转移园区，2009 年出台《关于抓好产业转移园建设加快产业转移步伐的意见》，提出要促进区域产业集聚，建设集约高效型园区。合作共建产业园区也成为京津冀产业协同发展的重要抓手，出现了如北京（曹妃甸）现代产业发展试验区、北京·沧州渤海新区生物医药产业基地、北京张北云计算产业园等一批创新产业园区或开发区。

第三节　区域产业转移的影响

一、对产业转出地的影响

产业转移可以推进转出地的产业结构升级转型，提高资源利用效率，改变经济发展模式。产业转出地一般是经济发展水平较高的地区，这些地区的产业发展通常呈现集聚发展模式，随着进入该地企业数量的不断增加，企业规模的不断扩大，当地的土地租金和劳动力成本会逐渐增加，使得企业整体生产成本及运营成本逐渐增加，最终导致这些地区原有的交通运输等优势不能弥补成本的增加，一些企业不得不转移到其他地区，留在本地的企业一般是经济效应相对较好、盈利能力相对较强、竞争力相对较高的企业，或者是产业附加值较高，对劳动力、土地等生产要素成本承担力较强的技术创新驱动型产业。因此，可以倒逼转出地企业进行优化调整，促进产业结构的转型升级，否则这些企业将无力承担在此地生产经营的成本，通过这样的倒逼机制可以优化本地的产业结构。此外，转出的这些企业往往对劳动力、土地等资源的占用量较多，这些产业的转出可以为当地留出足够的土地、资源空间，当地可以着眼于高端产业或新兴产业，充分提高土地、劳动力等资源的利用效率，大力发展具有相对优势的产业。这种方式在实践中最早称之为“腾笼换鸟”，即通过低端产业转移至其他地区，淘汰落后产业，改变以往高消耗、高排放的粗放型增长方式，推动产业结构调整和优化升级，促进形成高效、集约的经济发展方式。

此外，产业转移也可能带来一定的负面影响，会造成转出地产业空心化。随着产业转移的逐渐推进，除了一些低端、落后的产业转移出去，一些传统的制造业甚至高端制造业中的生产加工环节也会逐步转移出去。此外，一些经济较不发达的地区为了获得知识溢出效应，常常会将总部或者研发中心转移到经济较为发达的地区，最终导致产业转出地主要由研发、销售、售后等非生产性部门构成。这样的结果虽然有利于发挥集聚优势，通过创新驱动产业转出地的发展，但是也会带来产业空心化的问题，使得产业转出地对其他地区的依赖性加强。美国等发达国家在国际产业转移过程中也面对这样的问题，美国将制造业大量转移到发展中国家，使得本国制造业占比大幅降低，服务业成为经济的主导。2008 年金融危机的爆发使得人们认识到发展本国制造业的重要性。制造业是国家经济发展的基石，是国家竞争力的核心，美国随后提出了“再工业化”发展战略，发展高端制造业，抢占科技和产业竞争的制高点。国外一些学者认为核心制造业的缺乏将会限制其他传统制造业和前沿产业的发展，国内相关学者也指出，制造业对于整合国家创新能力、维持国家创新的持续性方面具有重要意义。因此，过度的产业转移可能导致转出地产业空心化，从而产生后续创新力不足的问题，要保持持续竞争力，产业转移的规模和方向必须合理，维持本地较为完整的产业生态链，发挥制造业对于激发创新的重要作用。

二、对产业承接地的影响

产业转移会对承接地的经济、社会、科技等方面产生积极影响，众多学者的研究结论也表明产业转移会从多个方面促进产业承接地的发展，具体可以分为以下几个方面。

第一，促进承接地产业结构优化升级。对于产业承接地而言，一般产业结构层次较低，产业体系不健全，产业配套不完善，经济发展效益较低，经济发展模式较为落后，劳动力资源、土地资源等尚未得到有效利用，各类资源利用效率有待提升，各类要素价格相对较低，产业竞争较少，因此能够有较大空间吸引产业转移到本地，以充分利用当地的各类要素资源，获得更多经济收益。同时，承接地在选择产业时，也会考虑其与当地资源条件、产业基础的匹配情况，是否能够发挥协同作用，对于一些较为低端的产业，也会要求其在淘汰落后产能、进一步提高产业附加值的基础上转移至本地，因此产业转移可以帮助承接地较快地建立完整的产业体系，提升产业结构层次，同时降低本地自建企业的风险。杨英（2006）在研究广东承接国际产业转移情况中提出，1979—2005年广东省通过大规模地承接国际产业转移，使广东从以农业为主的落后的传统经济体系，发展成为外向型区域经济体系。靖学青（2017）研究了2000年到2015年长江经济带11个省市的产业结构变动情况，结果表明江浙沪三地制造业向长江经济带其他8个省市进行转移扩散，从而促进了承接地的产业结构升级，提升了产业结构层次。

第二，提供更多就业岗位，推进新型城镇化建设。我国存在人口和产业双向转移的现象，不仅产业在东中西部地区之间进行转移，中西部地区大量的农村剩余劳动力也在进行转移。在东南沿海地区制造业较为发达的时候，中西部地区农村劳动力大量转移到东南沿海地区寻求就业。随着东南沿海地区环境承载力的下降，用工成本的上升，企业不得不转移至中西部地区，同样地，东南沿海地区经济的快速增长提升了当地的生活成本，大量农村劳动力回流，这就造成了东部地区“用工荒”的现象。一方面，企业不能以合适的成本找到足够的劳动力；另一方面，低端劳动力在当地生存压力较大。产业转移至中西部地区，可以为当地带来较多的就业机会，以往外出务工的劳动力不再需要背井离乡，在当地就可以找到合适的工作，同时生活成本降低，有利于吸引劳动力向城镇转移，从而创造更多市场需求，吸引更多企业在此落地，形成良性循环。东部地区土地资源较为紧张，大量人口的集聚超过城市的承载力，外来人口难以获得有效的生活保障，而在中西部地区则不同，产业转移有利于人口的均衡布局，分散城市公共服务供给压力，保证各城市均能为当地就业人口提供较为健全的生活保障，促进公共服务的均等化，从而促进人的城镇化，推进新型城镇化建设。

第三，更加接近需求市场，提高企业利润。中西部地区是扩大内需的主战场。一方面，中西部地区城镇化率相对较低，仍有大量人口居住在农村，在新型城镇化建设的推进下，农村人口城镇化进程中会带来生活方式的改变，从而创造更多市场需求；另一方面，中西部地区基础设施水平仍然较低，公共服务体系不完善，在交通基础设施建设等方面仍存在大量缺口，基础设施建设将带来更多就业岗位，从而催生更多需求。东部地区转移到中西部地区的企业可以更加接近市场，从而节省运输成本和交易成本，而且更加接近市场能够更敏锐地捕捉市场需求变化，贴合市场需求进行生产，从需求端促进产品创新和企业进步。

第四，提高承接地财政收入水平。财政政策是政府引导资源配置的重要手段，对于政府主导型的产业转移，财政分配问题是产业转移成功的关键，为了吸引企业转入，承接地与转出地往往会就税收分配比例进行协商，承接地政府要让渡部分税收收入给转出地。例如，财政部曾出台的《京津冀协同发展产业转移对接企业税收收入分享办法》，明确了京津冀内部产业承接地与转出地利益要五五分成，该办法的实施有力推动了京津冀内部产业转移的顺利进行。对于企业主导型的产业转移，企业会比较各地区资源优势和政府的政策优惠，转出地政府往往要通过为企业提供相应的财政补贴，减免税收或划拨土地等方式吸引企业转入。无论是哪种类型，承接地政府都要舍弃一部分财政收入或增加相应的支出，但是企业转移落地之后，整体会给当地政府带来正的财政收入，提高地方财政实力。这些财政收入能够为地方政府进一步完善产业配套基础设施提供资金，从而可以进一步吸引更多企业进入，同时，可以为高技术企业提供财政支持，促进企业技术进步和产业转型升级，发挥财政收入效应，产生良性循环。

第五，产生技术扩散效应，提升区域创新能力。通过产业转移，可以将经济较为发达地区的生产设备、工艺流程、技术研发带到不发达地区，先进技术被不发达地区消化吸收后会促进承接地的技术进步，从而产生技术扩散效应，通过对先进技术的消化吸收再利用，迅速提升不发达地区的技术创新能力；同时产业转移也带来了先进的管理理念，使承接地企业能够优化企业组织结构，提高企业运营效率，增加企业利润。我国东部沿海地区的快速发展充分说明了产业转移的技术扩散效应，改革开放后，沿海地区提出以“市场换技术”的发展战略，大力吸引外资进入，承接了大量国际产业转移，从而显著提高了东部地区的技术创新水平。相关研究也证明了产业转移的技术扩散效应，一些学者认为 FDI 对于解释东部地区经济增长奇迹具有重要意义。刘亚婕和董峰（2020）利用我国省际面板数据，以全要素生产率衡量技术水平，实证结果表明产业转移显著提高了中部地区的技术水平。马永红等（2016）结合复杂网络理论，利用仿真模拟的方法进行研究，结果表明产业转移存在显著的技术扩散效应。

当然，产业转移也会对承接地产生不利影响。一方面，会破坏承接地生态环境。国际产业转移的经验表明，发达国家制定的严格的环境保护政策会迫使高污染企业转入发展中国家，使得发展中国家成为“污染避难所”，相关实证研究也证实了“污染天堂假说”的成立。另一方面，产业转移会产生“挤出效应”，使承接地陷入“低端技术陷阱”。“挤出效应”指的是转移企业在初期会借助技术优势、规模优势等迅速抢占本地市场，挤占研发资金和研发人才，使得产业竞争加强，破坏当地原有的区域创新系统，弱化原有系统内各组成部分的连接关系，从而抑制当地原有的技术创新。“低端技术陷阱”指的是产业转移会弱化承接地自主研发动力，造成承接地一味接受传统产业转移而缺乏创新，形成对外来技术较强的依赖性，从而陷入低端技术困境。

三、对区域整体的影响

产业转移有利于缩小区域发展差距，提高资源全局配置效率。从上文的分析中可以看出，产业转移对承接地和转出地都会产生正向积极影响，能够促进两类地区的产业结构升级，通过技术溢出效应促进不发达地区的技术进步，通过乘数效应创造更多就业岗位，促进承接地的城镇化建设。因此，产业转移可以促进各区域比较优势的发挥，突破发达地区发展瓶颈，为高质量发展提供更多空间，同时为发展中地区提供更多发展机会，有利于迅速积累资本、技术等生产要素和经验。此外，产业转移有利于促进生产要素的流动，优化资源配置结构，盘活存量资产，减少重复建设，从整体上提高资源配置效率。

产业转移有利于加强区域间经济联系，促进形成合理有效的区域分工机制。产业转移使得各地区在研发、生产、销售、管理等各个环节紧密联系起来，将各个地区有效纳入全国价值链以及全球价值链的相应部分，加强各地区之间的横纵向经济联系，增强区域分工协作理念，带动区域的集约化发展，形成有效的区域分工协作网络，打破各地区的经济合作障碍，降低各地区之间的合作交流成本，促进各地之间的合作联系，从而促进区域的协同发展。

从国际发展经验看，历次全球产业转移都缩小了国家之间的发展差距。第一次全球产业转移发生在20世纪50年代，美国将纺织业、钢铁业等传统劳动密集型产业向欧洲和日本转移，缩小了德国、日本等国家与美国的发展差距。第二次全球产业转移发生在20世纪60年代，美、日、德等西方发达国家将劳动密集型产业大量向外转移，韩国、新加坡、中国香港和中国台湾紧抓发展机遇，迅速实现经济腾飞，成为“亚洲四小龙”。第三次全球产业转移发生在20世纪70年代后期，发达国家将钢铁、造船、化工等重化工产业和资本密集型产业进一步转移到亚洲，东盟国家则结合自身发展阶段，承接从“亚洲四小龙”转出的劳动密集型产业，进一步提高了亚洲和东盟国家的经济发展水平。第四次全球产业转移开始于20世纪90年代，我国成为第四次全球产业转移的主要承接地，正是把握住了这次产业转移的机遇，我国经济发展取得了巨大飞跃。

在国家政策层面上，我国先后实施西部大开发、东北振兴和中部崛起战略，制定了一系列相关政策措施，鼓励外商投资和沿海企业进入中西部和东北地区。2018年11月，党中央、国务院印发《关于建立更加有效的区域协调发展新机制的意见》，进一步提出要以承接产业转移示范区、跨省合作园区等为平台，支持发达地区与欠发达地区共建产业合作基地和资源深加工基地。国内相关学者研究也表明产业转移对区域协调发展的正向促进作用。樊士德和姜德波（2014）从劳动力流动和产业转移双重视角出发，梳理总结相关学者研究结果，发现大多数学者都认为产业转移可以促进区域协调发展。高云虹和李敬轩（2016）总结了产业转移促进区域协调发展的四条路经，包括要素流动、分工专业化、产业集聚和空间结构优化，发现在内生和外生驱动机制下，产业转移最终能够促进区域协调发展。田爱国（2016）研究了西部地区承接产业转移的效应，发现可以缩小西部地区与全国发展差距，促进西部地区经济的高质量发展。

黄新飞和杨丹（2017）研究了广东省内部的产业转移，发现自2006年省内产业转移政策实施之后，广东省区域发展不平衡的状况有所改善。

总体而言，产业转移有利于缩小承接地与转出地的经济发展差距，带动欠发达地区快速发展，发挥各地区比较优势，促进各地区合作联系，从而推动区域协调发展。

参考文献

陈林，朱卫平．广东省产业转移的发展现状与特征［J］．国际经贸探索，2010，26（01）：24－8．

刘军跃，王海云，汪乐，苏莹．产业集群转移研究综述［J］．重庆理工大学学报（社会科学版），2015，29（04）：42－8．

刘友金，袁祖凤，周静，姜江．共生理论视角下产业集群式转移演进过程机理研究［J］．中国软科学，2012，08）：119－29．

贾根良，楚珊珊．制造业对创新的重要性：美国再工业化的新解读［J］．江西社会科学，2019，39（06）：41－50＋254－5．

杨英．广东承接国际产业转移存在的问题与对策［J］．暨南学报（哲学社会科学版），2006，（05）：49－54＋176．

靖学青．区域产业转移与产业结构高度化——基于长江经济带的实证研究［J］．江西社会科学，2017，37（10）：78－85．

魏后凯．外商直接投资对中国区域经济增长的影响［J］．经济研究，2002，（04）：19－26＋92－3．

刘亚婕，董锋．产业转移推动地区技术进步了吗？［J］．产经评论，2020，11（01）：96－106．

马永红，李玲，王展昭，张帆．复杂网络下产业转移与区域技术创新扩散影响关系研究——以技术类型为调节变量［J］．科技进步与对策，2016，33（18）：35－41．

潘少奇，李亚婷，高尚，苗长虹．产业转移技术溢出效应研究进展与展望［J］．地理科学进展，2015，34（05）：617－28．

樊士德，姜德波．劳动力流动、产业转移与区域协调发展——基于文献研究的视角［J］．产业经济研究，2014，04）：103－10．

高云虹，李敬轩．区域协调发展的作用机制和传导路径——基于产业转移的视角［J］．兰州财经大学学报，2016，32（04）：12－8．

田爱国．“一带一路”建设下产业转移与西部区域协调发展研究［J］．改革与战略，2016，32（07）：119－24．

黄新飞，杨丹．产业转移促进区域经济协调发展了吗——基于广东省县域数据的断点回归分析［J］．国际经贸探索，2017，33（02）：101－12．

第七章　现代产业体系战略

现代产业体系建设是推动我国产业迈向全球价值链中高端，支撑现代化经济体系与制造强国建设的重要举措。产业作为中观层面的核心要素，影响区域乃至一国的产业结构和市场结构，是当前追求经济高质量发展的重要组成部分，因此，发展现代产业体系对我国未来发展具有极其重要的战略意义。同时，现代产业体系是在面对世界格局变化的宏观环境下，通过积极调整我国产业体系来应对变化多端的国际形势和满足国内发展需求的重要战略。

虽然当前有关现代产业体系的研究与实践探索已进行一段时间，但在具体实施和操作环节上还有待进一步思考。本章结合学界现有研究观点和各区域实际发展现状，阐明现代产业体系的主要内容和基本方向。

第一节　我国现代产业体系战略的实施

我国现代产业体系的提出与实施来源于国内外宏观环境变化的双重影响，产业体系的调整除了迎合这一客观变化需求以外，更多的是为了激发我国产业发展内生动力，健全强化产业体系建设涉及的各个环节，从而确保现代产业体系战略的顺利实施，起到推动我国经济高质量发展的本质作用。

一、现代产业体系建设的实施背景

我国现代化产业体系建设的首次提出可以追溯至2007年党的十七大报告，当时产业体系的建设主要是为转变经济增长方式和推动产业结构优化升级而服务。发展至今，世界环境和国内经济形势发生了重大变化，对我国现代产业体系建设提出了新的要求。整体而言，现代产业体系建设的实施背景主要划分为四个方面，这四个方面既考虑到长期因素，也涵盖了短期冲击对产业体系建设的影响。

（一）第四次工业革命的新契机

纵观历史，世界强国的产生无不依托工业革命所造就的重大契机，从“蒸汽时代”英国崛起，到“电气时代”德美迸发，再到“信息时代”美国独大，工业革命为世界各国发展提供了特殊的历史平台，并促使日本等国家摆脱落后局面而在全球科技市场占有一席之地。我国抓住第三次工业革命的发展机遇，重视科技研发与投入，工业化发展迅速，逐渐缩小与发达资本主义与国家的科技差距，在信息技术、空间技术、海洋技术等领域取得一系列突破和成就，极大地提高了综合实力和国际竞争力。当前，我国工业规模庞大，具有全产业链，2018年工业总产值已超过美国、日本、德国三国之和，并在5G、大数据、物联网等多个技术领域位居全球前列。随着科学技术的进一步发展，以人工智能、虚拟技术、量子通信为代表的新兴技术拉开第四次工业革命的序幕，为我国调整产业结构、提高产业链水平、建设现代产业体系提供了新的契机。

（二）国际产业分工格局的新变化

随着全球经济环境的变化和国内经济水平的提高，产业调整与转移更加专业化和精细化，技术研发、生产制造、运输销售等各个环节的分散进一步提高了国际分工水平，为世界各国参与全球价值链体系建设创造了机遇。同时，随着我国人口红利消失和劳动力成本提高，传统产业与其他发展中国家的竞争优势日渐式微，劳动密集型产业逐步转移至东南亚等低成本国家，吹响了我国制造业深层次战略转型的号角。另外，以美国为首的发达国家提出再工业化口号，试图保护国内工业企业，鼓励工业投资集中在本国以重铸实体经济，这为原本承接相应产业转移的发展中国家带来了巨大挑战。此外，中美贸易摩擦也会诱使订单转移和生产布局调整，从而影响国内承接国外生产企业的正常运行。因此，在国内外产业分工格局的变化下，主动调整产业结构，积极部署建设现代产业体系有助于我国灵活应对各种环境，从而保证国内经济社会建设发展的有序进行。

（三）“一带一路”建设的新机遇

自我国于2013年提出“一带一路”倡议以来，以“共商、共建、共享”为原则积极开展各项合作，取得了一系列举世瞩目的成就。其中，产业链条的东西联动对沿线各国或地区发展起到了重要作用，因为这不仅可以降低沿线合作国家或地区处在产业链中低端锁定的风险，也能够利用资源禀赋优势差异化各国或地区的产业类型，从而形成多层次的产业和经贸合作，优化合作国家或地区的产业发展水平，实现共同发展。当前，“一带一路”建设已进入从基础设施投资带动到优势产业投资带动的转型期，这对我国发挥产业优势和整合优化资源禀赋提出了新的要求，如何实现合作共赢是需要不断思考和完善的关键问题，这也为我国现代产业体系建设创造了新的机遇。

（四）新冠肺炎带来的新认识

新冠肺炎疫情自暴发以来，对我国生产生活造成了严重的负面影响，并对我国经济社会平稳运行与发展造成了严重冲击。在疫情发生后，由于需要避免人员聚集，以车间等为生产基础的汽车产业、服装产业等无法进行正常生产，而现代服务业、互联网产业、物联网产业依托发达的网络在疫情期间达到新的发展高度，这就为现代产业体系建设提供了一定思考。相信现代产业体系建设在此次事件后会有一些新变化和新认识，目的是灵活应对各类情况，以保证国民经济在不同情况下均能够实现基本运行。

二、现代产业体系建设的基本内涵

现代产业体系建设是一个不断演进的动态过程，从前文背景中便能够发现国内外环境变化会影响产业体系建设，从而左右全局。但是，现代产业体系是基于我国国情而建设的这一基本出发点是永不改变的，党的十九大报告曾指明现代产业体系的基本框架，即在“我国经济已由高速增长阶段转向高质量发展阶段”的背景下，“着力加快建设实体经济、科技创新、现代金融、人力资源协同发展的产业体系”，为我国现阶段产业体系建设指明了总体方向。

现代产业体系建设的内涵需要结合我国国情来判定。我国拥有全产业链，各个省市地级单位均有不同的产业发展重点，三大产业的协调发展是产业体系建设的基本取向。2019年，我国第一产业占比为7.1%，第二产业占比为39.0%，第三产业占比为53.9%，属于后工业化社会。因此，现代产业体系建设是要发展现代农业、提高装备制造业实力、发展现代服务业，优化三产比例，提高产业核心竞争力，从而满足我国经济高质量发展需求，迈向更好更快的经济发展道路，提高国家竞争力。

三、现代产业体系建设的政策演进

现代产业体系政策最早出现在党的十七大报告中，但是随着时代背景的变化，我国对于构建现代产业体系的认识和主要矛盾的把握在不断变化和深化。早期现代产业体系的提出更多是作为某一发展要求下的工作内容，没有上升到一定高度，如在党的十七大报告中，现代产业体系是在“加快转变经济增长方式，推动产业结构优化升级”下谈及，指出要“大力推进信息化与工业化融合，促进工业由大变强，振兴装备制造业，淘汰落后生产能力”。在党的十八大报告中，现代产业体系从属于“推进经济结构战略性调整”部分，指出要“建设下一代信息基础设施，发展现代信息技术产业体系，健全信息安全保障体系，推进信息网络技术广泛运用”。由此能够发现现代产业体系的提出是在响应某一个阶段发展需求和技术背景，并不具有足够的前瞻性。同时，在“十二五”和“十三五”规划中也印证这一观点：“十二五”规划纲要指出要“坚持走中国特色新型工业化道路，适应市场需求变化，根据科技进步新趋势，发挥我国产业在全球经济中的比较优势，发展结构优化、技术先进、清洁安全、附加值高、吸纳就业能力强的现代产业体系”；“十三五”规划纲要在此基础上更详细地说明了如何优化现代产业体系，主要包括实施制造强国战略、支持战略性新兴产业发展、加快推动服务业优质高效发展三个方面，还指出要“围绕结构深度调整、振兴实体经济，推进供给侧结构性改革，培育壮大新兴产业，改造提升传统产业，加快构建创新能力强、品质服务优、协作紧密、环境友好的现代产业新体系”。

党的十九大以来，我国政府深刻认识到现代产业体系的重要性，从宏观上对产业体系建设提出了新的要求。现代产业体系是“贯彻新发展理念，建设现代化经济体系”的重要组成部分，“必须坚持质量第一、效益优先，以供给侧结构性改革为主线，推动经济发展质量变革、效率变革、动力变革，提高全要素生产率，着力加快建设实体经济、科技创新、现代金融、人力资源协同发展的产业体系，着力构建市场机制有效、微观主体有活力、宏观调控有度的经济体制，不断增强我国经济创新力和竞争力”。同时，现代产业体系也与乡村振兴战略结合起来，指出要“构建现代农业产业体系、生产体系、经营体系，完善农业支持保护制度，发展多种形式适度规模经营，培育新型农业经营主体，健全农业社会化服务体系，实现小农户和现代农业发展有机衔接”。总的来说，十九大以来，现代产业体系建设具有明显的问题导向性质，从顶层设计出发紧密结合国家发展实际需要，并结合供给侧改革、乡村振兴战略等对实体经济、科技创新、现代金融、人力资源的发展指明方向。

第二节 现代产业体系的要求与标准

我国拥有39个工业大类、191个中类和525个小类，是世界上唯一一个拥有全产业链体系的国家，产业链齐全有助于我国具备在不同环境形势下积极应对各类状况的基本能力，形成规模化“生产—运输—消费”的整个环节，从而积极参与全球生产分工。同时，将全产业链与国内市场格局结合起来能够激发各地区生产特色，提高生产效率，从而保障国家宏观调控体系的精准施策。

面对国际形势与国内环境的双重变化，现代产业体系在不断演进中具备了新的内涵，是对相应区域产业体系相对优化的产业关系的外在表征。基于这一基本内涵，现代产业体系在定位、目标与要求、实施路径与标准等方面具有一定新变化。因此，现代产业体系作为以全产业链为基础进行设计和发展的重大内容，需要结合我国产业格局、科技水平、要素禀赋等各个情况进行规划调整，以此保证现代产业体系建设的最优。

一、现代产业体系的定位

在现代产业体系的动态建设过程中，现代产业体系始终围绕发展需求适时调整，保证国民经济的平稳运行。总的来说，现代产业体系无论怎样发展，都需要具有明确的定位，以此确保设计目标的实现，从而起到应有作用。

首先，现代产业体系要始终重视创新。创新是知识经济时代的核心要素，创新水平高的国家往往具有较高的竞争力，从而通过提高国家实力而在国际社会中具有更高的话语权。我国的创新发展之路经历了开放吸纳到自主研发两个阶段，除受国家因素影响外，其实从本质上也符合创新发展的基本路径。到2019年，我国在全球创新指数排名中处在第14位，相较过去而言已有较大进步。同时，2019年我国全年共授权发明专利45.3万件、实用新型158.2万件、外观设计55.7万件；国内每万人口发明专利拥有量达到13.3件，提前完成国家“十三五”规划确定的目标任务。这表明我国创新发展实力不断增强，开始迈向创新强国发展之路。但是，在现代产业体系中，创新包含两个维度，除了前文所提到的技术创新以外，还包括制度创新。这是因为技术创新虽然能够提高生产力、降低生产成本，拉动产业发展，但是还需要制度创新以打破原有传统发展框架的某些限制条件，为新技术的研发或原技术的更新提供较理想的制度环境与模型，从而减少不必要的成本，实现和激励创新主体的效益最大化。总的来说，只有创新能力达到一定程度后，才能通过自主创新掌握核心技术，推动产业升级并迈向产业价值链中高端。

其次，现代产业体系要协调好要素资源。在围绕“建设实体经济、科技创新、现代金融、人力资源协同发展的产业体系”过程中，协调处理好要素资源、最大化利用要素资源价值具有重要意义。这是因为资本、人才、技术等作为现代经济社会发展的重要基础，限于区域发展实力的差距以及区位环境的不同，尚未形成理想的要素流通格局，仍需通过加大基础设施建设、基础教育扶持等培植要素流通环境。但是，实现现代产业体系化就必须做到要素资源的灵活流通和周转，从而确保形成协同发展的产业体系，并支撑未来产业体系的进一步转变。2020 年 4 月，中共中央和国务院正式下发《关于构建更加完善的要素市场化配置体制机制的意见》，在土地要素、劳动力要素、资本要素、技术要素四个方面明确了完善要素市场化配置的具体举措，这对现代化产业体系的建设与完善奠定了坚实基础，有助于其定位目标的实现。

最后，现代产业体系要注重提高竞争力。从现代产业体系的内涵中可知，现代产业体系是为经济高质量发展、实现社会主义现代化强国而服务的，因此现代产业体系建设需要具有战略思维，目的是通过提高产业实力而提高国际竞争力。因此，提高竞争力需要谋取全方位发展，当构建现代产业体系过程中就已重视提高竞争力时，能够通过产业中观层面的溢出效应带动要素、资本、人才等多方面的发展，从而有助于减轻国家竞争力建设过程中的发展阻碍，便于更好更快地提高我国经济实力。

二、现代产业体系的目标与要求

现代产业体系的总体目标与要求是形成实体经济、科技创新、现代金融、人力资源协同发展的产业体系，在继续完善全产业链体系的前提下基于我国实际国情发展现代农业、提高装备制造业实力、发展现代服务业，优化三产比例，提高产业核心竞争力，从而满足我国经济高质量发展需求，迈向更好更快的经济发展道路，提高国家竞争力。

具体而言，现代产业体系的阶段目标可以与“两个一百年”奋斗目标结合起来，即通过完成阶段性任务实现现代产业体系建设：

第一个阶段与到 2035 年基本实现社会主义现代化相结合，即现代产业体系已建设完毕，产业向全球价值链中高端发展，实体经济、科技创新、现代金融、人力资源协同发展的格局已基本形成。知识密集型产业发展迅速；科技创新成果质量高、应用广；人才培养形成“产学研”深度教育融合；现代金融发展水平有大幅提升，形成中国特色社会主义金融发展模式；战略性新兴产业发展迅速，并在国民经济中占有一定比重。

第二个阶段与到 21 世纪中叶建成富强民主文明和谐美丽的社会主义现代化强国相结合。实体经济、科技创新、现代金融、人力资源协同发展的格局进一步成熟和深化，已成为产业发展和经济高质量发展的重要支撑力。实体经济内生动力强劲，科技创新驱动力强，现代金融高质量发展体系健全，人才储备雄厚且质量高。

总之，现代产业体系的目标与要求是始终坚持科技创新发展、协调要素资源流通、注重提高竞争力，从而在完成阶段性计划目标的基础上实现现代产业体系建设，促进经济高质量发展。

三、现代产业体系的实施路径与标准

从现有研究中能够看到，现代产业体系还多处在理论和决策部署层面，尚未从具体实践层面展开，同时，将现行产业体系模式调整为现代产业体系也具有一定挑战。因此，明确现代产业体系的实施路径与标准对现代产业体系的战略推进具有重要意义。第一，明确实现现代产业体系的调整方向，有助于形成现代产业布局的有益经验；第二，强化要素禀赋在现代产业体系中的作用，有利于实体经济、科技创新、现代金融、人力资源协同发展；第三，构建完善支撑现代产业体系发展的政策体系，有利于塑造最优经济社会发展环境。

首先，实现现代产业体系需要明确调整方向。在现行产业体系向现代产业体系调整的过程中，可以进行“加减乘除”式的产业调整，从而推动形成现代产业体系。“加减乘除”式调整即在现代产业体系发展过程中，“加”是要注重新兴产业发展建设，“减”是减少低端等不匹配禀赋，“乘”是推动产业互通融合，“除”是去除过剩产能和高污染行业。总的来说，这一路径与标准主要是为了减少现行产业体系下的低端技术、产品与服务供给，去除过剩产能与低端环节的产能，以此为新兴产业创造尽可能广阔的发展空间，从而尽快形成大数据产业、新能源、新材料、智能装备、物联网等新兴产业，使其成为未来现代产业体系的重要组成部分，并通过形成行业关联互通和融合创新产生乘数效应，最终加快现代产业体系建设。同时，在这一过程中也要跳脱原有产业体系下的既有思路。现代产业体系建设作为支持经济高质量发展的实践探索，本身就需要具有前瞻性的探索精神，如何培育新兴产业、如何处理新兴产业造成的新污染、如何将既有产业向现代产业体系调整、如何实现产业精准融合都是未来需要思考的问题，但是遵循“加减乘除”式的产业调整思路是确保合理解决现代产业体系发展过程中问题的基本原则。

其次，强化要素禀赋在现代产业体系中的作用。现代产业体系需要重视科技、人才、资本等要素禀赋的发展，从而支撑战略体系的形成，即存在循环反馈关系。一是要依托现有产业体系与链条，优化内部资源禀赋价值，发挥有助于现代产业体系发展的关键要素的溢出效应，推进已有产业的调整。二是加大科技创新培育和人才培养力度，以提高创新成果转化率和培育专项人才为目标，形成现代产业体系的创新与人才培养模式。三是提高体系内部企业家的参与度，定期汇总群体意见，从而创造自由、共享、互惠的交流平台。通过上述方式能够加强要素禀赋的实际价值，增强实体经济面对经济下行冲击时的抵抗力，从而实现从微观-中观-宏观的全方位发展。

最后，构建完善支撑现代产业发展的政策体系。发展现代产业体系除了需要培植良好的市场、金融、科技、教育环境，还需要打破产业固有模式，这必然需要构建支撑现代产业体系健康平稳发展的全方位-全周期政策体系，保障各方利益诉求，实现协同式发展。一是在符合经济社会发展的前提下放宽对新兴产业的管制要求，促进现代服务业、现代农业、大数据等产业蓬勃发展。二是优化行政服务质量，在行政审批、投招标、资格认证等一系列与现代产业体系相关的行政管理环节中推进简政放权，并积极利用已有互联网政务办事办法，推动整体工作办事效率的提升。三是加大对外开放力度，吸引国内外资本共同助力现代产业体系建设，开展全球创新合作、产业共赢、模式共享的新合作，从而有助于更好地融入全球产业链中高端和全球化合作。

第三节　区域现代产业体系建设现状

现代产业体系是对农业、工业、服务业、信息业、知识领域等相对高级化产业形态的部署与融合，但考虑到数据可得性问题，本节主要围绕产业结构、科技创新、生产性服务业、生活性服务业和高技术产业分析区域现代产业体系的发展情况，并结合已有部分省份对现代产业体系的研究探讨以丰富现有建设成果。

一、现代产业体系的基本情况

本节主要从产业结构、科技创新、生产性服务业、生活性服务业和高技术产业分析其发展现状与水平，并探讨各个区域在不同方面的发展差异。选择上述方面作为分析现代产业布局的组成部分，一是由于缺少与现代产业体系直接相关的数据指标，二是因为上述方面均与现代产业体系具有较大关联，从中能够总结出现代产业体系的建设现状。

（一）各省产业结构发展水平

我国各省产业结构存在较大差异，但发展至今，我国已基本处在工业化后期。从省际层面看，对图7-1和图7-2不同年份的产业结构比较中能够发现：我国各省三产占比发生了一定变化，产业结构经历一定调整，主要表现为第三产业占比逐渐增大，第一产业和第二产业占比逐渐减小。其中，只有黑龙江和贵州第一产业占比增加，表现出地区农业经济持续发展，甚至具有逆工业化趋势，但是这一趋势与两省经济决策部署有直接关系。黑龙江作为我国粮食生产基地，需要具有较高的农业生产力以满足全国粮食消费需求；贵州在助力扶贫过程中推动贫困户从事农林牧渔等产业，从而提高农业产值。同时，相较2012年而言，当前东部地区、西部地区和东北地区多处在工业化后期，而中部地区如安徽、江西、河南等省份处在向工业化后期发展的拐点，反映出我国工业化水平较高。因此，从比较中能够发现我国过去产业结构调整取得一定成果，当前已处在工业化后期阶段，高端制造业、高技术产业的迅速发展成为我国经济增长新动力。

此外，结合2018年我国三大产业就业结构水平，在对图7-2和图7-3进行比较后发现，虽然三产占比反映出我国处在工业化后期的基本事实，但从三产就业人数占

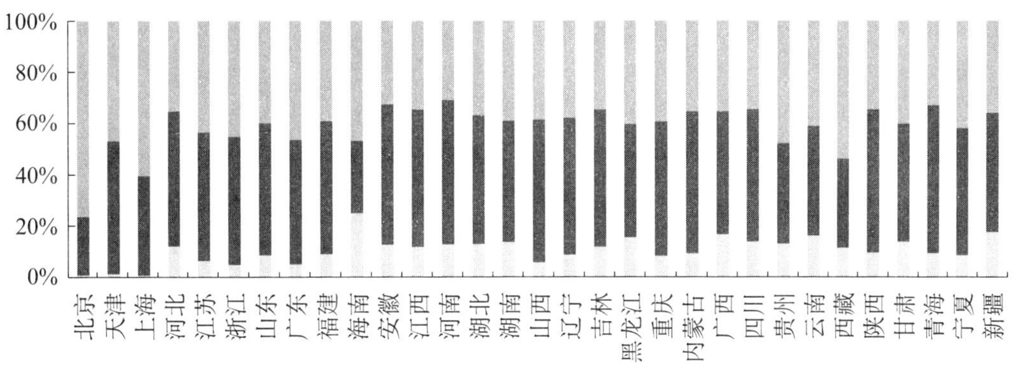

图 7-1　2012 年全国各省三次产业占比

资料来源：《中国统计年鉴》，各省市地方统计年鉴。

比的比较中能够发现，各省三产实际效率与吸纳就业的能力存在较大差别。首先，黑龙江第一产业从业人数远高于全国平均水平，在其余省份从业人员虽少但仍创造出较大产值的情况下，反映出黑龙江农业现代化程度较低，仍需要大量人力参与第一产业运行。其次，各省第二产业和第三产业对就业人口的吸纳程度与本地区位环境紧密相关。例如，虽然北京、上海、天津、海南、西藏、新疆等地第三产业吸纳本地大量人口，但前三者更多是以高端服务业、智能化和网络化的研发生产服务为主，而后三者则是基于区位特色发展特色旅游业，促使本地经济发展和满足居民日常生活。最后，部分省份如江苏、广东等虽然第三产业占比最高，但第二产业从业人员数远高于第三产业，表明区域技术密集型产业发展水平较高，需要大量人才参与新材料、物联网、新能源等新兴产业发展。总之，从就业结构比较中能够看到我国多数省份以第三产业从业人数为主体，反映出地区产业发展与人力资本相匹配的协调式发展，有助于我国优化升级产业结构，实现产业结构转型。

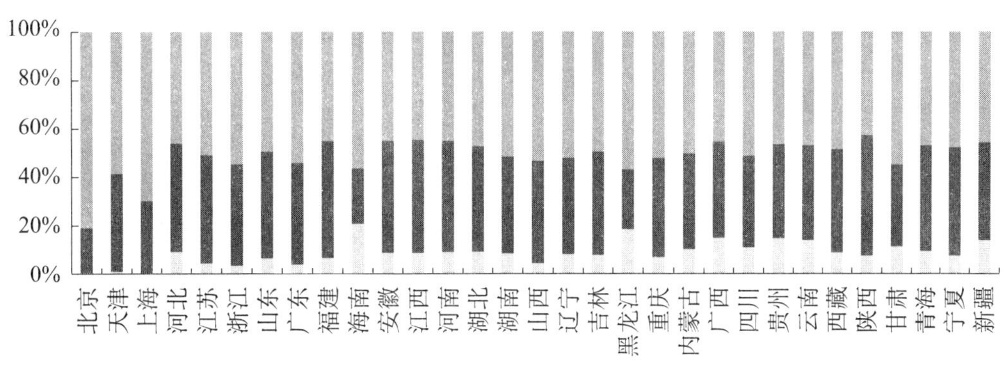

图 7-2　2018 年全国各省三次产业占比

资料来源：《中国统计年鉴》，各省市地方统计年鉴。

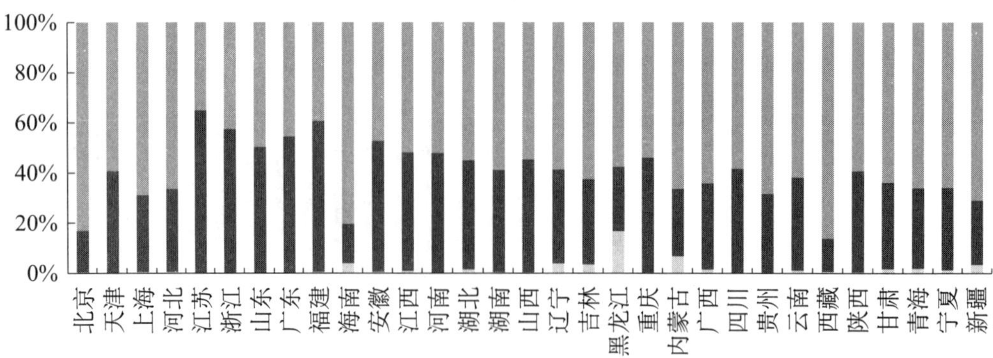

图 7-3　2018 年全国各省三次产业就业人数占比

资料来源：《中国统计年鉴》，各省市地方统计年鉴。

综上，结合现代产业体系发展，能够看到我国各省基本具备根据地方产业特色构建相应特色产业体系的能力，特别是在第三产业成为经济社会发展的支柱后，能够更好协调要素资源，支持产业转型与升级，并通过服务型发展体系带动金融业等的发展，推动形成现代产业体系。以东部地区为例，积极承接国外高端产业转移，推动传统产业向中西部地区转移，形成高端化现代产业体系，如在北京形成高精尖产业创新发展区、在天津形成港口产业和高技术产业发展区、在上海形成高端服务核心区等。

（二）科技创新实力差异大

我国实现创新型强国、科技强国需要具备足够的科技创新能力，科技创新实力并不单指科技创新创出新高地，更是包含创新成果价值、应用推广程度等多维度，是一种综合性评价指标。我国科技创新产出水平持续提升，2018 年，我国专利申请数和授权数分别为 432.3 万件和 244.8 万件，科技产出成果位居世界第二。欧洲专利局发布 2019 年国际专利申请报告显示我国申请 12 247 项专利，较 2018 年增长 29.2%，位居十大专利申请国之首，反映出我国科技创新实力相较过去具有大幅提升。

虽然整体上我国科技创新实力有大幅提升，但创新成果多来自广州、深圳、北京、上海等人才储备雄厚、经济发展水平高的地区，省份间存在较大差异，所以需要继续对各个省科技创新产出与推广应用的实际情况进行差异化分析，从而有助于总结出适合我国未来区域现代产业体系建设的可能经验。

图 7-4 展示了 2012 年和 2018 年各省专利申请授权量占比情况。从中可以看出，我国科技创新产出主要集中在江苏、浙江、广东、上海、山东、北京等地，集中分布在东部沿海地区，反映出我国科技创新具有集聚趋势。中西部地区也有如河南、四川等省份位居所在区域前列。从总体而言，区域科技创新实力呈固化趋势，东部地区是我国科技创新发展的领头羊。

然后，结合各省技术市场成交额占比情况（见图 7-5），虽然科技创新主要集中在东部地区，但技术交易市场中的技术交易成交额除北京外分布较为均匀。北京由于其

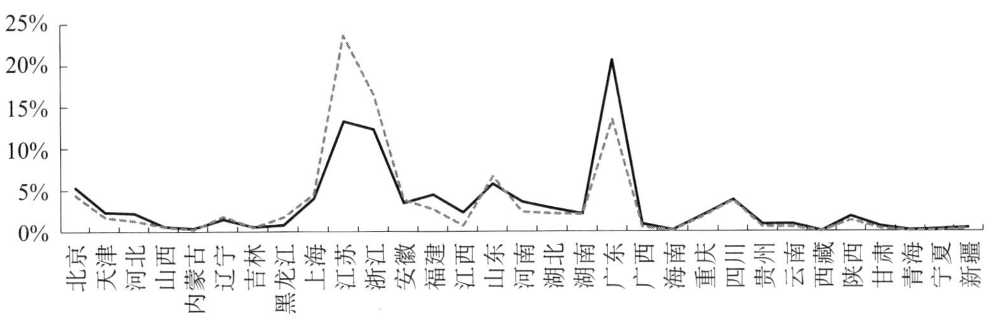

图 7-4　2012 年和 2018 年各省专利申请授权量占比

资料来源：《中国统计年鉴》，各省市地方统计年鉴。

作为科技创新中心、国际交流中心，独特的政治地位决定其具有其他省份所无法比拟的优势，因此能够吸引大量科技创新成果参与市场交易，从而导致其成交额显著高于其他省份。从其余省份的比较中能够看到，中部、西部和东北地区均有技术市场成交额较高地区，不仅反映出各区域对科技创新成果的关注热情高，更反映出各区域均具有通过科技创新提高生产效率和优化生产环境的基本诉求。因此，加快培育中西部和东北地区的技术交易市场，对未来区域经济发展与构建现代产业体系具有重要作用。

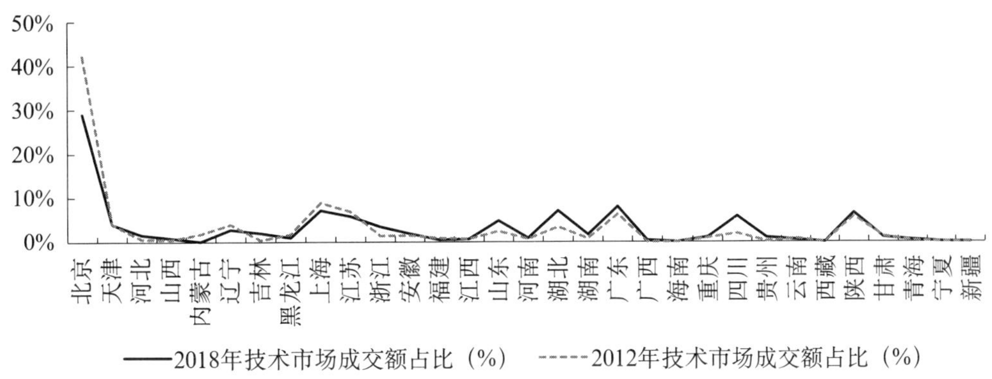

图 7-5　2012 年和 2018 年各省技术市场成交额占比

资料来源：《中国统计年鉴》，各省市地方统计年鉴。

（三）生产性服务业发展现状

生产性服务业作为与制造业相关的配套服务业，其主要是为了提高生产效率，支撑产业优化转型升级，扩大资本和知识密集型产业发展。从产业层面看，生产性服务业的发展能够促进生产分工和提高经济效率。从企业微观层面看，制造企业使用生产性服务有利于其提高竞争力。近年来，随着我国服务业规模不断增大，虽然生产性服务业发展水平落后于发达国家，但其占 GDP 比重已超过三成。在我国处在工业化后期的现实背景下，生产性服务业定会继续发展，推动中国经济的可持续和高质量增长，成为新常态下中国经济高质量增长的新动能。

图7－6和图7－7统计显示了2012年和2017年我国各省生产性服务业从业人数与占比。从整体上看，我国生产性服务业总就业人数有大幅增长，从业人数增加位居前列的省份分别是广东、江苏、上海、四川、山东、河南等地，反映出生产性服务业与制造业协同发展，创造了良好的生产服务环境，提高了产业生产效率。但是，除辽宁近几年生产性服务业就业人数减少以外，西藏、青海、宁夏、黑龙江、吉林等省份总就业人数增长未超过5万，反映出地区工业化水平相对落后，特别是虽然东北地区老工业基地不断进行调整和改革，但其生产性服务业发展程度极其缓慢，反映出东北地区产业结构调整的迫切性。

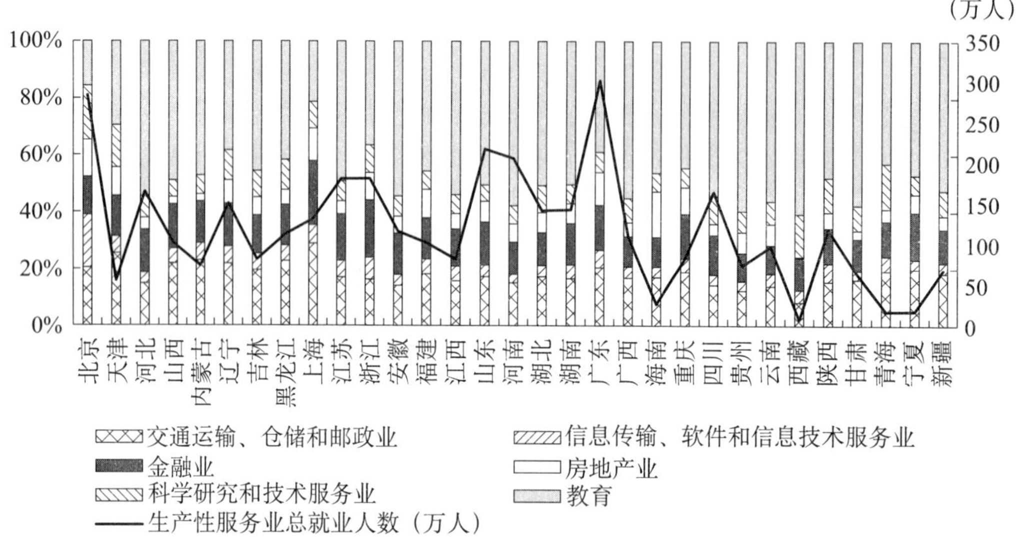

图7－6　2012年各省生产性服务业从业人数与占比

资料来源：《中国统计年鉴》，各省市地方统计年鉴。

注：生产性服务业是基于2019年4月国家统计局发布的《生产性服务业统计分类（2019）》和现有研究主流划分方式而确定的，由于缺少大量产值数据，故以就业人数反映生产性服务业发展水平。

具体而言，生产性服务业内部的六大产业就业人数在近几年发生变化。首先，教育产业就业人数占比在各省均有所下降，可能与人工智能、信息技术普及取代中低层次技术人员有关，但教育产业作为生产性服务业主体的格局仍未改变，反映出产业始终注重人才培养与输出。其次，房地产业以及信息传输、软件和信息技术服务业增幅较为显著，主要分布在广东、四川等发展迅速的省份，反映出在产业集聚背景下，信息与房地产业对生产性服务业发展的重要作用和价值。再次，交通运输、仓储和邮政业以及金融业发展速度平缓，反映出二者对生产性服务发展的支撑作用。最后，科学研究和技术服务业主要是在就业增长人数位居前列的省区持续增长，反映出科技创新集聚发展有助于生产性服务业发展，并通过溢出效应实现技术转移而惠及其他地区。

因此，生产性服务业发展水平能够支撑现代化产业体系建设，并能够依靠自身优势加快现代金融发展、人才培养力度，从而保证现代产业体系逐步完善。

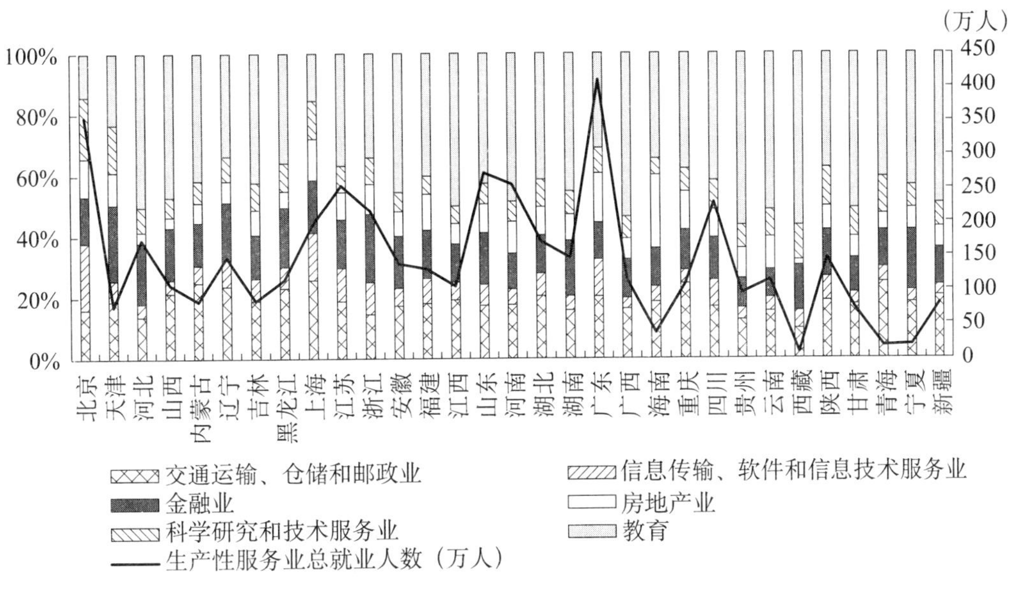

图 7-7　2017 年各省生产性服务业从业人数与占比

资料来源：《中国统计年鉴》，各省市地方统计年鉴。

注：生产性服务业是基于 2019 年 4 月国家统计局发布的《生产性服务业统计分类（2019）》和现有研究主流划分方式而确定的，由于缺少大量产值数据，故以就业人数反映生产性服务业发展水平。

（四）生活性服务业发展现状

不同于生产性服务业，生活性服务业是面对居民、消费群体的服务产业，对优化经济结构、转变经济增长方式具有重要作用。但需强调的是，生活性服务业作为服务业中的主要组成部分，其发展并不意味着产业空心化时代的来临，更不意味着泡沫经济加剧。这是因为生活性服务业作为供给侧结构性改革的重要组成部分，能够起到倒逼产业根据消费需求调整结构的作用，从而使现行产业体系更加符合居民基本需求，并有助于现代产业体系灵活调整要素禀赋以实现快速发展。

图 7-8 和图 7-9 统计显示了 2012 年和 2017 年我国各省生活性服务业从业人数与占比。从整体上看，我国生活性服务业总就业人数有大幅增长，从业人数增加位居前列的省份分别是广东、上海、江苏、四川、北京、新疆等地，反映出地区生活性服务业发展水平相对较高、品质较好。但是，除辽宁近几年生活性服务业就业人数减少以外，青海、宁夏、山西等省份总就业人数增长较低，反映出地区生活性服务业发展层次偏低，需要注重提升品质和消费满意度而促进区域服务业发展。

具体而言，生产性服务业内部的八大产业就业人数在近几年发生变化。首先，2017 年批发和零售业、住宿和餐饮业、公共管理/社会保障和社会组织的就业人数占比相较 2012 年减幅明显，这反映该区域在基础民生领域已发展至一定阶段，能够满足本地区民生产生活需要，并因其余产业发展而引起从业人员大幅波动。其次，租赁和商务服务业、卫生和社会工作增幅显著，一方面反映出我国扶持中小企业和鼓励民间资本参与经济社

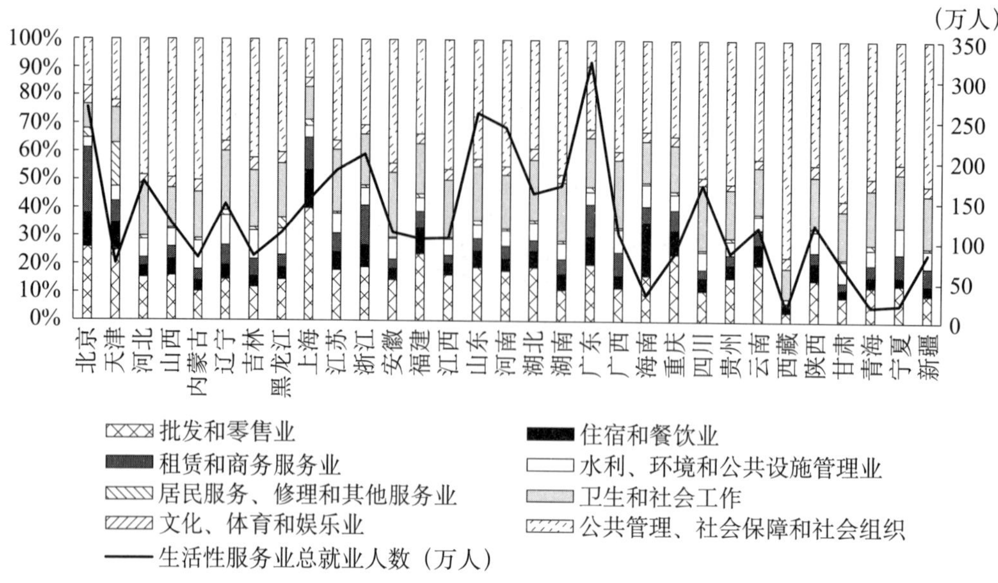

图 7－8　2012 年我国生活性服务业从业人数与占比

资料来源:《中国统计年鉴》,各省市地方统计年鉴。

注:生活性服务业是基于 2019 年 4 月统计局发布的《生活性服务业统计分类(2019)》和现有研究主流划分方式而确定的,由于缺少大量产值数据,故以就业人数反映生活性服务业发展水平。

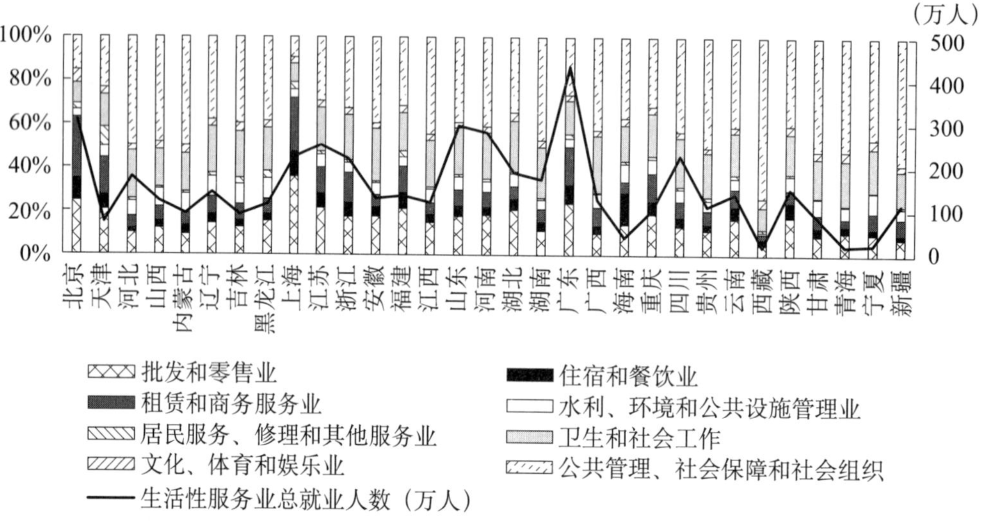

图 7－9　2017 年我国生活性服务业从业人数与占比

资料来源:《中国统计年鉴》,各省市地方统计年鉴。

注:生活性服务业是基于 2019 年 4 月统计局发布的《生活性服务业统计分类(2019)》和现有研究主流划分方式而确定的,由于缺少大量产值数据,故以就业人数反映生活性服务业发展水平。

会发展起到一定作用,另一方面反映出医疗卫生发展与社区服务需求逐渐增多,公众在生活得到保障后开始追求更深层次的发展。再次,水利/环境和公共设施管理业、文化/

体育和娱乐业、居民服务/修理和其他服务业就业人数有小幅波动，发展较为稳定。

虽然生活性服务业总量规模持续扩大，但从各省总就业人数的差异中也能够发现仍有部分省区生活性服务业发展粗放且质量偏低。因此，作为现代产业体系的组成部分之一，要加大供给侧结构性改革，优化生活性服务业结构，加大文化、体育和娱乐业等与人民生活密切相关的产业，从而促进消费实现体系化发展。

（五）高技术产业发展现状

发展高技术产业是实现创新型强国的必经之路。2019 年，我国高技术制造业和战略性新兴产业增加值分别比上年增长 8.8%和 8.4%，增速分别比规模以上工业高 3.1 和 2.7 个百分点。这反映出我国高技术产业逐步成为经济发展的重要动力，我国经济稳中向好的基本趋势愈发牢固。

图 7－10 统计显示了全国各省高技术产业的发展状况。首先，从整体看，虽然东部地区高技术产业发展水平仍高于其余地区，但中西部仍具有高技术产业发展较高省份，反映出地区高技术产业、先进制造业发展实力较为雄厚。东北地区高技术产业发展水平较为落后，与地区工业制造业发展过度依靠传统产业有关，亟须通过产业结构调整和利用区域特色，形成和完善现代产业体系。其次，我国电子及通信设备制造业发展水平明显高于其余产业，特别是广东、江苏两省电子通信业发展水平明显领先于其余省份，反映出两省作为全国重要的电子信息产业基地，已形成产业规模优势和技术创新优势，能够促进产业高端化发展并带动周边省区发展。最后，各省计算机及办公设备制造业和医疗仪器设备及仪器仪表制造业产值一般低于其余高技术产业，反映出还需加快调整高技术产业内部发展结构。总之，从图中能够发现，以电子信息业为主体的高技术产业要加快差异化发展，推动各省区形成独特的优势性高技术产业，从而有助于发挥地区优势建设现代产业体系。

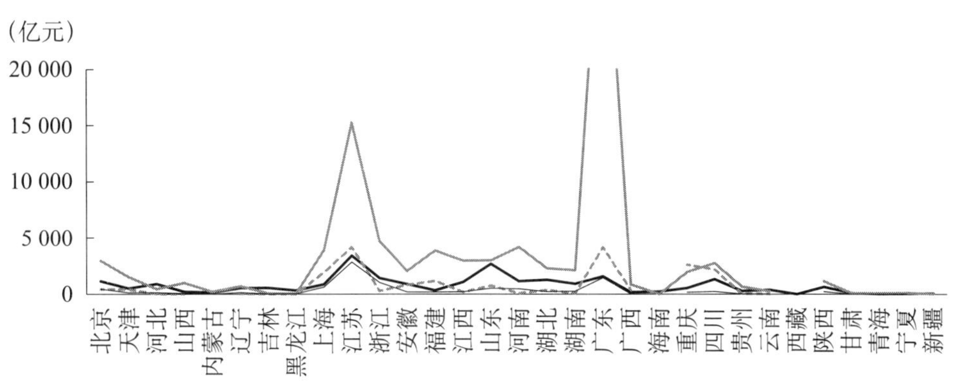

图 7－10　2018 年全国各省高技术产业产值

资料来源：《中国高技术产业统计年鉴》。

注：广东省电子及通信设备制造业产值为 39 318.30 亿元，由于数据值过大且其余省份数据均远小于这一数值，故调整图中产值上限为 20 000.00 亿元，便于直观比较。

二、现代产业体系建设的案例分析

前文通过分析与现代产业体系紧密相关的产业结构、科技创新、生产性服务业、生活性服务业和高技术产业的发展水平后能够看出，各省在上述几方面存在较大差异，主要表现为具有东部地区领先、中西部次之，东北地区相对落后的局面，特别是中西部如四川、陕西、河南等省市发展水平在所在版块位居前列，反映出各个板块与地区均具备经济发展中心。在现代产业体系建设过程中，灵活运用各区域发展差异构建现代产业体系有助于各省市基于本地产业特色形成服务于本地经济发展的现代产业体系。在前文基本情况分析的基础上，这里继续以部分省区关于现代产业体系发展的建设部署为案例，进一步介绍区域现代产业体系建设现状。

（一）北京市现代产业体系建设情况

北京作为全国政治和文化中心，产业逐渐向服务业为主导转型，当前已形成以服务业为主导的“三二一”产业结构。从整体而言，北京依托独特的政治地位和大量的高校与研究院所，逐渐形成以高端高效产业为主体的发展模式，知识经济发展质量高，注重开放性和包容性，具备发展现代产业体系的基本优势与特色。因此，北京重视形成科技发展、文化建设、国际交往的现代产业体系，并以此推动其成为世界大都市。

通过对北京现有产业比较分析后发现，北京与现代产业体系契合程度较高的行业共有27个，主要集中在生产性服务业、文化创新产业、高技术产业、战略性新兴产业。2017年，北京市人民政府印发《北京市“十三五”时期现代产业发展和重点功能区建设规划》，明确指出形成具有北京特色的现代产业体系和布局需要以高端引领、创新发展，跨界融合、协调发展，生态集约、绿色发展，区域协同、开放发展，改革创新、共享发展为五大发展导向。明确指出到2020年实现第三产业提质增效发展、第二产业智能经济发展和第一产业集约优化发展，现代产业发展质量提高。同时，对现代产业的战略定位为加快发展生产性服务业，推动金融服务业改革创新发展，加快科技服务业重点园区建设；大力发展战略性新兴产业和高端制造业，实现新能源汽车突破发展，做到支持新能源汽车产业创新发展，促进新一代信息技术推广应用；提高生活性服务业品质，加快发展生活性服务业，释放市民消费潜力；推动文化产业创新繁荣发展，着力推进文化产业重点项目建设；集约优化发展都市型现代农业，做到高效发展都市型现代农业。

总的来说，北京发展现代产业体系是以深度调整产业结构、促进产业融合、形成新增长点为主要任务。随着金融服务业、战略性新兴产业、文化创意产业的发展，北京未来能够充分发挥自身优势形成高端化的现代产业体系。

（二）河南省现代产业体系建设情况

河南省作为我国的农业大省，其工业发展水平也位居全国前列，主要集中在装备制造业和食品制造业两大产业。河南省现代产业体系建设以高水平承接产业转移为路径，壮大优势产业并培育新兴产业，集聚一批具有国际竞争力的新兴企业，从而通过统筹主导产业与配套产业实现协同发展。

河南省曾于2009年发布《关于编制现代产业体系规划的通知》，规划内容主要包括现代农业规划、工业主导产业规划、现代服务业规划、先导产业规划、基础产业与基础设施发展规划、总规划六部分。到目前为止，河南省对现代农业产业体系规划部署已较为成熟。面对河南省内农业现代化发展水平不足、农产品加工业大而不强、精深加工能力低、产业质量效益不高等问题，地方政府力求通过打造完整产业链，集聚先进生产要素，优化资源配置、促进三产融合，实现生产、加工、科技、营销一体化，有力带动现代农业发展。

具体而言，河南省现代农业产业体系建设，要进一步以提升农业产业化水平、推进农业技术创新、着力构建农业产业发展新业态为目标，更好地推进实施乡村振兴战略。第一，通过做好农业现代化布局，引导农业资源、生产加工、仓储运输等形成集聚态势，从而成为农业产业链体系密集且完整，多企业交互合作与优势互补的利益共同体。第二，现代农业产业体系要注重提高农业技术创新能力，在不破坏自然、不违背伦理道德的前提下形成农业试验培育基地，满足人民日益增长的物质文化需求。第三，优化本地基础设施建设，形成灵活的农业物联网体系，建设农业产品信息化服务平台，从而形成便利快捷的现代农业产业体系。

总之，河南省当前对现代农业产业体系建设能够反映出未来现代产业体系发展的基本思路，主要就是培植良好的政策支持环境，注重科技创新与企业交流，从而做到提质增效，实现本地经济高质量发展。

（三）长江经济带现代产业体系建设情况

长江经济带作为我国产业发展重点区域，已形成门类齐全的产业体系，特别是在集成电路产业发展方面，是我国芯片发展的重心。

2016年，国家发改委等三部委联合发布《长江经济带创新驱动产业转型升级方案》（以下简称《方案》），《方案》明确指出长江经济带可以凭借区域互动合作的广阔前景，围绕产业结构优化，培育新技术、新产品、新业态、新商业模式，实现产业服务化、高端化、智能化、知识化、低碳化发展。围绕优势产业集聚，打造一批世界级产业集群，加快重点产业领域规模化、体系化、高端化发展。最终区域内资源共建共享和利益平衡机制，缩小经济带内部发展差距，促进跨区域发展实现互惠互利、合作共赢。同时，方案明确指出到2020年，长江经济带战略性新兴产业占GDP比重提高到17%，服务业增加值占GDP比重提高到54%；到2030年，创新驱动型产业体系和经济格局全面建成，创新能力进入世界前列，区域协同合作一体化发展成效显著，成为引领我国经济转型升级、支撑全国统筹发展的重要引擎。

目前为止，长江经济带逐渐形成以长三角地区为龙头，辐射带动其余地区协同发展的现代产业体系格局。虽然仍存在传统结构与环境容量、绿色转型与动力不足、产业协同与条块分割的矛盾，但长江经济带始终注重产业转型与环保治理，克服环保治理导致产值减少的困难，通过注重技术创新、发展现代金融逐渐实现产业规模经济增长。未来，长江经济带现代产业体系发展需要继续优化产业布局，建立完备的生态补偿机制，形成优势互补、协同发展的产业格局。同时，注重传统产业转型升级，推动石化、钢铁等传统优势产业积极拓展生产新模式，在经济带内部形成产业链闭环，最终实现产业结构高级化、融合化、生态化和开放化发展。

（四）西北地区现代产业体系建设情况

西北地区受特殊地理位置与自然环境的影响，过去主要以农牧养殖业为主，区域内部经济发展水平、社会发展背景存在较大差异，导致地区经济发展水平相对落后。进入新时代以来，西北地区利用自然资源优势，大力发展新能源、现代农业、特色旅游业等，为推动西北地区转型发展起到了重要作用。

近年来，西北地区供给侧结构性改革成效显著，经济增速实现稳中向好发展；利用本地产业基础与资源特色，形成化工产业集群、可再生能源基地、战略性新兴产业集群，初步实现产业转型升级；重视科技创新，现代化产业体系循环利用率57%，高新技术、科技型企业分别达到257家和893家，五省区投入科技创新专项经费达到718亿元。因此，西部地区构建现代产业体系，有助于优化产业结构、转变经济增长方式、培育经济增长内生动力、保护生态环境，实现经济可持续发展。

西北地区虽然近几年迈向经济增长快车道，但仍存在民间投资力不足、金融业发展相对落后、缺乏自主创新品牌等问题，需要通过政策激励塑造良好的营商发展环境，使本地产业逐渐向现代产业体系转型升级，形成在农业和旅游业领域的生态优先产业格局，在高端制造、战略性新兴产业领域的创新驱动产业格局，在满足居民消费需求、社会供给的效率性产业格局。

参考文献

盛朝迅．构建现代产业体系的瓶颈制约与破除策略［J］．改革，2019，301（03）：38－49.

胡锦涛．高举中国特色社会主义伟大旗帜 为夺取全面建设小康社会新胜利而奋斗——在中国共产党第十七次全国代表大会上的报告［J］．求是，2007（21）：3－22.

胡锦涛．坚定不移沿着中国特色社会主义道路前进 为全面建成小康社会而奋斗——在中国共产党第十八次全国代表大会上的报告［J］．求是，2012（22）：3－25.

新华社．中华人民共和国国民经济和社会发展第十二个五年规划纲要（全文）［EB/OL］．http://www.gov.cn/2011lh/content_1825838.htm，2011－03－16.

新华社．中华人民共和国国民经济和社会发展第十三个五年规划纲要（全文）［EB/OL］．http://www.gov.cn/xinwen/2016－03/17/content_5054992.htm，2016－03－17.

习近平．决胜全面建成小康社会 夺取新时代中国特色社会主义伟大胜利［N］．人民日报，2017－10－28（001）.

刘钊．现代产业体系的内涵与特征［J］．山东社会科学，2011（05）：160－162.

央广网．2019年国内每万人口发明专利拥有量达13.3件［EB/OL］．http://news.cnr.cn/native/gd/20200423/t20200423_525065 151.shtml，2020－04－23.

芮明杰．构建现代产业体系的战略思路、目标与路径［J］．中国工业经济，2018，（09）：24－40.

文玉春．跃迁：新时代中国产业升级路径与投资布局［M］．北京：社会科学文献出版社，2018.

顾乃华，毕斗斗，任旺兵．生产性服务业与制造业互动发展：文献综述［J］．经济学家，2006（06）：35－41.

李平，付一夫，张艳芳．生产性服务业能成为中国经济高质量增长新动能吗［J］．中国工业经济，2017（12）：5－21.

刘志彪．现代服务业发展与供给侧结构改革［J］．南京社会科学，2016（05）：10－15＋21.

文魁，祝尔娟．京津冀区域一体化发展报告（2012）［M］．北京：社会科学文献出版社，2012.

周立．河南农业农村发展报告（2018）：积极实施乡村振兴战略［M］．北京：社会科学文献出版社，2018.

付保宗．加快构建长江经济带现代化产业体系［J］．宏观经济管理，2019（05）：78－83.

张廉，段庆林，郑彦卿．中国西北发展报告（2019）［M］．北京：社会科学文献出版社，2019.

第三部分　新时代的区域与现代化产业

第八章　农业新格局与新业态

作为国民经济的基础性产业部门，农业不仅事关人民温饱和生活质量，而且还与工业化和现代化进程息息相关。改革开放以来，中国农业生产力获得迅猛发展，在彻底解决温饱问题的同时，农业发展开始呈现出新格局、新业态，彰显出旺盛的生命力。新时代背景下农业发展呈现出怎样的格局？农业生产的新业态包括哪些？本章将围绕上述问题展开探究。

第一节　中国农业发展的新格局

一、中国农业发展的基本态势

回首改革开放40多年的壮丽征程，中国农业取得了举世瞩目的成就，具体表现在农业增加值、农产品生产量、农业机械化水平、政府对农业的财政投入力度四方面。

（一）农业增加值

随着改革开放大幕的拉开，中国农业发展步入全新的历史阶段。图8-1反映了1978—2018年中国农业增加值及其增长率。观察发现，中国农业发展态势同中国宏观经济运行的轨迹大体吻合。具体而言，主要包括以下七个阶段：

第一阶段：1978—1979年。考虑到人民公社制度平均主义的弊端，中央政府于1978年在安徽、四川的一些农村地区探索性实施家庭联产承包责任制，让农民充分享有生产与分配的自主权，有效激发了广大农民的生产积极性。在此背景下，家庭联产承包责任制很快在全国范围内推广开来，为农业增加值的稳步提升奠定了坚实的制度基础。统计发现，该阶段中国农业增加值迅速由1978年的1 018.5亿元提高至1979年的1 259亿元，增长率高达23.61%。

第二阶段：1980—1990年。进入20世纪80年代，家庭联产承包责任制逐渐走向普及，人民公社的历史使命已基本完成。1983年，中央政府正式撤销了人民公社，将乡镇一级政府作为国家基层行政组织，与此同时生产大队也被村民委员会所取代，为农业经济的繁荣发展保驾护航。在此背景下，对农业生产活动施行计划管理的条件不复存在：一方面，由于政社合一的人民公社体制退出历史舞台，农户已成为自主经营、自负盈亏的生产主体，能够自行决定生产粮食的品种与数量；另一方面，纳入计划收购范围的农副产品种类显著减少，计划对农产品流通渠道的控制逐步减弱。此外，大量乡镇企业异军突起，成为拓宽农产品销售渠道的微观细胞。在这一阶段，农业增加值由1980年的1 359.5亿元攀升至1990年的5 017.2亿元，年增长率在1988年还曾达到19.56%。

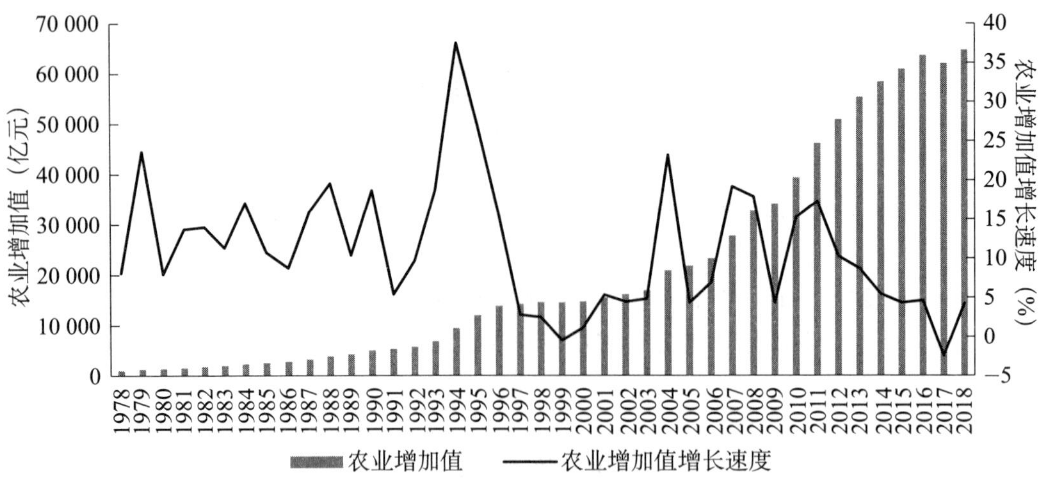

图 8－1　1978—2018 年中国农业增加值及其增长率

资料来源：EPS 数据库、《中国农村统计年鉴》。

第三阶段：1991—1992 年。20 世纪 80 年代末 90 年代初，东欧剧变、苏联解体等一系列国际政治事件接连发生，中国改革开放面临前所未有的压力。在本阶段，中国农业增加值的提升态势依旧明显，但增长率有所下滑，1991 年、1992 年的增长率分别为 5.41%、9.67%。

第四阶段：1993—1996 年。1992 年，邓小平赴武汉、深圳、珠海等地展开实地考察，强调共同富裕是社会主义的本质所在，创新性地提出要构建社会主义市场经济体制，成为 20 世纪 90 年代中国经济体制改革的关键目标项。1992 年 10 月，这一构想被正式写入党的十四大报告，成为社会主义现代化建设向新阶段迈进的重要标志。在市场经济的大潮下，农业经济活动的市场性逐渐增强，以流通为重点、以农产品批发市场为支撑、以产销中介组织为媒介的农业社会化服务体系开始初具雏形，使得农业增加值从 1993 年的 6 887.6 亿元提高到 1996 年的 13 878.3 亿元，突破万亿元大关，增长率始终居于 10%以上，在 1994 年曾一度实现 37.52%的增长。

第五阶段：1997—2006 年。1997 年，亚洲经济危机爆发，这场始发于金融领域的经济危机很快就对农业生产造成影响，直接体现为：第一，中国优势农产品的出口受到严重冲击，农业创汇收入跌至“谷底”；第二，农产品在国内市场上的价格全面下行，对农业销售产值造成的不良影响不容小觑；第三，部分乡镇企业出现了入不敷出的局面，农产品深加工受阻，影响单位农产品的市场附加值。虽然中国凭借强劲的经济韧性，使农业增加值总体保持上扬态势，但增速急剧下滑，虽然 2004 年的农业实现了 23.18%的增长率，但该时间区段内其他年份的增长率均未达到 10%，在 1999 年还曾一度出现−0.48%的负增长。

第六阶段：2007—2012 年。出于更好地维护国家粮食安全的战略考量，2006 年 1 月 1 日中国正式废除了农业税，为进一步消除城乡二元结构做出了不可磨灭的贡献。农业税的取消极大降低了农业生产经营成本，使农业又迎来了崭新的春天，有效缓解了长期以来中国经济社会发展中的“剪刀差”效应，使得农业增加值自 2007 年的 27 788 亿元扩大至 2012 年的 50 902.3 亿元。尽管 2008 年的国际金融危机使得 2009 年的农业增加值增长率放缓至 4.30%，但与 1997 年亚洲经济危机不同，农业生产部门展现出了超乎寻常的经济韧性，2010 年的农业增加值增长率即出现了逆势上扬，顺利完成由冲击抵御期向恢复调整期的过渡。

第七阶段：2013 年至今。2013 年以来，随着经济进入增速下行、结构调整、政策消化的“三期叠加”转型期，中国经济增速明显放缓，这同样反映在农业生产领域：虽然农业增加值从 2013 年的 55 329.1 亿元提高到 2018 年的 64 734 亿元，但增长率总体呈现放缓态势，2017 年的增长率还跌至－2.47%。但是，作为最具增长潜力的经济体之一，中国农业向好的宏观基本面并未发生改变，将持续满足人民日益多样化的饮食需求，保障人民生活福祉。

（二）农产品生产量

中国农业增加值迅猛增加与农产品生产能力的持续增强密不可分。图 8－2 反映了 1980—2018 年中国主要农产品生产量。由图 8－2 可知，从绝对数量来看，粮食生产量由 1980 年的 32 056 万吨提升至 2018 年的 65 789 万吨，增加了 1.05 倍；油料作物生产量从 1980 年的 222 万吨提升到 2017 年的 6 072 万吨，增加了 26.35 倍；棉花生产量由 1980 年的 270.7 万吨提升至 2018 年的 610.3 万吨，增加了 1.25 倍；糖料作物生产量从 1980 年的 2 911.2 万吨提升到 2018 年的 11 937.4 万吨，增加了 3.10 倍。从相对增速来看，1980—2018 年四类农产品的生产量均呈波动上升的态势，虽然在部分年份出现了下降，但总体向好的态势并未发生改变。其中，粮食生产量在 2006 年前后出现了较大幅度的提升，这主要是因为 2006 年国家全面废止了农业税，农民粮食种植的积极性得到了充分调动。与此同时，其他三类农产品的生产量在 2006 年前后同样出现了一定程度的提升，但幅度不及粮食明显。

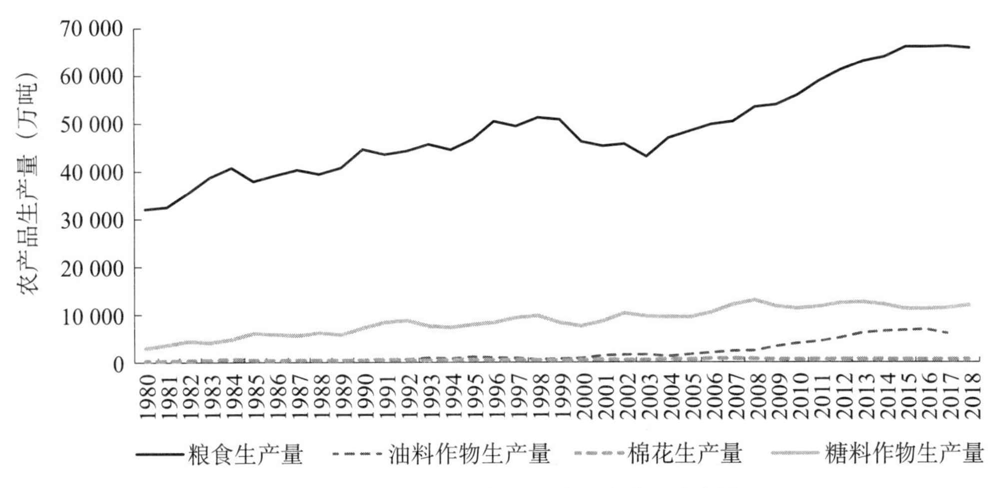

图 8－2　1980—2018 年中国主要农产品生产量

资料来源：EPS 数据库、《中国农村统计年鉴》。

作为当前世界上人口最多的国家之一，中国在牢牢守住18亿亩耕地红线的同时，加快实现农业集约化发展，保证人民对各类农产品的需要。图8-3反映了1978—2018年中国主要农产品人均生产量。由图8-3可知，从绝对数量上看，粮食人均生产量由1978年的318.7千克/人提高到2018年的472.4千克/人，油料作物人均生产量从1978年的5.5千克/人扩大至2018年的24.7千克/人，棉花人均生产量由1978年的2.3千克/人提高到2018年的4.4千克/人，糖料作物人均生产量从1978年的24.9千克/人扩大至2018年的85.7千克/人。从相对变化上看，油料作物、棉花与糖料作物人均生产量相对稳定，年均增长率分别为3.83%、1.63%、3.14%。粮食人均生产量在20世纪80年代到90年代中前期出现了剧烈波动，但总体增加的趋势并未扭转。1998年以来，在亚洲经济危机的冲击下，粮食人均生产量快速下跌，并于2003年降至334.3千克/人的低谷。与粮食总生产量类似，继2006年中央正式废止农业税以来，粮食人均生产量出现了显著提升，并在2015年达到481.8千克/人的历史最高位。

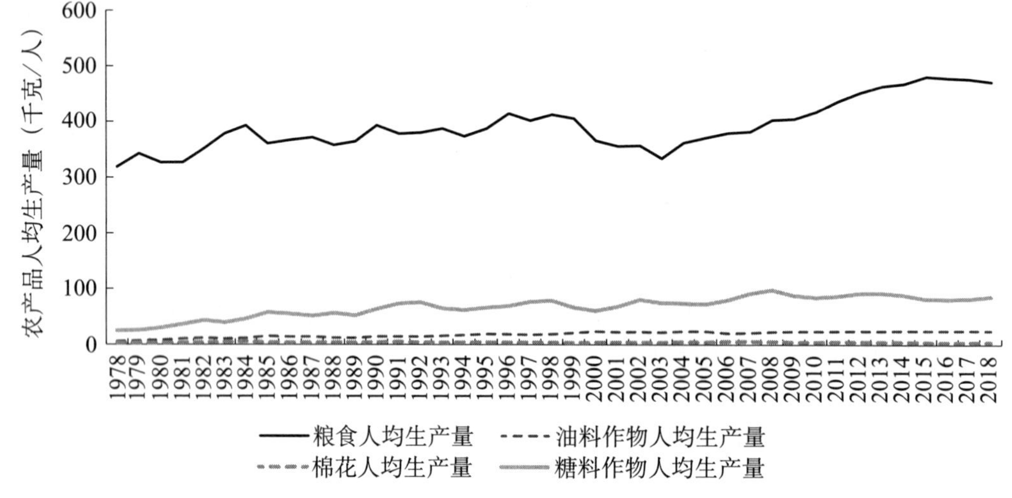

图8-3　1978—2018年中国主要农产品人均生产量

资料来源：EPS数据库、《中国农村统计年鉴》。

（三）农业机械化水平

农业机械化是指使用先进机械进行农业生产，对建设现代农业具有至关重要的意义。改革开放以来，中国在推行家庭联产承包责任制的同时，也更加重视科技创新成果在农业生产经营活动中的转化应用，极大优化了技术效率，与国际农业生产技术前沿面的差距持续缩小。21世纪以来，中国政府愈发认识到发展机械化农业的重要性：2003年，国家开始向农村中小农机提供资金补贴，并适时开辟大型联合收割机跨区域作业的绿色通道；2007年，中央正式发布《积极发展现代农业 扎实推进社会主义新农村建设的若干意见》，为农业机械化的深入实践指明了方向；2011年，考虑到21世纪第二个十年的新情况、新问题，中央农村经济工作会议强调要改善农田基本设施，为进一步解放农业生产力奠定坚实的物质基础；2017年召开的中共十九大明确提到要构建现代农业产业体系、生产体系、经营体系，农业机械化依然是新时代农村工作的重点。图 8－4 反映了 1978—2018 年中国农用机械总动力。由图 8－4 可知，中国农用机械总动力由 1978 年的 1 175 亿瓦逐年上升至 2015 年的 11 172.8 亿瓦，年均增长率达到 6.28%。然而，2016 年的农用机械总动力出现了一定程度的下滑，但 2017 年又重新出现了增加，农业机械化经营的步伐并未停止。

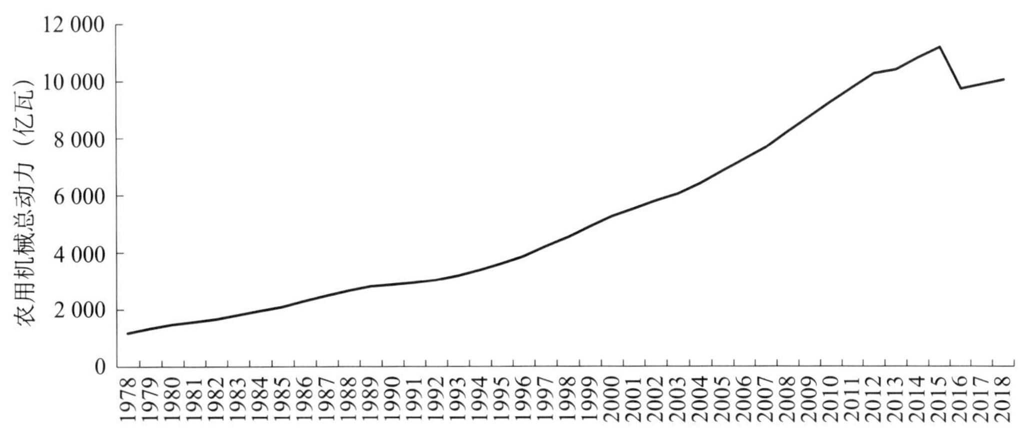

图 8－4　1978—2018 年中国农用机械总动力

资料来源：EPS 数据库、《中国农村统计年鉴》。

（四）政府对农业的财政投入力度

政府公共财政补贴对于农业产出效益增加、农村社会结构升级、农民安居乐业具有重要的意义。在传统计划经济时期，中国实行重工业优先的发展战略，通过压低农产品价格降低工业生产经营成本，农业与工业之间存在巨大的价格“剪刀差”效应。1978 年十一届三中全会召开以来，农村经济发展得到空前重视，国家开始针对多种农产品实施价格补贴，调动了农民的生产积极性。但是在这一时期，受限于地方政府的财力，地方性农业支出往往通过向农民摊派的方式筹集，一定程度上也增加了农民的负担。随着 1994 年分税制改革的正式推行，地方政府享有更加充分的财政支出自主权，能够根据当地农业发展的实际需要，将财政资金拨付至农林水利气象、农业科技、农产品流通、农村扶贫等相关领域。图 8－5 反映了 1978—2018 年中国三农财政投入额（农林水事务财政投入额）及其占比。由图 8－5 可知，从相对占比来看，三农财政投入占比围绕着 9.24%的均值上下波动，由于改革开放以来中国政府的财力显著增强，因此占比未出现上升并不意味着政府对农业生产的财政投入力度不足，这在绝对总额上能够得到充分体现：中国三农财政投入总额由 1978 年的 150.7 亿元提升至 2018 年的 21 085.6 亿元，增长了 138.92 倍，年均增长率高达 13.15%，成为农业生产活动顺利开展的重要资金来源。

二、中国农业发展的基本格局

中国面向太平洋，背倚亚欧大陆，拥有 960 余万平方千米的广袤国土，造就了迥

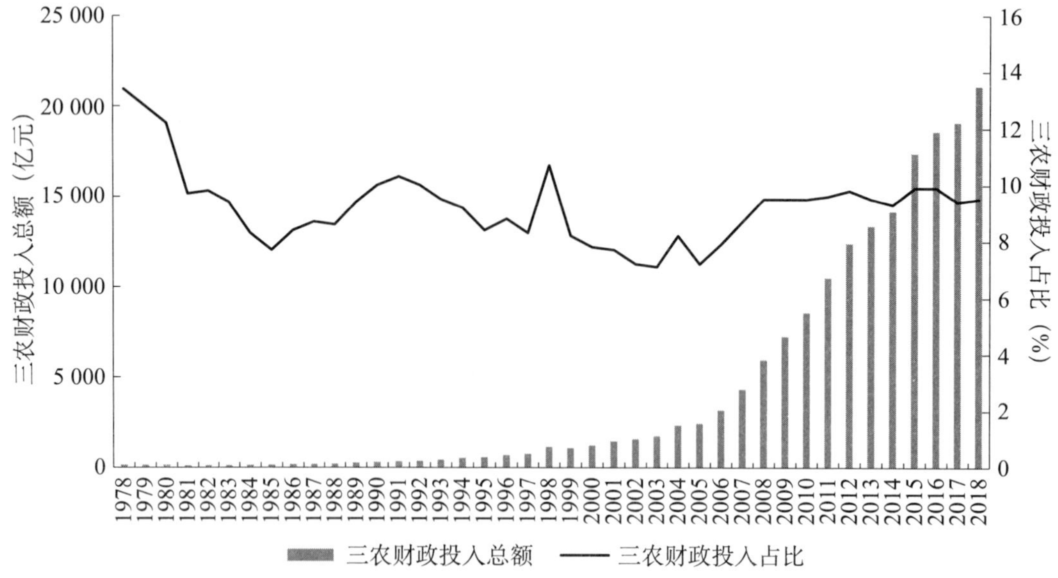

图 8－5　1978—2018 年中国三农财政投入额（农林水事务财政投入额）及其占比

资料来源：EPS 数据库、《中国农村统计年鉴》。由于统计口径调整，2013—2018 年三农财政投入额数据缺失，用农林水事务财政投入额填补。

异的自然环境与社会经济条件，使塑造立体化的农业新格局成为可能。下面将重点分析 2012 年党的十八大以来，中国主要农业类型区农业发展的时空分异规律，全方位展现新时代背景下农业高质量发展的新格局特征。

考虑到农业生产经营的特殊性，按照三大地带、四大板块的经济区划来分析农业发展的新格局欠妥。为此，下面将根据中国人民大学刘再兴教授、中国科学院地理研究所胡序威研究员提出的六大综合经济区划分法，结合数据的可得性，将中国大陆 31 个省区市划分为东北区（黑龙江、吉林、辽宁）、黄河中下游区（北京、天津、河北、山西、山东、河南、内蒙古）、长江中下游区（上海、江苏、浙江、安徽、江西、湖北、湖南）、东南沿海区（福建、广东、广西、海南）、西南区（四川、重庆、云南、贵州、西藏）、西北区（陕西、甘肃、青海、宁夏、新疆）六个主要的农业类型区，分析中国农业增加值、农产品生产量、农业机械化水平、政府对农业的财政投入力度的时空分异情况。

（一）农业增加值

农业增加值是各类型区农业发展水平的直接体现。图 8－6 反映了 2012—2018 年中国六大农业类型区的农业增加值。由图 8－6 可知：（1）在六大农业类型区中，黄河中下游区与长江中下游区农业增加值处于绝对领先地位，属于第一梯队区域。其中，黄河中下游区的农业增加值先由 2012 年的 24 489.8 亿元提升至 2015 年的 28 860.1 亿元，随后降至 2016 年的 26 747.8 亿元，但 2017—2018 年再次出现回升，呈现出上升-下降-上升的变化轨迹；长江中下游区的农业增加值由 2012 年的 24 553 亿元逐年上升至

2018 年的 30 030.1 亿元，并于 2016 年成功反超黄河中下游区，位居六大农业类型区之首。

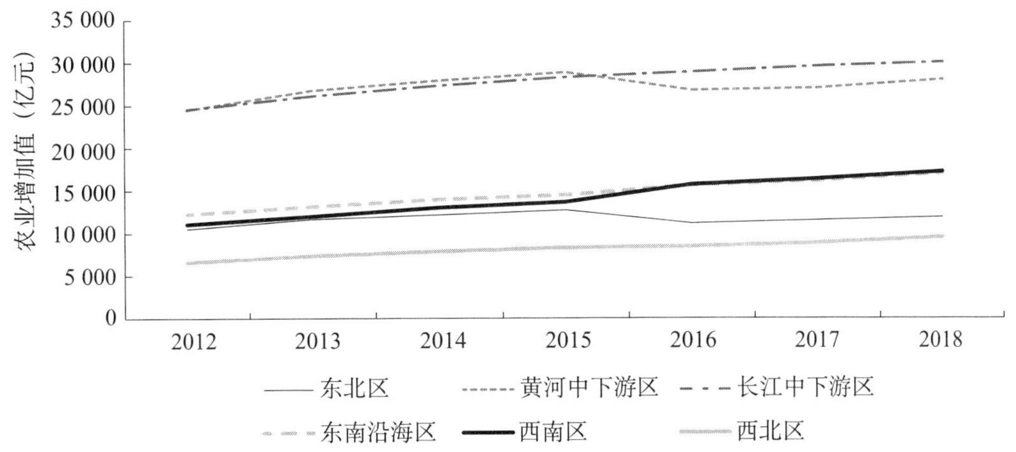

图 8-6　2012—2018 年中国六大农业类型区的农业增加值

资料来源：根据 EPS 数据库、《中国农村统计年鉴》相关数据计算得出。

(2) 东北区、东南沿海区、西南区农业增加值居中，属于第二梯队区域。2012—2015 年，三类型区的农业增加值平稳提升，发展轨迹大体平行。进一步比较发现，东南沿海区略为领先，西南区居中，东北区相对落后，但并不存在实质性分异。然而，2016 年以来三区域的农业增加值出现了分流：东南沿海区与西南区农业增加值并驾齐驱，在 2016—2018 年依然保持了上升趋势，且西南区上升速度更快，成功超越了东南沿海区；与黄河中下游区相似，东北区农业增加值在 2016 年下滑了 12.33%，虽然从 2017 年起再次出现回暖，但年均增长率仅为 3.25%，同东南沿海区、西南区的差距已明显拉大。

(3) 西北区农业增加值较低，属于第三梯队区域。西北区深处内陆，大陆性气候特征明显，农业增加值相对较低。但是近年来，随着节水技术的推广，农业增加值已由 2012 年的 6 586.1 亿元逐年攀升至 2018 年的 9 518.9 亿元，年均增长率达到 6.33%，与东北区的差距趋于缩小。

(二) 农产品生产量

中国幅员辽阔，各类农业类型区适宜生产的农产品各不相同。比较农业增加值的时空分异虽然简单直观，但也存在以下缺陷：不同农业类型区的农产品价格水平存在差异，会对农业增加值产生一定程度的影响。鉴于此，下面将依次比较中国六大农业类型区粮食、油料作物、棉花与糖料作物的生产量，并说明其背后的现实原因，做到“立足现实而又高于现实”。

首先是粮食生产情况。图 8-7 反映了 2012—2018 年中国六大农业类型区的粮食生产量。从绝对生产量上看，六大农业类型区粮食生产量由多到少依次为黄河中下游区、长江中下游区、东北区、西南区、西北区、东南沿海区。从相对变化趋势上看，东北区、黄河中下游区、长江中下游区粮食生产量的上升趋势较为明显，分别由2012年的11 175.0万吨、17 474.8万吨、15 086.9万吨提升至2018年13 331.9万吨、20 846.8万吨、16 423.5万吨，分别增长了19.30%、19.30%、8.86%；东南沿海区、西南区、西北区粮食生产量的提升并不明显，围绕3 576.1万吨、7 634.2万吨、4 278.6万吨的平均值上下波动。

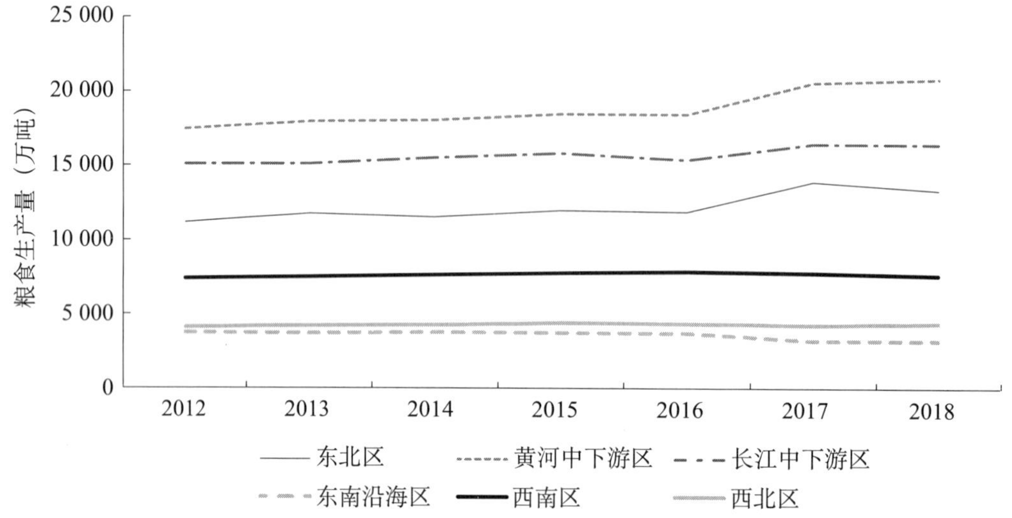

图8-7　2012—2018年中国六大农业类型区的粮食生产量

资料来源：根据EPS数据库、《中国农村统计年鉴》相关数据计算得出。

粮食生产量在农业类型区间的时空变异具有深刻的现实根源。在六大农业类型区中，黄河中下游区、长江中下游区、东北区、西南区属于典型的季风气候区，水热条件较好，为粮食种植提供了得天独厚的自然条件。(1) 长江中下游区大致位于秦岭-淮河线以南，1月均温高于0摄氏度，积温高于4 500度，年降水量大于800毫米，优质的水热条件极大改善了土壤质地，在经冲积而成的长江中下游平原上孕育出了肥沃的水稻土，为水稻种植提供了得天独厚的自然条件，造就了江汉平原、洞庭湖平原、鄱阳湖平原、太湖平原四大商品粮基地。(2) 黄河中下游区与东北区虽然同属季风气候区，但全年积温约在3 400～4 500度的区间范围内，全年降水量介于400～800毫米之间，成为小麦的主要产区，其中又以江淮地区、三江平原、松嫩平原三大商品粮基地为盛。需要说明的是，虽然黄河中下游区与东北区粮食作物均以小麦为主，但前者主要种植冬小麦，后者主要种植春小麦。黄河中下游区与东北区在广泛种植小麦的同时，也在进行水稻种植。然而，由于水热条件不及长江中下游区，水稻熟制多为两年三熟或一年一熟，生产量相对较少。(3) 西南区虽然处于季风气候区，但域内分布有云贵高原、川东丘陵等地形区，适宜耕作的地块面积要远小于黄河中下游区（黄淮海平原）、长江中下游区（长江中下游平原）、东北区（东北平原），加之喀斯特地貌广布，使得粮食生产量要逊于黄河中下游区、长江中下游区、东北区。西南区的水稻生产主要集中在成都平原，但限于种植规模，粮食生产量无法同长江中下游区与东北区相提并论。相比之下，东南沿海区与西北区粮食生产量均居于后位，但其背后的主要原因不尽相同：借助气温适宜、降水丰沛、地势平坦等优厚条件，东南沿海成为中国人口、经济要素最为集中的区域，城镇化水平已和中等发达经济体基本持平，挤占了该类型区农业的发展空间；西北区深居内陆，气候大陆性特征明显，成为粮食生产的最大制约要素。

其次是油料作物生产情况。图8-8反映了2012—2018年中国六大农业类型区的油料作物生产量。从绝对数值来看，黄河中下游区、长江中下游区油料作物生产量较高，属于第一梯队区域；西南区油料作物生产量处于中游水平，属于第二梯队区域；东北区、东南沿海区、西北区油料作物生产量偏低，但三者间的差距不明显，属于第三梯队区域。从相对增速来看，黄河中下游区油料作物生产量由2012年的1 230.0万吨波动上升至2018年的1 280.0万吨，年均增长0.67%；西南区油料作物生产量从2012年的494.4万吨逐年增加至2018年的605.7万吨，年均增长3.44%；长江中下游区油料作物生产量则由2012年的1 060.0万吨降低至2018年的932.0万吨，年均下降2.12%；东北区、东南沿海区、西北区油料作物生产量不存在明显的变化规律，分别围绕190.7万吨、204.9万吨、242.7万吨的平均值上下波动。

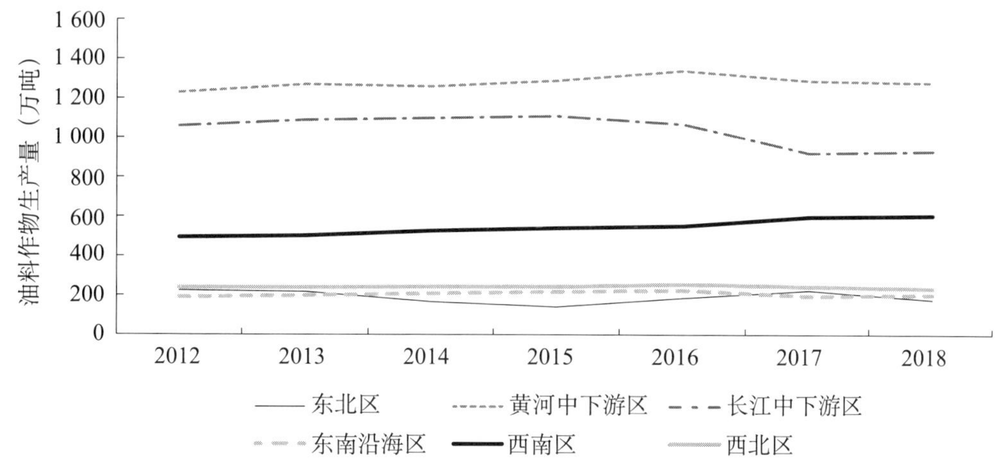

图8-8 2012—2018年中国六大农业类型区的油料作物生产量

资料来源：根据EPS数据库、《中国农村统计年鉴》相关数据计算得出。

通常而言，油料作物主要包括油菜、大豆、花生、芝麻、向日葵五类，其中以油菜与大豆的种植比例最高。中国六大农业类型区自然条件迥异，适宜生长的油料作物不尽相同：（1）作为中国最为主要的油料作物，油菜广泛种植于长江中下游区，占到全世界油菜生产量的25%，其中湖北江汉平原的油菜生产量又位居长江中下游区之首。此外，油菜在内蒙古、甘肃、青海、新疆等省区也有种植，但生产量不高。（2）大豆属于典型的喜温作物，适宜在地处暖温带的黄河中下游区、位于中温带的东北区种植，其中黄河中下游区的黄淮海平原、东北区的松辽平原最为集中。虽然黄河中下游区的大豆生产量高，但由于经济密度大，大豆及其副产品以满足当地社会生产生活需要为主，商品率较低。与之不同，东北区经济密度明显低于黄河中下游区，因此大豆商品率较高。(3) 花生原产于南美洲，对热量的要求较高，且最适宜在排水良好的沙质土壤种植。中国花生的主要产区包括黄河中下游区的山东半岛、鲁中南丘陵、豫东黄泛区，东北区的辽东丘陵等。(4) 作为食品加工中应用最为广泛的油料作物之一，芝麻广泛种植于中国的江淮地区，其中仅河南的种植面积就占到全国的 1/3。(5) 作为与油菜、大豆、花生并列的世界四大油料作物之一，向日葵主要分布于中国的黄河中下游区、东北区以及西北区。近年来，向日葵种植技术的不断改良，西南区有望成为中国向日葵的新生产重心。上述分析表明，黄河中下游区拥有大豆、花生、芝麻、向日葵等油料作物，种类丰富，规模较大，因此其油料作物生产量居于六大农业类型区之首。

再次是棉花生产情况。图 8-9 反映了 2012—2018 年中国六大农业类型区的棉花生产量。与粮食与油料作物的情况不同，西北区棉花生产量处于绝对领先地位，棉花生产量由 2012 年的 3 687 705 吨略降至 2015 年的 3 584 157 吨，但随后迅速增加至 2018 年的 5 156 123 吨，提升了 43.86%。黄河中下游区与长江中下游区的棉花生产量同步运动，分别从 2012 年的 1 626 134 吨、1 496 248 吨下降至 2018 年的 516 192 吨、424 450 吨，平均每年下降 17.41%、18.94%。东北区、东南沿海区、西南区棉花生产量较低，不足居于首位的西北区的 1%。

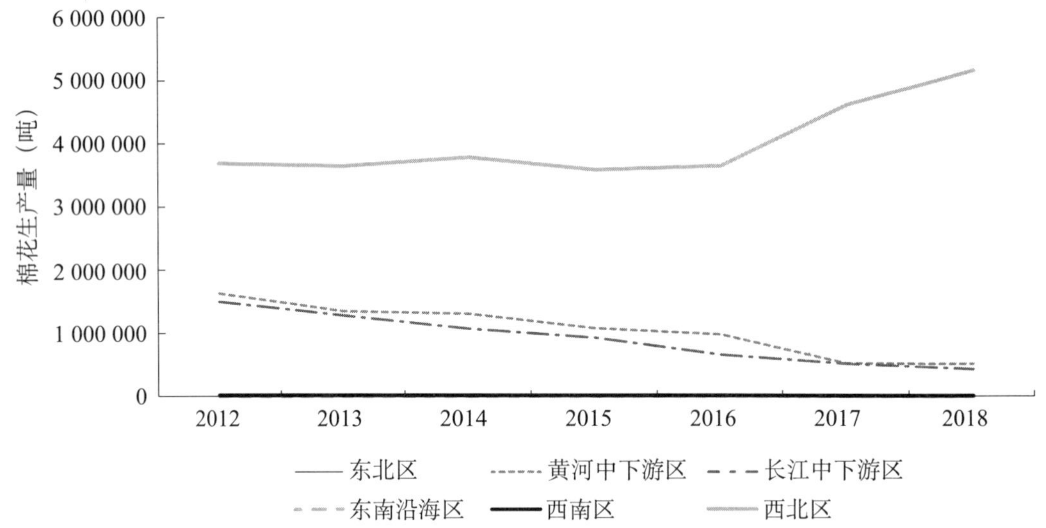

图 8-9　2012—2018 年中国六大农业类型区的棉花生产量

资料来源：根据 EPS 数据库、《中国农村统计年鉴》相关数据计算得出。

中国棉花生产布局的极度不均衡现象同样有着深刻的现实根源。中国是世界上棉花生产最为集中的国家，种植面积占到全世界的 1/5，生产量占到全世界的 1/3，具有举足轻重的地位。作为大宗经济作物，棉花具备商品率高、技术性强、可远距离运输等特性，在中国集中分布于以下三大农业类型区：(1) 黄河中下游区。该类型区地势平坦，日照充足，秋季降雨相对较少，种植棉花的历史最为悠久，现已形成了成熟的棉花生产体系。(2) 长江中下游区。凭借先进的技术、熟练的劳动力、广阔的市场，长江中下游区成为中国商品率最高的棉花产区。但是，该类型区秋季降水偏多，对棉花吐絮会产生一定影响，棉花总体质量不及黄河中下游区。(3) 西北区。相对于粮食、油料作物而言，棉花对降水要求较低，因此大陆性气候特征明显的西北区（主要包括新疆天山山麓与甘肃河西走廊）成为棉花主产区，其中就包括新疆天山山麓优质的长绒棉。(4) 与黄河中下游区、长江中下游区、西北区的自然条件相比，东北区、东南沿海区、西南区不能满足棉花生长所需的自然条件：东北区冬季漫长严寒，棉花生长所需的热量条件无法得到满足；东南沿海区虽然热量条件充足，但降水丰沛，部分区域的冬季降水量同样偏多，不利于棉花的正常吐絮；西南区地势起伏大，土地石漠化现象严重，阻碍了棉花的正常生长。

最后是糖料作物生产情况。图 8-10 反映了 2012—2018 年中国六大农业类型区的糖料作物生产量。在绝对数量上看，与上文提到的三种农产品不同，东南沿海区糖料作物生产量处在绝对优势地位，平均为东北区、黄河中下游区、长江中下游区、西南区、西北区的 99.52 倍、24.80 倍、39.56 倍、4.58 倍、18.47 倍。从相对变化上看，六大农业类型区的糖料作物生产量比较平稳，分别在 94.5 万吨、379.8 万吨、237.8 万吨、9 408.6 万吨、2 055.7 万吨、509.5 万吨的平均值上下波动，未出现较大幅度的波动。

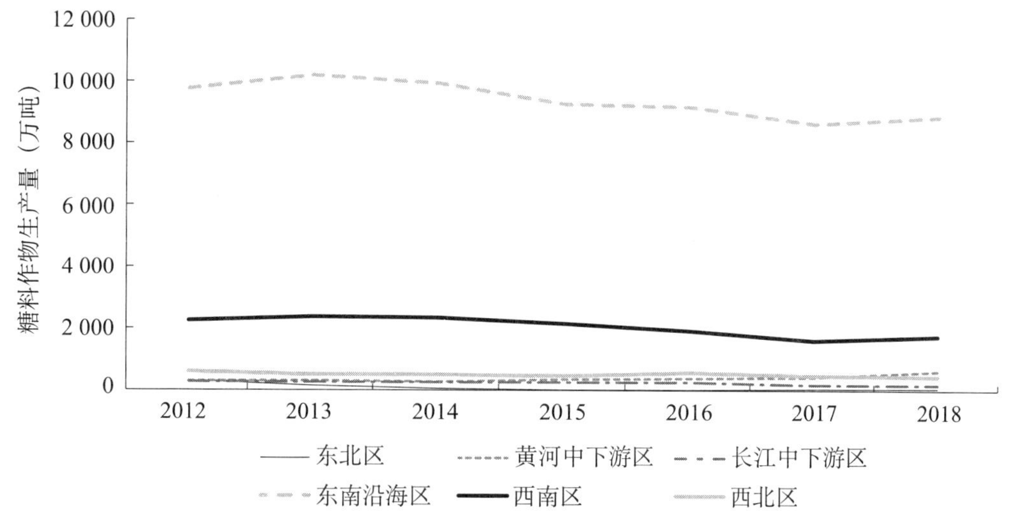

图 8-10 2012—2018 年中国六大农业类型区的糖料作物生产量

资料来源：根据 EPS 数据库、《中国农村统计年鉴》相关数据计算得出。

糖料作物主要包括甘蔗与甜菜两种。甘蔗属于实心草本植物，对水热条件的要求较高，主要分布在中国的东南沿海区，仅福建、广东、广西、海南四省份的甘蔗生产量就占到全国的 90%以上，使得东南沿海区的糖料作物生产量高居六大农业类型区的首位。除东南沿海区以外，甘蔗在西南区的四川、云南等省份也有种植，因此西南区居于糖料作物生产量的第二位。与甘蔗不同，甜菜是喜凉的糖料作物，具有耐寒、耐旱、耐碱等特性，对自然环境的要求较低，在中国北纬 40 度以北的省份分布最为广泛，具体包括东北区（黑龙江、吉林）、西北区（内蒙古、宁夏、甘肃、新疆）等。然而，甜菜的种植规模要远小于甘蔗，因此东北区、西北区的糖料作物生产量依然远不及东南沿海区、西南区。

（三）农业机械化水平

农业生产规模经济效应的发挥需要农业机械的广泛运用。图 8－11 反映了 2012—2018 年中国六大农业类型区的农用机械总动力。在绝对总量方面，黄河中下游区、长江中下游区农用机械总动力最为充足，农业机械化水平最高。相比之下，跟随其后的西南区、东北区、西北区、东南沿海区农用机械化总动力要远低于黄河中下游区、长江中下游区，但上述四个农业类型区之间的差距不明显。在相对变化方面，黄河中下游区的农用机械总动力先从 2012 年的 40 992.3 万千瓦缓慢爬升至 2015 年的 44 055.7 万千瓦，2016 年下降至 32 744.5 万千瓦，2017—2018 年重新出现缓慢回升，但已不及 2015 年以前的水平。长江中下游区、西南区、东北区、西北区、东南沿海区的农用机械总动力不存在明显的运动轨迹，依次在 26 125.0 万千瓦、11 503.6 万千瓦、10 867.9 万千瓦、8 252.2 万千瓦、7 896.7 万千瓦的平均值上下波动。

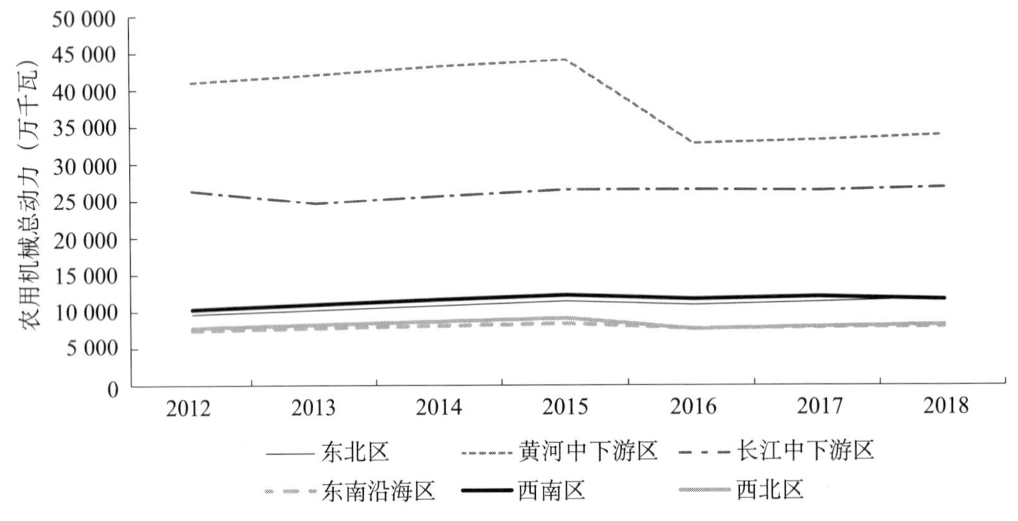

图 8－11　2012—2018 年中国六大农业类型区的农用机械总动力

资料来源：根据 EPS 数据库、《中国农村统计年鉴》相关数据计算得出。

机械化水平是农业实现规模化生产经营的决定性因素。在黄河中下游区和长江中下游区，平坦的地势为农业生产机械的推广提供了必要前提，但相较于水田农业而言，旱作农业的机械化水平要略胜一筹，因此黄河中下游区农用机械总动力又高于长江中下游区。虽然农业机械化水平不高是西南区、东北区、西北区、东南沿海区的共同表现，但其背后的原因各不相同：（1）西南区与东南沿海区分别以云贵高原和东南丘陵为主，地块面积小，机械化的实施进程相对较慢。为提高农业地块的利用效率，西南区与东南沿海区形成了多处梯田，劳动密集型特征明显，云南哈尼梯田、贵州加榜梯田、贵州高要梯田、四川高坎梯田、广西龙脊梯田、福建尤溪梯田就是其中的典范。（2）西北区深居内陆，气候的大陆性特征显著，多以河流或高山冰雪融水作为灌溉水源，农业生产规模较小，自动化机械的使用范围并不广。(3) 东北区的三江平原、松嫩平原与辽河平原是中国重要的农产品生产基地，平坦的地势提高了农业机械的使用率，但由于冬季漫长严寒，农闲时间长，农用机械总动力要逊于黄河中下游区与长江中下游区。

(四) 政府对农业的财政投入力度

政府对农业的财政投入力度在各大农业类型区之间也存在显著的时空分异。图 8-12 反映了 2012—2018 年中国六大农业类型区政府对农业的财政投入力度。从绝对数值来看，黄河中下游区、长江中下游区政府对农业的财政投入力度最强，这主要是因为上述两大农业类型区各类农产品的生产量较高、种植面积较大，需要更多的公共财政资金注入。从相对变化来看，步入新时代以来，六大农业类型区政府对农业的财政投入力度均呈增强态势，东北区、黄河中下游区、长江中下游区、东南沿海区、西南区、西北区政府农业支出分别由 2012 年的 1 126.7 亿元、2 753.3 亿元、3 062.3 亿元、1 276.4 亿元、1 934.4 亿元、1 318.3 亿元增加至 2018 年的 1 833.8 亿元、5 132.9 亿元、5 206.4 亿元、2 225.6 亿元、3 549.3 亿元、2 545.3 亿元，平均增长率分别达到 8.46%、10.94%、9.25%、9.71%、10.65%、11.59%，在变化轨迹上大体平行。虽然政府农业支出在个别年份出现了下降，但向上的基本态势并未发生改变，说明 2012 年中共十八大以来各级政府对农业生产的重视程度得到了前所未有的提升。

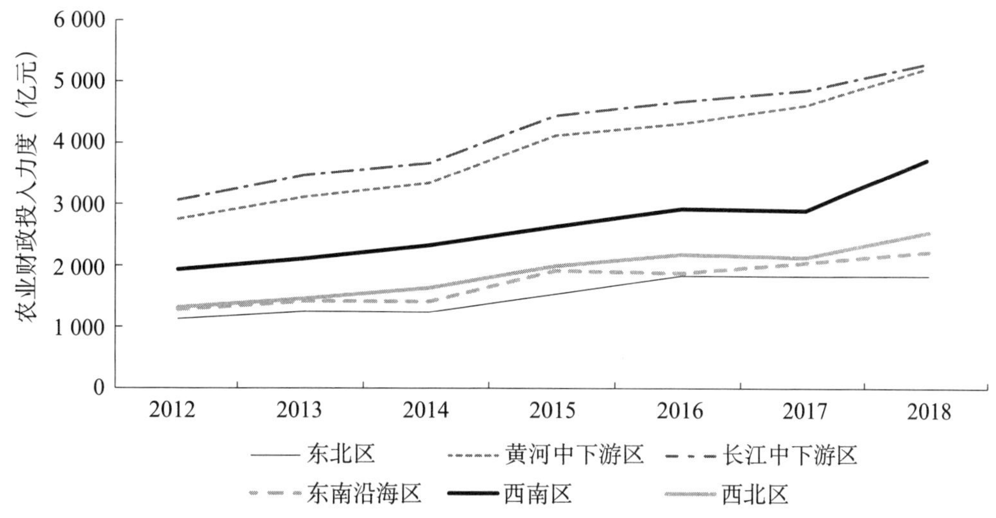

图 8-12　2012—2018 年中国六大农业类型区政府对农业的财政投入力度

资料来源：根据 EPS 数据库、《中国农村统计年鉴》相关数据计算得出。

政府对农业财政投入力度的时空分异与农业生产规模的大小紧密相关。黄河中下游区与长江中下游区是中国农产品的重要生产地，为维持农业生产的正常运行，政府往往会将公共财政资金注入农业技术研发、农业基础设施建设等领域，为农业高质量发展奠定坚实的物质基础。虽然其他四个类型区的农业生产投入不及黄河中下游区与长江中下游区，但是财政投入总额也稳步扩大，规模驱动效应正逐步释放。

党的十八大以来，农业发展步入全新的历史时期，正成为满足人民日益增长的美好生活需要的支柱产业部门，已经基本摘掉了“落后”的帽子。总体上看，东北区、黄河中下游区、长江中下游区、东南沿海区、西南区、西北区在农业生产的各个方面均呈现出崭新的格局，正朝着高质量发展的方向迈进。

第二节　中国农业发展的新业态

自精准扶贫方略于 2013 年正式实施以来，中国农村地区的社会经济获得飞速发展，居民生活水平不断提升。正当脱贫攻坚步入决胜阶段之时，党的十九大报告正式将乡村振兴上升为国家层面的战略，明确提出要将“产业兴旺、生态宜居、乡风文明、治理有效、生活富裕”作为乡村振兴的战略性目标。可见，产业兴旺是乡村振兴的首要任务，其关键在于以农业为中心拓展多种产业业态。

考虑到农业生产受地理环境的影响较大，本节将首先梳理不同地理环境造就的农业业态，具体包括商品粮农业、立体农业两大类。在此基础上，本节将立足当前社会经济发展实际，总结农业发展呈现出的三类业态，具体包括生态农业、都市农业、扶贫农业。最后，本节还将立足具体案例，就推动一、二、三产业深度融合提出构想。

一、地理环境与农业业态

（一）水平延伸：商品粮农业

中国是世界农耕文明最早的发祥地之一。改革开放以来，随着农业市场化进程的迅猛推进，长江中下游区的太湖平原、鄱阳湖平原、洞庭湖平原、江汉平原，西南区的成都平原，东南沿海区的珠三角，黄河中下游区的江淮地区，东北区的松嫩平原与三江平原逐渐成为辐射全国的商品粮基地。除上述全国性商品粮基地外，中国还形成了众多区域性商品粮基地（见表 8－1）。

表 8－1　中国六大农业类型区的区域性商品粮基地

所处农业类型区	区域性商品粮基地名称
东北区	辽宁辽河平原
黄河中下游区	内蒙古河套平原、河北石家庄地区、山西汾河谷地、山东胶东地区、河南豫北平原
长江中下游区	江苏里下河地区、浙江金衢盆地、安徽皖中平原、湖北襄北地区、湖南湘南地区
东南沿海区	福建建阳与龙溪地区、广西南宁与钦州地区
西南区	云南中部坝子、四川长江谷地、西藏雅鲁藏布江谷地
西北区	陕西关中盆地与汉中盆地、青海湟水谷地、甘肃河西走廊、宁夏银川平原、新疆伊犁河谷地与天山北麓平原

资料来源：作者自行整理。

上述商品粮基地横跨南北、纵贯东西，所处的地理环境各不相同，彰显出智慧的劳动人民对自然的超强适应力。下面将结合上述商品粮基地所处的地理环境特征，立足实际，分析坝子农业、灌溉农业、绿洲农业、河谷农业等典型的农业生产业态。

（1）坝子农业：云南中部坝子。云贵高原地区山高谷深，地势落差大，拥有大面积的喀斯特地貌区，加之历史上在陡坡的过度开荒，地表岩石出现了严重裸露，土地利用价值严重损失。虽然云贵高原地形高低起伏，但也不乏局部性平原——坝子，成为高原上农业兴旺、人口稠密的经济中心地。由于处在地质运动的活跃地带，云南境内的坝子包括断陷坝、岩溶坝、冰成坝与火山坝四类，其中断陷坝内部蓄积了古代河流、湖泊的淤积物，土地营养条件最佳，成为云贵高原坝子农业的亮丽名片。

（2）灌溉农业：内蒙古河套平原、宁夏银川平原。内蒙古河套平原、宁夏银川平原地处中国非季风区，不足 200 毫米的年降水量无法满足农作物的生长需要，因此黄河成为当地农业生产的主要水源。早在秦汉时期，河套平原与银川平原就开始兴修大型渠道引水工程，素有“塞上江南”的美誉。

（3）绿洲农业：甘肃河西走廊、新疆伊犁河谷地与天山北麓平原。虽然绿洲农业与灌溉农业均分布在干旱半干旱区，但二者的水源存在差异：前者主要依靠高山冰雪融水，而后者则依赖于河流与淡水湖泊。绿洲农业多位于山麓冲积扇，每当夏季来临时，融化的冰雪不仅能为棉花、玉米、瓜果等农作物的种植提供了丰富的水源补给，还输送了丰富的营养物质，优化了当地农产品的品质。

（4）河谷农业：四川长江谷地、青海湟水谷地、西藏雅鲁藏布江谷地。中国地形西高东低，智慧的劳动人民在东部平原区发展农业生产的同时，还将农业生产范围拓展至中西部高原山地，主要包括四川长江谷地、青海湟水谷地、西藏雅鲁藏布江谷地等。河谷地区不仅热量条件好、水源补给充足，并且河谷两侧的山岭上森林茂密，使得谷地土壤的腐殖质丰富，为小麦、水稻以及青稞的种植提供了得天独厚的自然条件。

（二）纵向拓展：立体农业

立体农业最早发轫于农作物的间作套种，距今已有 2 000 多年的历史。不同于传统的平面垦殖方式，立体农业充分利用各类农作物生长的时间差和空间差，在地表地下、水面水下同时进行生产，通过多层次、多时序的交叉种植实现经济效益的最大化。立体农业种类多样，主要包括丘陵山地立体综合利用模式、基塘农业模式、鱼塘-台田模式三类。下面将结合具体案例逐一说明：

（1）丘陵山地立体综合利用模式：江西泰和县千烟洲。千烟洲地处亚热带红壤丘陵地区，为提高土地的利用效率，形成了“丘上林草丘间塘，缓坡沟谷鱼果粮”的生产经营模式。具体而言，千烟洲不仅在低洼集水区修建了池塘，还在两侧的丘陵山地开展多样化的农业生产活动：按照海拔从低到高的顺序，依次为农田、果园或人工林地、经济林或毛竹（在幼林地间种人工牧草）、用材林（多为亚热带常绿阔叶林或针阔混交林）。

（2）基塘农业模式：珠江三角洲。珠江三角洲河网纵横，为水产品规模化养殖提供了重要的前提条件。为充分利用地力，当地人民开始在鱼塘的塘基上种植桑树、果树或甘蔗（分别对应桑基农业、果基农业、蔗基农业），基和塘相互促进，形成了和谐共生的生态系统。在珠江三角洲的九座城市中，又以佛山市南海、顺德以及中山市北部分布最为集中，成为基塘农业生动实践的典范。

(3) 鱼塘-台田模式。华北平原。华北平原地势低平，传统的大水漫灌使当地土壤盐碱化问题愈发突出。为克服这一缺陷以保证黄河中下游区在六大农业类型区中的优势地位，农业生产者开挖了多处鱼塘，在水上养殖鸭子，在水下养殖适合生活在不同水深的鱼类，具体包括鲤鱼、鲫鱼、草鲂、鲢鳙等，成为水体综合利用的成功典范。与此同时，农业生产者还将池塘中的淤泥堆积至田地中，为小麦、苜蓿、棉花、果树等农作物提供了丰富的营养物质。此外，这种鱼塘-台田的种植模式还有效降低了地下水水位，延缓了土壤盐碱化进程，进而达到改良华北平原中低产田土壤质地的效果，优化农用土地综合利用效率。

二、社会经济发展与农业业态

（一）生态农业

绿色高效是人与自然共生的必由之路。党的十九大报告强调，人地关系和谐是经济社会与生态环境两大系统高质量发展的可靠保障，其关键在于形成绿色循环的发展道路，为生态农业的培育指明方向。所谓生态农业，是指遵循生态系统的基本理念，统筹农业生产与生态平衡，农林牧副渔多业态并举，协调处理好经济发展与环境保护间的关系。下面将结合北京留民营村生态农业的具体案例，阐明生态农业的具体运作模式。留民营村位于北京市大兴区境内，距离中心主城区约 21 千米，被誉为“中国生态农业第一村”。自 20 世纪 80 年代起，留民营村以大规模植树造林、新能源开发利用为带动促进农业生产结构优化升级，成功实现经济效益、社会效益与生态效益的三重丰收，为生态农业业态的推广提供了宝贵借鉴。最值得一提的是，加快由单一种植业向农林牧副渔多业并举的转型是留民营村生态农业建设的关键举措。改革开放前夕，留民营村农业生产结构单一，种植业增加值占比近 80%，饲养业增加值占比不足 10%。为强化农业生产的正外部性，留民营村在种植谷物、水果、蔬菜的同时，努力扩大家禽和牲畜的饲养规模，构建起一条完整的生态循环链条。一方面，农作物秸秆以及食品加工业产生的米糠可作为饲料供给养殖场；另一方面，饲养业产生的粪便可进入沼气池作为无毒无害的生产生活燃料，剩余的沼渣和沼液又可作为绿色肥料，改善农田施肥结构。留民营村在使用沼气作为生产生活燃料的同时，还集中力量建设了多层次、全覆盖的新能源利用网络，大大节省了以往在煤炭上的开支，有效净化了人居生活环境与农业生产环境。

（二）都市农业

2019 年，中国城市化率已突破 60%的关口，已同中等发达国家基本持平。然而，由于对建设用地的高度依赖，农业发展空间遭到严重挤占，农村凋敝问题日益凸显。

但是，城市化也为农业业态转型升级提供了有利契机：一方面，随着城市化向纵深推进，城市居民的可支配收入逐步提升，对农产品的市场需求趋于多样化；另一方面，城市化带来了空气污染、交通拥堵、住房紧张等一系列“城市病”，城市居民渴望重新回归农村，体验传统农业生产，满足自身精神文化诉求。杭州市大径山农村产业融合发展示范园位于城市化水平领先的长三角地区，近年来在都市农业建设中取得了卓越成就。近年来，园区通过努力探索农业与休闲、文化创意、康养等业态融合的新模式，成功将产、村、人、文有机融为一体：

（1）农业与休闲。园区依托花卉、茶园等特色农业资源，适时开发以花卉深加工、茶休闲、茶观光为代表的精品农业，百果园农庄、慢谷茶经餐厅、老杭大、沉古等农家乐与民宿先后建立，释放出显著的集聚经济效应，极大满足了杭州市民体验农家生活、享农家乐、吃农家菜等诉求。

（2）农业与文化创意。一方面，园区充分发挥花卉等特色资源的优势，设计以花卉为主题的创意体验项目——千花里花海，并积极开展婚纱摄影、工艺品 DIY、食用植物制作等衍生业务，有效促进了农业与文化创意的完美融合。另一方面，园区紧紧围绕“禅茶古韵”的主题，在让游客实地体验采茶、炒茶等运作工序的同时，向广大市民宣讲禅茶文化，增进其对中国茶历史的了解。

（3）农业与康养。为发挥千花里花海、山水见公园、小古城遗址等旅游资源的集群效应，园区先后兴修了 11 座驿站和 12 个项目节点，开发出定向越野、山地车、攀岩等个性运动项目，与酒店客房、会议会展、电影工坊、艺术工坊、水乐园等项目相协同，构建起完备的康养综合体。

（三）扶贫农业

产业扶贫是推动扶贫工作由“输血式”向“造血式”转型的重中之重。自精准扶贫工作正式启动以来，以发展生产脱贫一批、易地搬迁脱贫一批、生态补偿脱贫一批、发展教育脱贫一批、社会保障兜底一批为核心的一系列政策措施得到有效贯彻落实。其中，“发展生产脱贫一批”居于首位，足以见得产业扶贫对消除贫困的战略意义。

贫困地区虽然资源缺乏、综合竞争力较弱，但是生态环境往往较好，农产品品质优良。在此背景下，发展壮大扶贫农业是促进当地人民创收增收的政策着力点。四川西南的凉山彝族自治州地处四省藏区，对外交通极为不便，是脱贫攻坚最难啃的硬骨头之一。凉山彝族自治州以紫色土、红壤土、黄棕壤、棕壤为主，土质疏松且透气性好，孕育出了品质优良的凉山马铃薯，于 2009 年正式登记为中国农产品地理标志。步入新时代以来，当地政府抢抓乡村振兴和马铃薯主食化开发的战略机遇，良种繁育、绿色生产、加工营销、品牌创建并举，集中力量建设全国最大的绿色食品原料马铃薯标准化生产基地，最大限度地释放规模经济效应。在注重种薯良种化、种植规模化、生产标准化的同时，当地政府顺应市场客观规律，在积极引进深加工龙头企业开发马铃薯主食化产品、加快孵化马铃薯专业批发市场的基础上，以“互联网＋马铃薯”为驱动，全方位塑造“大凉山马铃薯”“中国绿色食品马铃薯之都”品牌，提升马铃薯的市场附加值。当前，凉山州的脱贫攻坚战已经步入了决胜阶段，这同扶贫农业的繁荣是密不可分的。

三、新时代农业发展的突破口：三产融合

为响应党的十九大提出的乡村振兴战略目标，2018 年 9 月中共中央、国务院正式印发了《乡村振兴战略规划（2018—2022 年）》，规划明确提出要通过培育农业农村新产业新业态、打造农村产业融合发展新载体新模式等途径，实现农村一、二、三产业在融合发展中同步升级、同步增值、同步受益。

（一）农业与第二、三产业的关系

在探讨三产融合的基本思路前，明晰农业与第二、三产业的关系必不可少。

第一，农业与第二产业的关系。首先需要说明的是，第二产业包括工业与建筑业，这里我们主要探讨农业与工业间的关联。回顾人类社会的发展史，农业与工业间关系的演变主要包括以下两大阶段。在工业化中前期，以纺织服装、皮革制造、橡胶制造为代表的轻型工业对农业要素贡献的依赖较强，政府往往通过压低农产品价格，为此类工业部门的生产提供廉价的原材料，拓宽工业的利润空间，以期用尽可能短的时间顺利完成工业化。在工业化后期，农业对工业可持续发展的要素贡献、外汇贡献持续减弱，加之工业部门综合竞争力已足够强大，工业逐渐开始反哺农业，集中表现包括支持农田水利基础设施建设、为农业生产提供自动化器具等。

第二，农业与第三产业的关系。信息网络技术的飞速发展是加快农业与第三产业深度融合的不二法门。库兹涅茨研究发现，产业全要素生产率差异会导致收益率不同，各类生产要素将遵循“初级产品生产部门—制造业部门—服务业部门”的转移路径，服务业产值和从业人数最终会呈增加态势，产业结构趋向高度化，最终反作用于农业生产经营。具体表现包括：（1）科研与技术服务业能为高产、高效、优质农产品的生产提供必要的技术与推广服务，提升农产品的科技含量，近年来兴起的生物农业、太空农业正是科研与技术服务业同农业跨界融合的最好例证；（2）在农业分工高度专业化的背景下，交通仓储业能为农业生产经营提供必要的流通服务，有效降低农产品运输成本，破除“最后一公里”的魔咒；（3）金融保险业能够提供必要的资金信贷支持，降低农业生产所面临的不确定性风险，充分调动广大农户从事农业生产的积极性。

（二）三产融合的基本思路

通过前文分析发现，第一、二、三产业之间存在千丝万缕的联系，成为加快三产融合、助力乡村振兴的基本遵循。下面将立足四川宜宾高县的实际案例，说明三产融合的具体实现路径。

大雁岭乡村振兴示范区地处高县北部、毗邻宜宾城区，于 2017 年 11 月正式上马建设，计划投资总额高达 1.7 亿元。作为宜宾市一、二、三产业深度融合发展的排头兵，园区响应市政府“南北相望、东西相连、串珠成链、全域振兴”的总体要求，成为宜宾市“一区一带、一路两翼、一河百点”乡村振兴工程的战略节点。2018 年 6 月，

示范区实际完成投资 1.15 亿元，在第一、二、三产业领域取得了卓越成就：第一产业增加值近 1.6 亿元，第二产业增加值达 2.4 亿元，第三产业增加值近 1.2 亿元，三次产业共同繁荣的良好局面逐步形成。

在第一产业方面，示范区标准化茶园面积已达 31.2 万亩，产茶量约为 1.7 万吨，规模位居全省第二位；标准化桑园面积约为 20.9 万亩，产茧量高达 8 450 吨，与茶叶同为示范区两大支柱产业。在第二产业方面，示范区在扩大茶叶、蚕桑种植规模的同时，积极引进农业产业化龙头企业，其中包括省级企业 6 家、市级企业 23 家，兴建了一批自动化茶叶生产线、自动化缫丝车间，使当地农副产品加工率突破 85%。在第三产业方面，示范区紧密围绕茶叶、桑蚕两大主导产业，先后修建大雁岭云峰湖旅游度假区、百里茶桑产业长廊，设计了包括漂流攀岩、林中小屋等在内的康养旅游设施，助力高县向着创建国家级休闲农业与乡村旅游示范县进军。为巩固三产融合综合示范区的建设成果，2019 年 7 月当地政府再度投入 5 500 万元资金，同步推进绿色高效农田建设、国家 4A 级景区竞评等一系列工作，让当地农户切身感受到示范区建设所带来的收益。

在大雁岭乡村振兴示范区的驱动下，高县农村地区逐步形成了以“山水相映、田林交错、产村相融、城乡一体”为特征的农业发展业态，通过串点成线、连线成片的路径催化乡村全域振兴，第一、二、三产业融合的正外部性得到最大限度的释放。

参考文献

蔡海龙，林万龙．供给侧结构性改革与农业补贴政策调整 [J]. 甘肃社会科学，2017（04）：238－243.

程国强，朱满德．中国工业化中期阶段的农业补贴制度与政策选择 [J]. 管理世界，2012（01）：9－20.

程郁，刘明国，周群力．农产品产地初加工补助政策的效果及完善措施 [J]. 经济纵横，2017（04）：96－104.

崔彩周．乡村产业兴旺的特色路径分析 [J]. 中州学刊，2018（08）：47－52.

方师乐，黄祖辉．新中国成立 70 年来我国农业机械化的阶段性演变与发展趋势 [J]. 农业经济问题，2019（10）：36－49.

高明国．中国农业现代化进程与生产力全要素系统演进分析 [J]. 经济问题，2013（06）：104－108.

葛燕，俞恒敏．“多业态复合”演绎都市农业新范式——记余杭区大径山农村产业融合发展示范园 [J]. 浙江经济，2019（06）：34－35.

何玉芹，陶良虎．以乡村游新业态推进农业供给侧结构性改革的路径研究 [J]. 武汉理工大学学报（社会科学版），2019，32（03）：138－143.

蒋浩，陈淑芹．推动我国乡村产业绿色振兴 [J]. 宏观经济管理，2019（03）：50－57.

蒋和平，申曙光．市场经济体制下农业宏观调控的构想 [J]. 经济学家，1993（06）：64－70.

雷鹏，周立．农村新产业、新业态、新模式发展研究——基于福建安溪茶庄园产业融合调查 [J]. 福建论坛（人文社会科学版），2020（04）：172－181.

李俊高．中国农业补贴制度转型与政策选择研究 [J]. 上海经济研究，2018（07）：119－128.

刘海洋．农村一二三产业融合发展的案例研究［J］．经济纵横，2016（10）：88－91．

刘海洋．乡村产业振兴路径：优化升级与三产融合［J］．经济纵横，2018（11）：111－116．

闵耀良．社会主义市场经济与农业宏观调控［J］．中国农村经济，1993（12）：8－13．

彭慧蓉，钟涨宝．建国六十年我国农业补贴政策演变轨迹及逻辑转换［J］．经济问题探索，2010（11）：39－44．

唐忠．改革开放以来我国农村基本经营制度的变迁［J］．中国人民大学学报，2018，32（03）：26－35．

魏杰，张宇．市场经济与农业体制的改革［J］．中国农村经济，1992（12）：12－16．

杨进，吴比，金松青，陈志钢．中国农业机械化发展对粮食播种面积的影响［J］．中国农村经济，2018（03）：89－104．

杨雍哲．市场经济与我国农业的发展［J］．管理世界，1992（06）：13－19．

张占耕．70年来中国工业化进程中的农业发展［J］．区域经济评论，2019（04）：32－39．

赵放，刘雨佳．农村三产融合发展的国际借鉴及对策［J］．经济纵横，2018（09）：122－128．

钟廷勇，何玲，孙芳城．产业政策对企业全要素生产率的影响研究［J］．经济纵横，2019（12）：86－98．

周振，孔祥智．农业机械化对我国粮食产出的效果评价与政策方向［J］．中国软科学，2019（04）：20－32．

第九章　新时期的工业转移与升级

随着我国经济发展进入“新常态”，我国经济发展面临更加复杂的国内外环境。中央对当前形势的判断是：世界处于百年未有之大变局。这主要从四个方面来看：一是世界经济重心从北大西洋转向太平洋；二是世界政治格局非西方化与多极化的趋势明显，全球化进程的主要推动力量面临重组；三是世界的科技与产业正在发生巨变，对于我们而言是机遇与挑战并存；四是全球治理方式的转变，新兴国家成为全球治理的重要角色。

可以发现，新的国内外经济环境和国际政治形势会深刻影响我国宏观经济和区域经济。面对新的局势，我们应该主动调整，利用科学技术进步带来的红利充分参与国际分工，抢占国际分工价值链的高端环节，根据新的国际分工环节，合理调整我国工业的空间布局和产业结构。

工业的转移和升级是我国空间经济调整和宏观经济布局的重要手段，是推动区域协调发展、带动社会整体发展的重要活动。改革开放以来，在不同的历史环境下，我国经历了不同阶段的工业转移和升级，在新时期，我国工业转移和升级将呈现全新的特征。

第一节　新国际环境下的工业转移新变化

2008 年爆发的经济危机重创了世界经济，源起于美国的金融危机蔓延到其他地区，发展成了欧洲的债务危机和新兴市场的产能过剩危机。虽然全球经济已经度过了经济周期的低谷，但复苏进程还很缓慢。

世界上主要的发达经济体的增长率略有回升，主要得益于经济危机以来持续的宽松的货币政策和国际原油价格下调。经济危机令实体经济的发展重新引起世界各国政府的重视，美国在推行“再工业化”的同时开始推行逆全球化的政策，设置关税壁垒，引发世界各国的贸易大战，加剧国际贸易冲突，影响世界经济的稳定性。

在各国的贸易争端尚未缓和之际，新型冠状病毒肺炎对世界经济造成了更大的冲击，新冠病毒极强的传染性极大地限制了人们正常的消费和投资，人口集中、活动密集的行业受到了严重的打击，如餐饮行业、交通运输行业、娱乐休闲行业、旅游行业、金融行业和体育服务业等。同时，疫情还造成大面积的停工和部分地区的交通阻断，批发零售、物流商贸等行业受到冲击，并通过产业链条将冲击直接传导到制造行业，实体制造业延迟开工、存货积压、进出口受阻、用工不足，产业链条的某一环节率先出现问题，随后波及整个产业网络。在全新的国际环境下，我国的工业转移必将呈现全新的变化。

进入新时代，我国面临着前所未有的国际政治、经济局势，对我国工业的转移和升级有着深远的影响，总的来说，主要表现为以下几点：

一、经济复苏乏力，国际经济环境不稳定

自美国次贷危机引发的金融危机席卷全球以来，世界各国的经济都持续陷入低迷，无论是美国还是欧元区国家，为了提振经济，迫不得已推行持续的量化宽松政策，导致流动性大幅增加，随着货币政策的边际效益递减，陷入流动性陷阱，政府提振市场的手段不足，国际大宗商品价格不振，新发展动力不足，难以有效支持经济的增长。

在国际经济环境不稳定的情况下，以出口和投资为主的经济增长模式无以为继，货物和服务出口增长对经济的拉动作用不断减弱。除外部有效需求缩减以外，国内经济下行压力依然存在，由于人口结构、资本流动、土地存量、技术水平等方面的变化，中速增长正在成为新的常态。扩大内需、提高创新能力和促进经济增长模式转变，成为实现经济持续健康发展的主要途径。

二、大国博弈竞争加剧，贸易摩擦频发

全球化是过去40余年的国际主流趋势，为全球经济繁荣做出了巨大的贡献，但是随着科学技术进步、生产技术变革带来的产能扩张和经济危机导致的需求紧缩，全球范围内的产能过剩开始出现，国际贸易摩擦频繁发生。出口导向型经济是我国部分地区尤其是东南沿海地区的主要经济形式，是推动区域发展的重要动力之一。在新的贸易环境下，我国的出口份额在全球的比重持续降低，在美国高筑关税壁垒和新冠疫情暴发后，我国出口的驱动能力进一步下降，出口导向型的工业企业面临转型。

在各国关税壁垒高筑的同时，各国政府对本国工业，尤其是占据技术优势的高新技术产业的发展和保护力度进一步增强，但是，新产业的发展需要有足够规模的市场来提供支持。与以往相比，过大的贸易逆差所受到的关注更多，而为了给新兴产业发展提供更充足的市场，各国往往会尽可能地扩大出口，降低进口以保证本土产业的市场。以美国为代表的发达国家出台以贸易保护为核心的贸易政策，使得现阶段的国际贸易形势雪上加霜，贸易摩擦频发。

除了经济原因导致国际贸易摩擦，国际政治环境也在发生变化，大国间的竞争博弈不断加剧。传统超级大国对稳固自身地位的需求与世界多极化发展的趋势相冲突，世界经济发展的不确定性因此逐渐增大。由此带来的全球性保护主义导致各国间的生产要素交流被大大限制，生产技术发展停滞；经济的持续发展和社会福利的改善并未带来预期的劳动力要素供给增加，反而使得劳动力成本逐渐增长，各国的潜在增长率水平下降；美国和欧元区国家政府债台高筑，国际直接投资稳定性下降，国际经济驱动力不足；国际政治环境的变化导致新兴经济体的金融市场、经济和政治风险上升。

三、技术变革与国际分工深化

在传统的国际分工链条中，大致形成了“欧美消费、东亚生产、中东拉美提供资源”的大三角关系，欧美国家是主要的消费市场，而欧美国家也往往通过负债的形式保持高的消费水平和社会福利；东亚国家是主要的生产基地，但是东亚国家的生产往往集中在价值链的最低端，高端制造业不足，凭借低要素成本的优势组织生产；中东、拉美、非洲等地区是主要的能源和原材料输出地，部分地区凭借良好的资源禀赋，依靠出售资源获得良好的发展，但是也有部分地区基础设施薄弱，发展条件差，仅能依靠出售资源获得发展。

但是，进入新时期，国际政治局势的改变和科学技术水平的大幅度提升打乱了这一分工体系。首先是欧美等“消费”国家改变以往的经济发展模式，高消费积累的高债务为经济发展带来了巨大的压力，美国和德国、法国等欧盟主要国家不得不大力推进制造业尤其是高端制造业的回流或者加快本国制造业的技术升级，以此来稳固本国经济发展的基础，保证经济的长期稳定发展，同时缩短新兴产业从诞生到成熟的周期，推进新一轮科技革命和制造业的融合，在新一轮科技革命中抢占制高点，把握全球分工产业链的高端环节。其实，随着各项要素成本的提高，低成本已经不再是东亚部分“生产”国家的优势，尤其是早期享受人口红利、发展较早的国家，劳动力的低成本优势已经难以成为推动区域发展的主导力量；而现代技术的普及和应用，如机器人设备的普及和 3D 打印技术的成熟使得传统制造业对劳动力的需求大大降低，低成本不再是吸引产业转移的优势。最后，新能源的快速发展和环境资源约束的日趋收紧对传统的能源市场造成了巨大的挤压，美国、俄罗斯与欧佩克（石油输出国组织）间的矛盾导致原油减产协议难以达成，国际原油价格的下降迫使资源出口大国改变传统的过分依赖资源出口的模式，而新的信息技术、生物技术、新材料技术、新能源技术等新技术的涌现则为这些国家或行业提供了转型的良机。

第二节　新国内环境下的工业转移与升级

进入新时期，中国的工业空间格局调整与升级不仅受外部环境冲击的影响，还要全盘考虑内部发展条件的变化。随着新冠疫情逐步得到控制，各地逐步复工复产，走在了世界各国的前列，但是国内生产结果调整所带来的多方面要素的阻力依然存在。

一、人力成本提升，人才竞争加剧

随着我国经济水平不断提升，东部沿海地区的工业企业率先完成转型，居民的生活水平和大城市的生活成本也逐渐提升，导致劳动力成本不断攀升。同时，我国也开始进入老龄化社会，人口结构不断发生变化，劳动年龄人口数量下降。根据第六次全国人口普查数据，我国是全球唯一的老年人口数量过亿的国家，2010 年我国 60 岁以上老年人已经达到 1.78 亿，占全球老年人口的 23.6%。这意味着全球 1/4 的老龄人口集中在中国。人口结构改变直接导致了劳动年龄人口数量的下降，这是推升工业企业用工成本的重要原因之一。2012 年我国劳动年龄人口数量首次出现下降，当年净减少 205 万人，2013 年、2014 年、2015 年又分别减少 244 万人、371 万人、487 万人，至 2017 年，劳动年龄人口累计减少约 2 200 万，人口扶养比呈现逐年上升趋势。同时，我国劳动参与率也呈现下降趋势，今后一段时期劳动力供给总量将进入下降通道，农村可供转移的年轻劳动力已较为有限。同时，预计我国劳动人口在 2021—2030 年间将以较快速度减少。

人力成本提升的同时，劳动力的结构性短缺迫使各地政府投入大量人力物力到人才争夺战中。以职业技术人才的缺失为例，我国虽然有较为完善的职业技术人才培养体系，但是仍面临职业工人的短缺，尤其是一线高级技术工人的缺口巨大。2017 年全国就业人员有 7.7 亿人，技术工人仅有 1.65 亿人，其中高技能人才仅 4 700 多万人，仅占就业人员的 6%。虽然提高高级技术工人待遇、加强技术工人培训体系建设等政策安排已经提上了新时期产业工人建设的日程，但是距离体系完善、发挥作用尚需很长一段时间。

二、传统制造业产能过剩，技术升级压力大

制造业是我国目前的第一大产业，主导我国经济发展的命脉。2017 年我国制造业产值为 24.2 万亿元，占当年国内生产总值的 29.34%。制造业的兴衰直接关系国家经济增长的速度。改革开放 40 余年来，我国的现代工业体系逐步健全、完善，发展成为世界第一制造大国。制造业的大规模扩张为我国经济高速增长的奇迹作出了突出贡献。在这一过程中，伴随着我国制造业内部结构的不断转型升级，自主研发能力的不断提升，从附加值低、消费品为主的轻工业逐渐发展成完整的工业体系，并在航空航天、高速轨道交通、超级计算机、光伏发电设备、信息通信等尖端领域完成了历史性突破。但是，经历了快速的工业化之后，长时间的粗放式增长、先进管理手段和管理系统缺乏、同类制造业的重复建设等问题逐渐浮现出来，我国的制造业尤其是传统制造业面临严重的产能过剩，严重限制其发展。

我国产能过剩的问题暴露已久，为了应对国际金融危机，我国政府采取了扩张性财政政策，固定资产投资快速增长，形成了大量的企业生产设备。同时，针对交通和电力行业追加的大量公共基础设施投入和地方大兴土地财政，房地产快速发展，进一步刺激了钢铁、水泥、电力等行业的快速扩张，逐渐形成了传统制造业的产能过剩，如煤炭、钢铁、有色金属冶炼、电解铝、纺织、石油化工等多个行业。其中钢铁、煤炭和电解铝行业的产能过剩尤为严重。

相应的，我国去产能的工作自 2006 年便开始了，在 2015 年底提出供给侧结构性改革后被赋予了更重要的意义。但是，由于传统制造业中的企业构成以国有企业为主，行业自行调整产业的能力很弱。同时，地方政府在 GDP、就业、财政收入等指标的限制下，被迫不断补贴产能过剩企业，使得去产能效果不明显。表 9 - 1 梳理了我国 2006

年以来出台的去产能的相关政策文件，不难发现，水泥、煤炭、电解铝等过去的潜在产能过剩行业在几年的发展发展成了产能过剩行业，去产能政策执行的情况不容乐观。

表 9-1 国务院历年去产能政策文件

时间	政策文件	产能过剩行业	潜在产能过剩行业
2006 年 3 月	国务院《关于加快推进产能过剩行业结构调整的通知》	钢铁、电解铝、电石、铁合金、焦炭、汽车	水泥、煤炭、电力、纺织
2009 年 9 月	国务院批转发展改革委等部门《关于抑制部分行业产能过剩和重复建设引导产业健康发展若干意见的通知》	钢铁、水泥、平板玻璃、煤化工、多晶硅、风电设备	电解铝、造船、大豆压榨
2010 年 2 月	国务院《关于进一步加强淘汰落后产能工作的通知》	电力、煤炭、焦炭、铁合金、电石、钢铁、有色金属、建材、轻工业、纺织	
2013 年 10 月	国务院《关于化解产能过剩矛盾的指导意见》	钢铁、水泥、电解铝、平板玻璃、船舶	
2016 年 2 月	国务院《关于钢铁行业化解产能过剩实现脱困发展的意见》	钢铁	
2016 年 2 月	国务院《关于煤炭行业化解产能过剩实现脱困发展的意见》	煤炭	

产能过剩使得我国的制造业尤其是传统制造业陷入整体低迷，导致企业产品积压，价格降低，利润空间进一步压缩，进而导致企业倒闭或者依靠政府的“输血”勉强维持。另外，企业开工率持续走低，使得就业受到冲击。我国制造业企业向银行融资借款非常普遍，尤其是一些前期投入高、规模大的行业，其主要投资来源于银行的信贷，产能过剩，企业经营能力下降，资金链断裂，会使得银行坏账增加，催生金融风险。

在全球经济持续低迷并叠加新冠疫情冲击影响的情况下，单纯的工业转移并不能改善我国产能过剩产业的发展状况，必须要关停落后产能，对剩余的工业企业进行技术升级转型。但是，经过一段时间的工业转移，部分过剩产能已经作为重点发展项目转移到了中西部地区，并成为支撑地方经济发展的支柱性产业，清理这部分产能会对地方经济造成较大的冲击，因此，工业技术升级的压力进一步增大。

三、资源环境约束收紧，工业转移难度增加

进入新时期，新的发展环境对我国的工业发展模式提出了新的要求。一方面，在经济中高速增长转向中高速增长之后，我国的经济规模已经积累到较大规模，经济发展所消耗的能源资源日益增加；另一方面，我国的经济发展水平稳步提升，居民生活质量不断改善，人们对物质文化和精神文化的要求不断增加，高污染、高消耗的工业企业成为地区发展质量提升的障碍。新时期的工业转移必然面对日益收紧的资源环境

约束，增加了区域间工业转移的难度。

人口众多是我国现阶段的基本国情，因此，虽然我国的资源条件在种类和规模上都具有优势，但是人均占有水平远远低于世界平均水平，更不能和美国、德国等先进工业化国家相比。我国已经探明的矿产资源总量约占世界的12%，仅次于美国和俄罗斯，居世界第3位，但我国人均资源占有量不足，仅为世界人均占有量的58%，居世界第53位。所以，与其他国家相比，我国的工业发展从起步就面临比世界上其他国家更严峻的资源和环境约束。工业技术升级为我国的工业企业摆脱这一桎梏提供了一个契机，提高资源利用效率、注重产业的绿色化升级成为重中之重。

从工业企业层面来看，各类工业企业的能源需求正经历一个由升转降的过程，中西部地区依靠矿物能源、水电、风电、热电能源形成的比较优势逐渐衰弱，对东部地区工业企业的吸引力降低。中国社科院发布的《中国能源前景 2018—2050》研究报告预测，中国能源需求的已经接近峰值，将逐步下降，2020 年全国能源总量预计将下降到 44.7 亿吨标准煤，到 2030 年预计下降到 41.8 亿吨标准煤，在 2050 年进一步下降到 38.7 亿吨标准煤的水平并保持稳定。

从地区的环境约束层面来看，我国经济发展面临环境约束也日益收紧，环境问题逐渐成为影响人们身体健康、制约经济发展的重要因素。根据生态环境部于 2018 年 5 月份公布的 2017 年《中国生态环境状况公报》，2017 年，全国 338 个地级及以上城市中，有 99 个城市环境空气质量达标，占全部城市数的 29.3%。2017 年，长江、黄河、珠江、松花江、淮河、海河、辽河七大流域和浙闽片河流、西北诸河、西南诸河的 1 617 个水质断面中，与 2016 年相比，Ⅰ类水质断面比例上升 0.1 个百分点，Ⅱ类下降 5.1 个百分点，Ⅲ类上升 5.6 个百分点，Ⅳ类上升 1.2 个百分点，Ⅴ类下降 1.1 个百分点，劣Ⅴ类下降 0.7 个百分点。其中，可以作为饮用水源的Ⅰ类、Ⅱ类、Ⅲ类水质分别仅占 2.2%、36.7%和 32.9%。优势水质主要集中在西北和西南部分经济相对欠发达地区。中西部地区作为我国最为重要的生态涵养区，工业发展的类型和数量被严格限定，因此，无限制、不加选择甄别的工业转移将会被大大限制。

第三节　我国工业转移与升级的新趋势

在新的外部条件下，美国和欧元区主要国家纷纷陷入“自扫门前雪”的困境，高筑贸易壁垒，“逆全球化”的趋势越来越强；国际分工的不断深化也使得国际产业分工价值链条的分配日趋完善，在现有条件下，难以实现更大突破；不同的国家根据自身的要素禀赋寻求最适合自己的发展道路，发达国家纷纷在高新技术产业上谋求突破，推动新技术的应用以及与制造业的结合，抢占新产业和新技术的制高点。新兴市场国家则立足于使本国的比价优势和新兴技术相结合，通过发展智能制造业谋求跨越式发展。资源出口国家会着眼于提升自身资源的产出效率和附加值，延长资源产业链，推动产业多元化。

进入新时期，是我国发展的重要战略机遇期，是我国“两个一百年”奋斗目标的历史交汇期，也是我国经济跨过“中等收入陷阱”、迈入高收入国家行列的关键时期。工业是我国经济发展的保障，全国各地由要素禀赋和经济实力形成的工业空间结构也必然要进行适应性调整。从我国现阶段的工业空间格局来看，中西部地区是我国承接工业转移的主要地区，承接的工业企业主要以劳动密集型和资源密集型为主，而这些工业企业的转出地主要为我国的东部地区。东部地区的劳动密集型工业向中西部地区转移是中华人民共和国成立 70 余年以来的第三次转移。第一次产业转移发生在 20 世纪 60 年代，为了适应国家形势，发展国防工业，三线建设逐渐推行，大批的国防军工企业迁往西北和西南地区。第二次产业转移发生在改革开放后，国内的优势资源和政策红利流向沿海地区，伴随着国际贸易的快速发展，东部沿海地区迎来了率先发展的良机，各类型的工业在东部沿海地区集中，并随着技术的引进和要素的自由流动，率先完成了工业转型，是我国工业发展技术附加值最高、企业活力最强的地区。

从国际层面来看，中国既是工业转移的承接国，也是转移输出国。作为工业输出国，我国主要是向周边的东南亚国家转移劳动密集型和资源密集型的中低端工业，通过工业园区和帮扶共建向非洲国家输出部分资源密集型和劳动密集型工业。作为工业承接国，我国的主要任务还是吸收发达国家的高新技术，承接技术密集型的中高端产业。2018 年，我国的高技术产品出口额达到 8 017.6 亿美元，在当年全球同类产品出口总额中占比 21.3%，大大高于美国、德国和日本。但是，2018 年，我国高技术产品的进口额也高达 6 153.8 亿美元。在一定程度上，我国只是高技术产品的加工组装者，仍旧处于同一类产品全球供应链的下游环节，自有技术含量并不高。

进入新时期，出口贸易不振、疫情影响发酵、全球制造业回流、人口红利消失、土地成本升高等问题成为推动我国工业转移和升级的重要因素，现阶段工业转移的主要趋势仍然是中西部地区的低端工业承接和东部地区的高技术工业升级，同时，也会呈现以下全新的趋势。

一、工业转移呈现集群模式

现代工业的发展使得单个企业对上下游产业链条及整个地区的产业网络的依赖程度更高，传统的单独引起某个工业企业或某项产业的转移承接模式不再适用，工业产业横向和纵向集中所带来规模经济更为明显。传统的化工、轻纺、金属制品及其深加工等传统制造业逐渐向地区生产效率更高、成本优势更加明显的地区集聚，马太效应将发挥个体筛选作用。在此背景下，资源密集型和劳动密集型等低端工业的梯度转移趋势有可能被打破。首先，劳动力的低成本优势不再是决定工业转移的重要因素，机器生产的大规模普及使得人力投入被资本投入代替；其次，经过多年的发展，中西部地区也已经取得了长足的发展，随之而来的是用工成本和用地成本的逐步提高，低成本的绝对优势被逐步蚕食；最后，随着“一带一路”的推进和延伸，中西部地区将成为中国西向开放与西部跨越式发展的新高地，一味地被动接受工业转移并不符合中西部地区的发展定位。

在新时期，工业集中转移的趋势将更为明显，在东部、中部和西部形成不同特色的工业集群，但是工业企业的类型不会产生明显的分化，尤其是在东部地区，不同层级不同类型的工业企业将长期共存；在中西部地区，高新技术工业企业的引进仍将是一项长期任务，但是不同产业的集中度会逐渐增加。

二、东部地区工业升级加速

经过长时间的发展，东部地区已经积累了较为丰厚的发展基础环境、充足的人才、资金技术储备。随着不断淘汰处于价值链低端的产业，东部地区工业发展的空间被充分释放出来，将迎来工业技术升级的高速发展期。在过去200年里，中国先后失去了两次工业革命的机会。现在，第三次科技革命方兴未艾，人工智能、量子信息技术、虚拟现实技术、清洁能源、机器人技术以及生物技术蕴藏无限的潜力。中国第一次与美、日、欧站在同一起跑线上，对于中国来说是一次千载难逢的机会。

进入新时期，东部地区应该充分发挥其工业企业的资金优势、人才优势和技术优势，通过地方的产学研合作，发展成为我国创新的高地，同时利用沿海地区的区位优势和国外的技术转移惯性，补足国内的技术短板，着力发展人工智能、生物制药、新能源、新材料等前沿产业。随着传统产业转出和新兴产业培育双向进行，东部地区的高新技术产业的产值比重将逐步提升。

三、大型制造业向中西部地区集中

随着东部地区发展环境和发展重点改变，我国的大型制造业将逐渐向中西部地区转移，这一趋势在过去的10年间已经逐步显现出来，而这一进程也会随着东部地区产业升级加速而逐渐加快。在过去的10余年间，利用中西部地区的要素低成本优势，我国的新兴制造业，如通信设备、电子设备、电子元器件工业企业都不同程度地将其全部或者部分生产车间从北京、上海、深圳等一线城市向中西部地区的核心城市转移，使得广大中西部地区的中心城市逐渐成为中高端制造业的战略高地。在这一时期，贵州建成了我国的大数据中心，实现了贵州经济的跨越式发展；江西形成了半导体这一支柱产业；陕西利用自身科研和企业的优势，发展半导体器材研发与生产，形成航空航天飞行器的研发与生产基地。

在新时期，中西部地区大型制造业发展的趋势将逐步加快，集中度逐渐提高，工业企业发展的重点从要素数量的增加转向生产效率的提高，大力推进原创性技术进步，依靠原创性技术进步推动经济增长，并依靠技术进步的长效动力机制维持经济的稳定增长；通过持续提高人均受教育程度，实现人力资本由成本优势向质量优势的转换，实现高人力资本环境下的自主创新，为创新驱动发展提供基础保证；通过提高能源、土地等各项资源的使用效率，摆脱过去的粗放式发展模式，以适应日益收紧的环境和资源的约束。

四、工业转移的条件更为复杂

根据产业梯度转移理论，发达地区应首先加快发展，然后通过产业和要素向较发达地区和欠发达地区转移，以带动整个经济的发展。但是，传统的产业梯度理论没能来得及解释交通和通信技术进步打破了传统的地理空间分割，资源和环境约束为工业承接地设置了更严格的约束，使得工业转移的条件更加复杂。

一方面，在东部沿海地区人力成本上升后，劳动密集型产业自然向中西部地区转移，但是，在实际经济发展中，交通条件的改善和技术条件的进步大大延缓了这一集中转移的进程，原因在于全国劳动力市场统一化、高铁等快速交通工具普及化，劳动力的空间流动更为简单，劳动力差价反映的只是附着在劳动力上的生活成本差异，同工种劳动力能力的价格差并不显著。另一方面，资源环境约束日益收紧，承接地的政府也极大程度地影响工业的地区间转移，承接地对工业企业类型的选择性更强，工业转移的条件和要求更加复杂。

第四节　新时期工业转移与升级的新模式

随着我国经济社会发展进入新时期，调整我国工业空间布局、提升工业产业结构面临新的发展环境，需要应对新的困难和挑战，不仅需要平衡东中西三大经济地带间工业承接与转移的协调发展，还要保持高新技术产业、传统产业引进来与走出去的内外平衡。

在现阶段的国际产业分工链条中，中国已经成为主要的输出者和引领者。中国倡导全球化趋势，倡导全球各国分工合作，发挥比较优势，共享发展成果。中国现阶段对外产业转移和产业承接主要表现为：将劳动密集型的工业企业向东南亚、南亚地区等“一带一路”沿线国家转移，截至2019年8月，中国的纺织业企业由2012年初的2万余家下降到了不足1.8万家，减少了约20%，主要的产业转移到了东南亚等地；围绕电子通信设备及相关配件、机械和自动化生产设备等优势传统产业进行升级，承接新兴的新能源汽车、新材料、生物制药等新兴产业，从电动汽车产业链条来看，特斯拉上海工厂的投产，提升了中国在汽车供应链中的技术优势，推动中国自主品牌的技术积累，重塑了全球电动汽车的供应链。同样的，中国电子制造业同样具有竞争优势，即使受到华为、中兴事件影响，以及5G通信技术的海外推广在美国的强权干预下陷入困境，但是中国企业的技术优势依然存在，中国仍有规模较大的电子制造业，产品多样性和成熟性高。

东中西三大经济地带间工业承接与转移的协调发展是新时期我国工业转移与升级的另一重要问题。当前，我国区域发展不平衡不协调的问题仍然十分突出，对应工业的转移与升级：一方面，我国东西部发展差距非常明显，东部与中西部间的工业转移是实现区域协调发展的重要抓手；另一方面，我国的南北差距也呈现出扩大的趋势，但是，南北工业差距主要体现在工业结构与工业类型，因此因地制宜地进行工业技术升级是南北地区协调发展的核心推动力量。

无论对于转出地还是承接地，工业转移都是实现工业升级和优化的机会。一方面，我国沿海发达地区转出的工业企业都是处在企业发展生命周期相对靠后阶段的成熟型和衰退型企业，这些企业的转出可以为发达地区的高新技术工业企业发展腾出充足的空间，方便各类生产要素向新生部分集中。另一方面，欠发达地区有选择地承接适合本地产业网络的工业企业，可以以较低的成本实现本地工业的技术升级和设备更新，提升自身生产效率，带动相关产业链条乃至整个产业网络的健康发展。因此，在这个角度上，新时期的工业转移与升级不能仅仅局限于落后产业的疏解，将高污染、产能过剩的产业从发达地区迁出，而是应该以优化产业发展为出发点，综合协调转出地和承接地的转移问题。也就是说，将工业转移与工业升级这两个过程有机地统一，为了实现这一进程，新时期的工业转移与工业升级也将探索应用全新的发展模式。

一、各区域的中心城市将成为工业转移与升级的主要平台

我国幅员辽阔，交通设施和通信技术的快速发展可以消除地区间地理距离造成的运输成本增加和要素交流障碍，但是无法解决我国东中西三大经济地带人口分布不均的问题。我国东部地区各省份行政区域面积仅占全国总国土面积的 18.3%，但是容纳了全国超过 45.5%的人口。而西部地区的国土面积占全国总国土面积的 71%，人口数量却仅占全国总人口的 28%。中西部地区地广人稀，不同企业、不同产业间的联系容易因为空间和行政区划而被割裂，不能融入当地的产业网络，难以培养承接工业企业的根植性，形成竞争合力。因此，我国新时期工业转移与承接应该采用分散转移、集中承接的方式，而各个区域中心城市将会成为承接工业企业转移的重要平台。

以中心城市为平台集中承接工业转移，可以方便地方政府集中优势资源建设基础设施、试点制度创新、调配生产要素，完善工业企业发展所需的产业环境。同时，中心城市为了可以更好地承接转移的工业，也必须提升城市质量，提升中心城市的要素禀赋水平，传统的工业转移与承接更注重承接地区位条件，如能源导向的工业转移和原材料导向的工业转移。但是，新时期的工业转移对技术、人力、资金、政策环境等要素的需求权重更大，对工业企业发展的软环境更加重视。因此，中心城市需要根据自身功能定位，注重降低要素成本，提升产业配套能力，加强对外联系强度，推进产业结构优化升级，进一步提升产业集聚度。

（一）提高城市的科研支持能力

加大信息基础设施投入力度，实现信息共建共享，通过产业创新联盟和一体化科技创新平台建设，强化科技成果转化能力，从而有效发挥其对非中心城市的辐射带动作用。加强城市内科研机构或技术中心与实验室的建设，并积极支持具备条件的企业承担或参与工程中心、重点实验室、技术转移平台建设。进一步鼓励企业在承接地成立研发中心，合理支持企业与承接地科研院所开展合作，不断强化企业的根植性。合理塑造技术创新服务平台，借助一系列方式鼓励入驻的中小企业主动参与创新。陆续

革新科研院所体制，把更多的资源集中于企业绿色转型升级的关键性技术研发和推广应用领域，逐步形成与产业、区域经济紧密联系的技术研发、成果转化机制，且以此为基础，大力促进协同创新。支持龙头企业与承接地高等院校、科研院所、行业协会相关联的上下游企业培育与发展研发机构，有效解决企业转型升级中的核心技术难题。基于知识创造、创新成果快速转移扩散的发展目标，不断加强科技中介机构的培育与发展，增强面向社会的科技信息、决策咨询服务的能力。

（二）提升城市的人力资源水平

针对我国结构性人才缺失的整体情况和各地区人才队伍建设的实际情况，设置人才引进政策和培养政策，积极发展职业教育，快速补齐人才短板，以最低成本和最高效率满足本地劳动力市场的技能需求，缓解一些承接工业企业或产业的技能短缺的状况。充分了解劳动力市场和各行业的技能供求状况，实现产学研融合。合理、有效地制定相关职业教育政策，确保职业教育项目和课程都具有较高的行业相关性。提升职业教育的公众认可度，促使更多的学生把参与职业教育和技能培养视作引以为傲的选择，提升职业工人的福利待遇和社会地位。

（三）强化城市的环境承载能力

中心城市应结合自身资源优势，以综合性和多元化为发展方向，积极探索提高城市效率及建设绿色城市、智慧城市的有效路径，建立具有地方特色的现代城市产业体系。根据地区生态环境承载力水平，因地制宜地采取环境规制措施，对入驻企业进行严格审查，坚决调整和淘汰不利于生态环境建设的产业，对高能耗、高排放产业的发展进行限制，对集约节能成效显著的企业给予财政补贴、税收优惠等政策激励，并不断优化城市绿色空间布局，提升城市公共绿地水平和绿色品质。

二、产业园区将成为工业转移和升级的主要方式

一方面，无论是工业转移还是升级，都需要各类生产要素的配合。然而，随着经济的发展，要素流动越来越倚重区域的综合水平。从以往情况看，要素的流动在参考一个地区特殊的比较优势的基础上，还会看重一个地区的综合条件，其中一个最为明显的变化就是，人力资本的流动越来越重视地区的舒适感，发展空间产业园区可以集中提供要素流动所必需的配套设施，保证工业转移和升级顺利进行。

另一方面，新时期工业转移与升级依然避免不了地方保护主义的影响。虽然各种形式的区域合作在广泛开展，区域间各级政府的联动也日益密切，但是受传统发展观念、政绩观念和考核体系的影响，各地区的经济结构依然具有一定程度的趋同性，无法从根本上避免恶性竞争，而且地区间如准入标准、技术规定等标准的不同为一个地区实施地方保护主义提供了方便，这些手段的隐蔽性很强，难以从外部进行约束。但是产业园区的发展可以使地方工业的发展在一定程度上独立于地方政府，如拥有较高级别的行政权限、独立的建设经营权等。

政府在区域合作的过程中，缺少成功的案例进行参考，所以政策灵活性不足，缺少系统配置。通过区域间或区域内的平台构建区域合作，既可以对合作的模式进行试验，允许合作方彼此磨合，又可以完成配套政策、系统配置的设计与调整，减少区域合作具体实施过程中的冲突和摩擦，促进区域协调发展。

因此，产业园区可以作为工业转移和升级的一个重要方式，合理规划和设计产业园区。方便工业转移、升级需要注意以下方面。

（一）发挥园区的集群效应

一方面，空间经济分布理论认为，产业的空间分布是由生产要素的集聚、选择和群分三种机制作用的结果。凭借产业园区的政策优势，可以有效地集中各类生产要素，保证工业升级的顺利进行。另一方面，现代工业发展条件更为复杂，依托单独一家企业或某个产业无法保证工业企业长期发展，需要打通上下游生产环节，构建完整的分工链条。园区的集聚效应可以放大龙头企业对同行业和上下游企业的吸引，发挥其带动作用，保证工业企业升级符合产业网络和市场的需求，保证工业企业长期健康发展。

（二）便于开展跨园区合作

将产业园区建设作为工业转移的主要方式，可以将工业转移的模式由传统的地区-地区转变为园区-园区的模式，在一定程度上降低行政区划分割对经济合作的影响，便于实现工业承接地与工业转出地有效配合与衔接，如由工业转出园区和工业承接园区共同建设“飞地经济”，打破原有行政区划的限制，共同实施行政管理和经济开发，实现两地资源互补、协调发展。前者充分发挥其在技术、信息、管理方法等方面的优势，后者提供工业企业发展所需要的物质条件，单一的一方转出、一方承接转变为二者共同发展、互惠互利。

（三）提升产业园区发展软环境

东中西三大经济地带间发展环境的差异使得流动性较强的优质人力资源及其附带的技术、信息、资金、管理资源等集中在东部沿海地区，因此，产业园区需要不断改善其发展软环境来引进人才，完成工业承接或升级的基础储备。中西部地区需要不断地加大对科研人员的补贴力度，同时改善地区的教育、医疗、养老等公共服务。东部地区需要创新落户管理政策，降低引进人才在本地的生存发展压力。但是，鉴于在全部地区推行类似政策的困难性，产业园区的试点作用便凸显出来，相比于整个区域，产业园区更容易打造良好的综合环境，吸引外部要素进入，再通过辐射作用，影响整个产业网络的发展。

三、根植性强的本地工业将成为新发展重点

新时期更为复杂的国内外政治经济环境使得工业转移与升级面临的问题更加复杂多样，政府对信息的掌握更加不完全，工业转移与升级将由政府主导逐步向市场主导、政府协助转变，需要在综合考量自然资源、环境容量、要素价格、运输成本和产业特

征等因素的基础上，设计工业布局和结构。这也意味着，无论是工业转移还是工业升级，只有根植性强，与本地产业网络融合程度高，能够形成良性互动、优势互补的工业才可以较为健康地存续发展，最终形成各具特色的地区工业。

（一）东部地区以高技术附加值制造业为主

东部沿海地区是我国最早接受国际工业转移的地区，在持续性的政策优惠和资源要素分配倾斜的影响下，经济水平位居全国前列，但是各项要素成本也日益抬升，传统工业的竞争优势逐渐丧失，因此，工业升级是东部地区工业发展的主旋律。

一方面，东部地区要为新兴产业发展和传统产业升级提供充足的空间，因此要推动资源密集型和劳动密集型等工业向中西部地区转移。在工业转出的过程中，需要降低转移企业的门槛，简化手续办理程序，完善转移后续保障，并为企业转型升级提供政策支持。另一方面，东部地区要依托雄厚的产业基础和相对完善的市场机制，积极承接国际高端产业转移，完善区域营商环境，吸引外商来华投资，将东部地区建设为我国先进制造业的先行区、参与经济全球化的主体区。同时，发挥人才集聚和资源集中的优势，依托高校和科研院所，建设全国科技创新与技术研发基地。

（二）中部地区建成系统的工业体系

中部地区虽然工业基础也相对薄弱，但是整体发展条件优于西部地区。在资源禀赋上，中部地区自然资源丰富、市场劳动力储备充足，基础设施完善；从区位条件来看，连接东西两大经济带，交通便利，信息通达，具有一定的工业基础，适合集中地承接工业体系，结合地区特色，建设成为门类较为齐全的工业基地。

首先，在承接产业转移过程中，中部地区作为国家重要的粮食和制造业基地，应将食品加工、装备制造、汽车及零部件制造作为承接重点，各省要依据当地资源条件和已有工业基础，加强工业承接的主动性，在工业转移进程中发挥更积极的作用；其次，在全国统一布局、顶层设计的基础上，实行不同地区工业错位发展，形成产业集群，拓展工业链条横向和纵向的联系。对中部地区一些基础条件好的中心城市和产业园区进行系统规划、重点建设，利用武汉、郑州等中心城市培育新能源工业集群、轻纺/化工工业集群、汽车及零部件工业集群、电子/通信设备制造工业集群、机械设备加工制造工业集群等。

（三）西部地区实现工业跨越式发展

在东中西部三大经济地带中，西部地区的经济发展水平较为落后，并且地处内陆、交通不便，运输成本、基础设施建设成本高昂，使得工业转移难度加大。但是，西部地区在以下多个方面具有明显优势：地域辽阔，自然资源储备丰富，劳动力数量多且成本低，是我国向西开放的桥头堡。

西部地区是产业转移的重要承接区，要发挥重庆、成都、西安等区域性重点城市的领头作用，利用当地的科技、人才资源优势，积极吸引发达国家和东部地区的电子信息产业以及高端加工制造业，打造区域性高新技术和先进制造业基地。

在传统的工业发展模式中，一般的产业发展需要经历初创期、发展期、成熟期和衰退期等几个阶段，但是工业转移和依靠新兴科学技术的工业升级可以大大缩短或跨越特定的阶段，通过科技创新、组织形式创新抓住机遇，利用一体化的市场、开放的经济、共享的新型技术平台加快原有工业企业或承接转移的工业企业的发展进程，摆脱传统产业结构模式的束缚，实现跨越式发展。例如，湖北、安徽、江西、重庆、贵州等中西部地区，积极吸纳、移植高端生产要素和先进前沿技术，实现了工业的横向转移。

（四）东北地区等老工业基地推动制造业复苏

以东北地区为典型的老工业基地，在各大板块均有分布，是我国新时期工业转型与升级必须要面对的一个特殊问题。东北地区拥有良好的发展条件，自然资源丰富，劳动力数量充足，工业基础雄厚，但是工业转型升级缓慢、市场化改革效果不明显导致东北地区工业发展的软环境较为落后。需要借助全国性的工业转移和升级，推动老工业基地制造业复苏，重回中国制造业中心。

一方面，继续推进工业转型升级。依托良好的制造业基础，扩大与制造业强国和国内发达地区的技术合作，提升重大技术装备自主化程度，加强核心技术与关键零部件研发，加快制造业转型升级，打造具有国际竞争力的装备制造业基地和国家新型原材料基地。另一方面，承接附加值高、带动力强的高新技术产业。建立高新技术开发区，探索高新产业发展的新模式，使东北地区成为重要的技术研发与创新基地。

参考文献

张帅，林宏宇．“一带一路”背景下中国对泰国出口技术溢出效应研究［J/OL］．亚太经济，2020，(04)：119－127＋151［2020－08－01］．http：//fgga30fd8c346ef34d67903a5b6d8ea5d318spqfkowob6cuq6vp5. fhaz. libproxy. ruc. edu. cn/10. 16407/j. cnki. 1000－6052. 2020. 04. 012.

孙巍，董文宇，宋南．外生冲击、融资模式选择与制造业升级——兼论经贸摩擦和新冠肺炎疫情下的金融供给侧改革［J］．上海财经大学学报，2020，22（04）：3－17.

林毅夫．新结构经济学——重构发展经济学的框架［J］．经济学（季刊），2011，10（01）：1－32.

付凌晖．我国产业结构高级化与经济增长关系的实证研究［J］．统计研究，2010，27（08）：79－81.

李小平，卢现祥．国际贸易、污染产业转移和中国工业 CO_2 排放［J］．经济研究，2010，45（01）：15－26.

蔡昉，王德文，曲玥．中国产业升级的大国雁阵模型分析［J］．经济研究，2009，44（09）：4－14.

黄茂兴，李军军．技术选择、产业结构升级与经济增长［J］．经济研究，2009，44（07）：143－151.

张其仔．比较优势的演化与中国产业升级路径的选择［J］．中国工业经济，2008（09）：58－68.

何德旭，姚战琪．中国产业结构调整的效应、优化升级目标和政策措施［J］．中国工业经济，2008（05）：46－56.

张辉．全球价值链动力机制与产业发展策略［J］．中国工业经济，2006（01）：40－48.

刘志彪．全球化背景下中国制造业升级的路径与品牌战略［J］．财经问题研究，2005（05）：25－31.

张辉．全球价值链理论与我国产业发展研究［J］．中国工业经济，2004（05）：38－46.

魏后凯．产业转移的发展趋势及其对竞争力的影响［J］．福建论坛（经济社会版），2003（04）：11－15.

陈建军．中国现阶段的产业区域转移及其动力机制［J］．中国工业经济，2002（08）：37－44.

吕铁，周叔莲．中国的产业结构升级与经济增长方式转变［J］．管理世界，1999（01）：3－5.

卢根鑫．试论国际产业转移的经济动因及其效应［J］．上海社会科学院学术季刊，1994（04）：33－42.

第十章　现代服务业发展与区域经济

第一节　高质量发展对区域服务业的要求与影响

一、高质量发展对区域服务业的要求

（一）高质量发展要求区域服务业对经济增长的贡献越来越大

当前世界经济增长低迷、中美经贸摩擦等给我国经济带来了许多不确定性，通过建设现代服务业经济体系、努力促进形成强大国内市场等改革举措，来降低经贸摩擦对我国经济的影响，增强我国经济发展的韧性，推动经济持续健康稳定发展。服务业是现代产业体系的重要组成部分，在国民经济和社会发展中发挥着日益重要的作用。服务业比重不断上升，在国民经济中占据主导地位，是经济结构调整和升级的必然趋势。根据发达国家的发展经验，服务业占比普遍在70%以上，我国作为发展中国家，服务业占比也连续多年超过50%。从图10-1可以看到，我国服务业对GDP的贡献率总体上呈现上升的趋势，在1996年服务业对GDP的贡献率仅为28.5%，到2019年服务业对GDP的贡献达59.4%。以信息技术为代表的技术进步对服务业产生了深刻的影响，互联网、人工智能等技术的运用，使得服务业的交易范围日益扩大、交易频率显著加快，极大地提升了服务业的生产率，服务业不仅是技术创新的主要运用领域和技术进步的主要扩散对象，还通过消费者需求的反馈或者用户体验倒逼技术创新和技术进步，市场需求的转变使得对服务业的需求不断增加，对服务的品质和种类也提出了较高的要求。

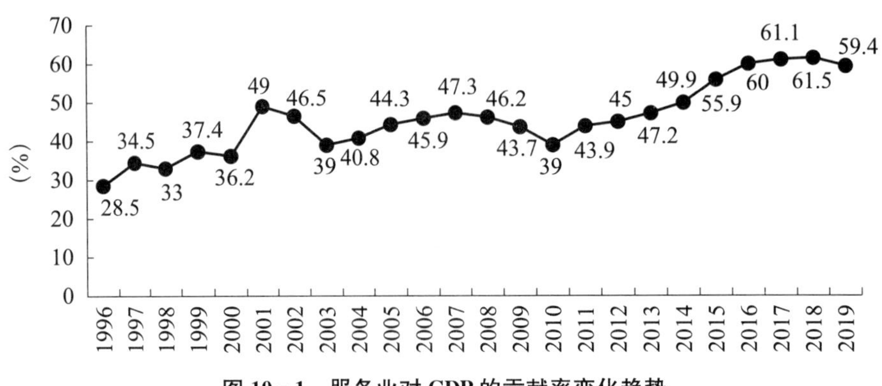

图10-1　服务业对GDP的贡献率变化趋势

资料来源：历年《中国统计年鉴》。

进入新时代以来，我国服务业对GDP的贡献率持续上升（见图10－2）。在2012年，服务业对GDP的贡献率达45%，低于第二产业对GDP贡献率的50%；在2015年，服务业对GDP的贡献率到达53%，首次超过第二产业对GDP的贡献率；至2018年，服务业对GDP的贡献率达到了59.7%，远超第二产业对GDP的贡献率36.1%。高质量发展要求对资源的集约式利用，其中必然要求有足够发达的服务业以促进科技创新和技术扩散，提升对资源的利用效率。在经济发展过程中，服务业对GDP贡献率的上升是经济发展的规律使然，是经济发展到一定阶段对服务业需要导致的必然结果，同时也是高质量发展的内在要求。

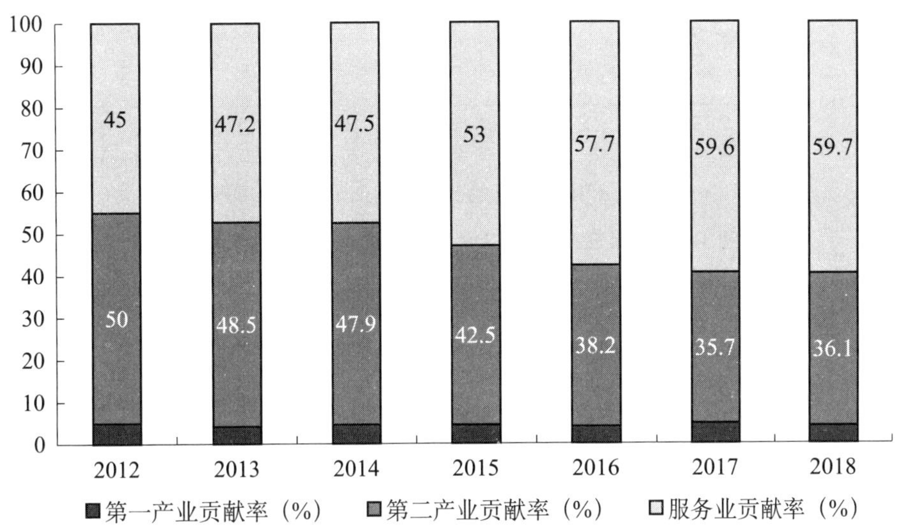

图10－2 进入新时代以来三次产业对GDP的贡献率

资料来源：历年《中国统计年鉴》。

在服务业对GDP贡献率提升的同时，服务业对GDP增速的拉动也越来越大。从图10－3可以大致看到，代表GDP增速的灰线与代表第三产业对GDP增长拉动的黑线之间的间距逐渐呈现缩小的趋势，这说明在整个经济增长过程中，服务业对GDP增速的拉动作用是在不断上升的。

进入新时代以来服务业对GDP增长的拉动作用更加明显（见图10－4）。在整个经济增速呈现下行的趋势下，第三产业对GDP增长的拉动作用仍然呈现出上升的趋势，由2012年的3.5%上升至2018年的3.9%，与之形成对比的是第二产业对GDP增长的拉动作用在逐年下降，由2012年的3.9%下降至2018年的2.4%。

比较世界各国的经济发展经验可知：进入中等偏上国家行列后服务业比重明显上升的可能性增加。如果要继续保持经济的高质量发展，需要增强服务业对GDP的贡献率，通过服务业的发展带动GDP的发展。在我国，北京作为全国的一线城市和科技创新中心，经济发展水平走在全国的前列。新时代，北京第三产业对GDP的贡献总体上呈现出上升的趋势，在高峰时，第三产业对GDP贡献率达到90.6%；在2018年北京第三产业对GDP的贡献高达87.9%，北京几乎是第三产业主导的国际化大都市（见图10－5）。

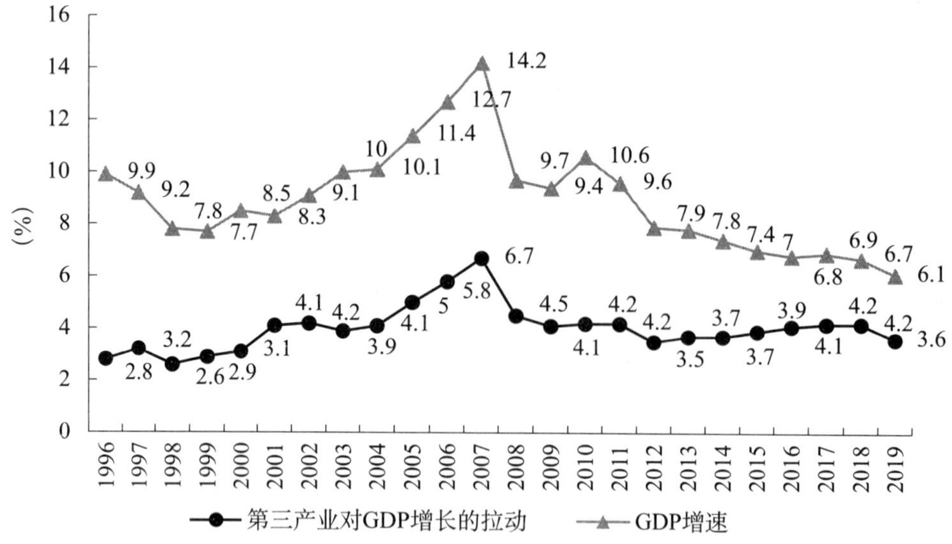

图 10－3　第三产业对 GDP 增长的拉动与 GDP 增速对比

资料来源：历年《中国统计年鉴》。

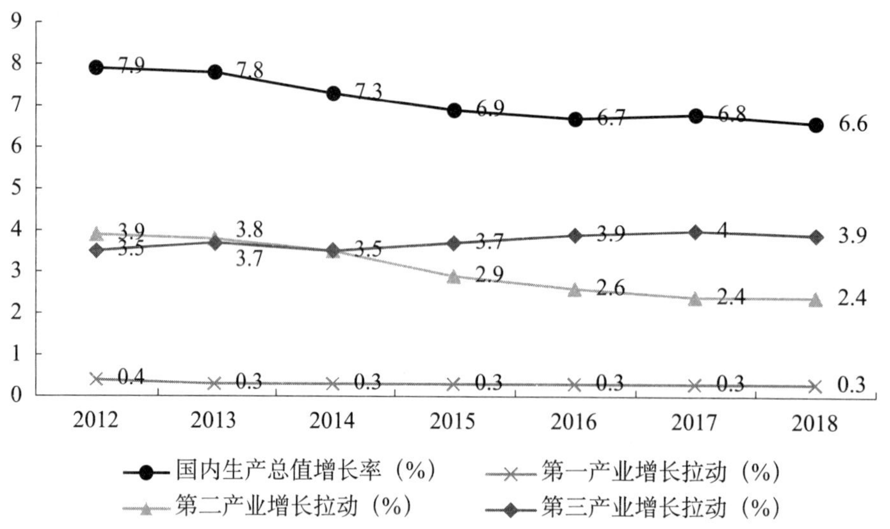

图 10－4　新时代以来三次产业对 GDP 的拉动

资料来源：历年《中国统计年鉴》。

2019 年国家发展改革委、市场监管总局制定《关于新时代服务业高质量发展的指导意见》，提出现代服务业发展目标为“服务业标准化、规模化、品牌化、网络化和智能化水平显著提升，生产性服务业效率和专业化水平显著提高，生活性服务业满足人民消费新需求能力显著增强，现代服务业和先进制造业深度融合，公共服务领域改革不断深入”，初步形成功能突出、错位发展、网络健全的服务业高质量发展新格局。正是因为服务业发展对 GDP 贡献率越来越大，并在北京这样的超大城市经济发展中起着

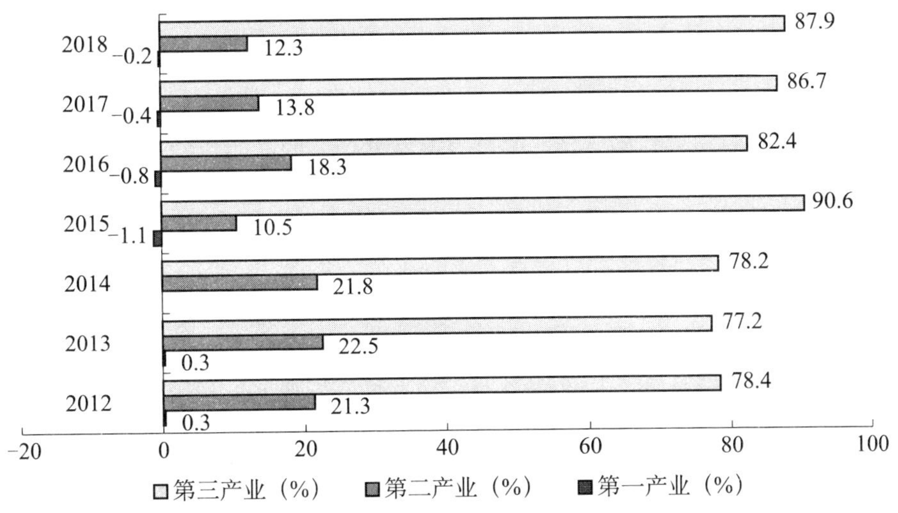

图 10－5　新时代北京三次产业对 GDP 贡献率的变动趋势

资料来源：历年《北京统计年鉴》。

决定性作用，要实现经济的高质量发展，需要解决制约服务业高质量发展的薄弱环节和共性问题；在服务业发展过程中，需要时刻注意市场需求的变化，优化服务供给，避免服务供给的供需错配。更多更好地满足市场多层次多样化服务需求，通过服务业的专业化和多元化为其他行业的转型升级提供坚强的支撑。优先补足基本公共服务短板，着力增强非基本公共服务市场化供给能力，实现服务付费可得、价格合理、优质安全，以高质量的服务供给催生创造新的服务需求。

服务业的发展要顺应产业转型升级新趋势，充分发挥市场配置资源的决定性作用，更好地发挥政府作用，在公平竞争中提升竞争力。坚持质量至上、标准规范，树立服务品牌意识，发挥品牌对服务业高质量发展的引领和带动作用，着力塑造中国服务品牌新形象。贯彻创新驱动发展战略，推动服务技术、理念、业态和模式创新，增强服务经济发展新动能。服务业不仅能够促进科技创新，科技创新反过来也能促进服务业的高质量发展。政府应该充分发挥产业培育的作用，促进服务业与农业、制造业及服务业不同领域间的融合发展，形成有利于提升中国制造核心竞争力的服务能力和服务模式，发挥中国服务与中国制造组合效应。

由于历史和体制机制的原因，我国服务业的发展还面临诸多发展障碍。服务业对经济增长的拉动作用还没有充分显现出来。需要深化服务领域改革，破除制约服务业高质量发展的体制机制障碍，优化政策体系和发展环境，激发发展活力和潜力。推动服务业在更大范围、更宽领域、更深层次扩大开放。实施服务业国际化战略，瞄准国际标准，推动国际国内服务标准接轨。完善商贸旅游、社区服务、物业服务、健康服务、养老服务、休闲娱乐、教育培训、体育健身、家政服务、保安服务等传统服务领域标准。开展服务标准、服务认证示范，推动企业服务标准自我声明公开和监督制度全面实施。

（二）区域性现代服务业高质量发展必须服务于国家战略性新兴产业发展的需要

战略性新兴产业是指以重大技术突破和重大发展需求为基础，对经济社会全局和长远发展具有重大引领带动作用，成长潜力巨大的产业，是新兴科技和新兴产业的深度融合，既代表着科技创新的方向，也代表着产业发展的方向，具有科技含量高、市场潜力大、带动能力强、综合效益好等特征。2010 年 10 月，国务院下发《关于加快培育和发展战略性新兴产业的决定》，其中把节能环保、信息、生物、高端装备制造、新能源、新材料、新能源汽车等作为现阶段重点发展的战略性新兴产业；明确指出现代服务业在发展战略性新兴产业的作用，对现代服务业支持战略性新兴产业发展提出明确要求：发挥知识密集型服务业支撑作用，大力发展研发服务、信息服务、创业服务、技术交易、知识产权和科技成果转化等高技术服务业，着力培育新业态。积极发展人力资源服务、投资和管理咨询等商务服务业，加快发展现代物流和环境服务业。

战略性新兴产业是建立在重大前沿科技突破基础上，其代表未来科技和产业发展新方向，体现当今世界知识经济、循环经济、低碳经济发展潮流，尚处于成长初期，未来发展潜力巨大，对经济社会具有全局带动和重大引领作用的产业。正是因为战略性新兴产业对于国家经济具有极其重要的战略作用，全国各个城市积极发展战略性新兴产业。以北京为例，北京设立中关村国家自主创新示范区，目标定位为战略性新兴产业策源地，掌握一批产业关键核心技术和标准，形成若干战略性新兴产业集群。由于战略性新兴产业建立在极其专业化分工的产业基础之上，是知识和人才密集型产业，因此对服务业质量有极高的要求，这导致战略性新兴产业只能在极其少数的大城市才能发展起来，因为只有大城市才能提供专业性和多样性的服务，为战略性新兴产业的发展提供适宜的发展环境。例如，北京作为全国科技创新中心，在战略性新兴产业发展上处于全球第一梯队，其服务业占 GDP 的比重见图 10－6。2018 年服务业增加值占北京地区生产总值的比重高达 81%，远高于全国 60%左右的平均水平，并且呈现持续上升的趋势。而我国的三四线城市由于现代服务业发展水平的专业化和多样化不足，在发展战略性新兴产业方面较北上广深等一线城市的竞争力弱。

高质量发展要求服务业更能充分发挥支撑国家战略性新兴产业的作用。图 10－7 是进入新时代北京市从事第三产业的人口规模及其占比变动趋势，从图中可知，在北京建设全国科技创新中心的过程中，从事第三产业的人口规模持续上升，在 2017 年突破了 1 000 万人，2018 年达到 1 010.19 万人。北京作为全国高质量发展的典范城市，又担负起建设全国科技创新中心的历史使命，在高质量发展中北京的经济发展模式将作为样板在全国推广。北京的例子充分说明发展战略性新兴产业需要一个充分发展的现代服务业作为支撑，为战略性新兴产业提供必要的成长环境。

北京在建设全国科技创新中心、积极发展战略性新兴产业的同时，服务业从业人员的劳动生产率也在持续上升（见图 10－8）。虽然服务业是劳动密集型产业，在北京服务业从业人员大幅增加的同时仍保持着服务业劳动生产率的显著提升。服务业劳动生产率由 2012 年的 173 646 元/人持续上升至 2018 年的 243 661 元/人，科学技术的进步也显著提高了服务业的劳动生产率，说明服务业高质量发展不仅在规模上对 GDP 有

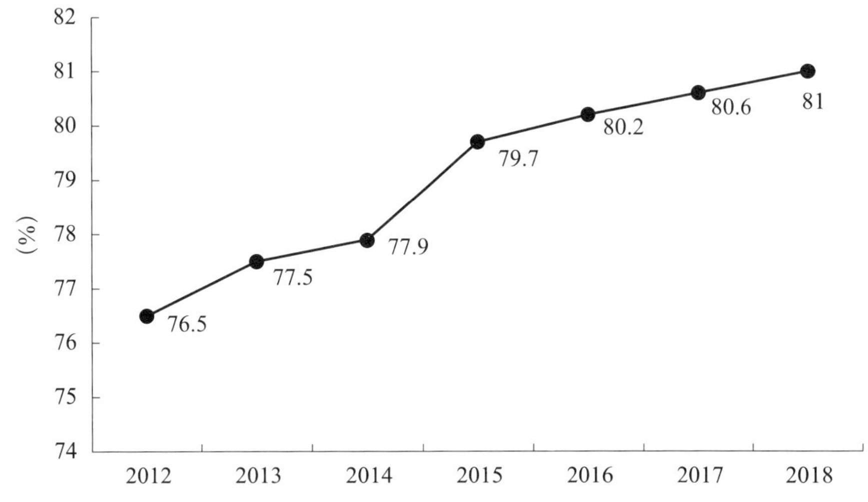

图 10-6　新时代北京市服务业占 GDP 比重变化趋势

资料来源：历年《北京统计年鉴》。

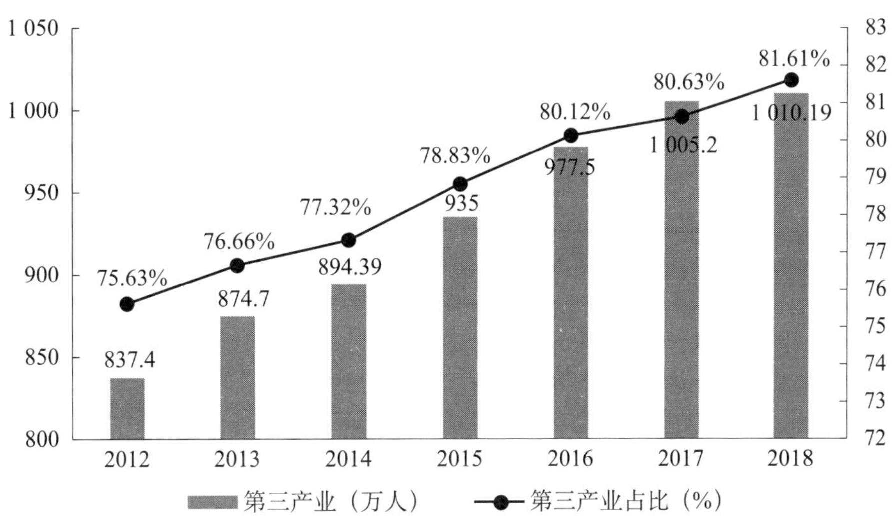

图 10-7　新时代北京第三产业从业人数及占比变动趋势

资料来源：历年《北京统计年鉴》。

拉动作用，而且在效率上也拉动了 GDP 增长。这也佐证了进入新时代以来服务业对 GDP 的贡献率越来越大的趋势。

现代服务业是指随着现代制造业的出现以及人们生活方式的变化而发展起来的服务业。如金融服务、商务服务、市场营销服务、研发设计服务、信息服务、交通运输服务等行业。现代服务业具备技术含量高、规模经济显著、劳动生产率提高快等特点，现代服务业的发展能显著提高经济效率，提升劳动生产率。以深圳为例，在 2018 年深圳市战略性新兴产业实现增加值 9 155.18 亿元，其中新一代信息技术和数字经济分别

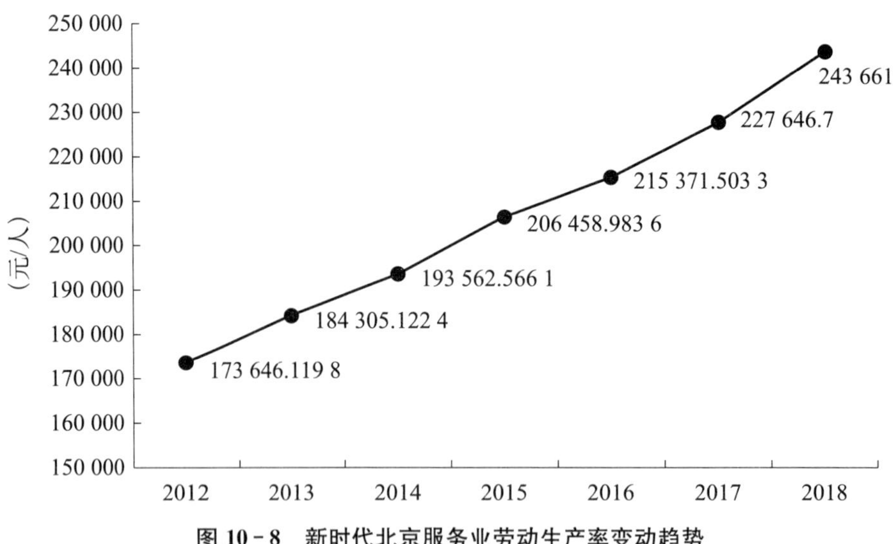

图 10-8　新时代北京服务业劳动生产率变动趋势

资料来源：历年《北京统计年鉴》。

达到 4 772.02 亿元、1 240.73 亿元（见图 10-9）。深圳的战略性新兴产业保持了高速增长，在 2018 年增速达 9.1%，其中，新一代信息技术和数字经济的增速分别为 10.9%和 3.8%，是深圳最为重要的战略性新兴产业。由于这些战略性新兴产业是知识密集型的行业，需要较高的人力资本，因此人力资本集聚则成为战略性新兴产业发展的先决条件。现代服务业的发展能够便利人们的生产和生活，是加速优势人力资本集聚的主要动力。

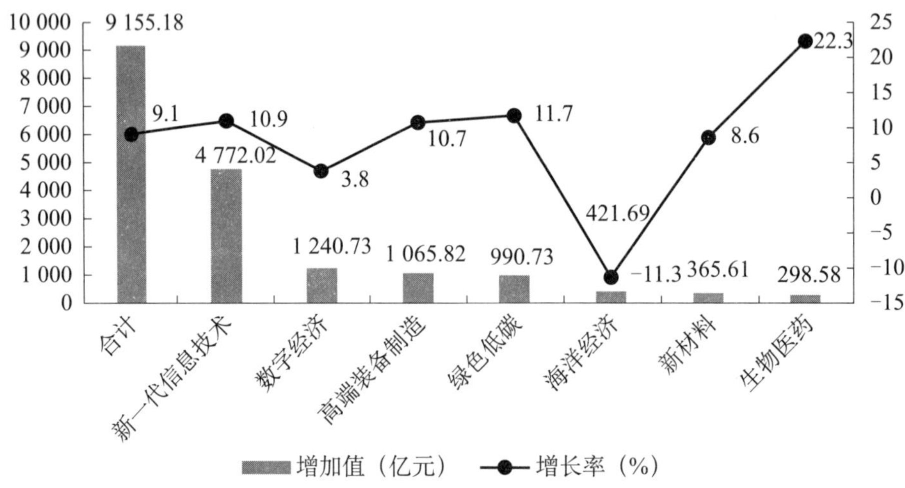

图 10-9　2018 年深圳市战略性新兴产业发展情况

资料来源：历年《深圳统计年鉴》。

近年来，深圳的高速发展得益于新一代科技革命的发展，战略性新兴产业取得了长足发展，创新创业文化氛围浓厚。进入新时代，深圳根据战略产业发展的需要，积极提升现代服务业质量。深圳市第三产业占 GDP 的比重持续上升，从 2014 年的 56.1%上升至 2018 年的 58.8%（见图 10－10）；深圳几乎没有第一产业，深圳传统的优势产业制造业正在谋求更大的转型升级，这些都需要有一个强大的现代服务业支撑制造业转型升级。

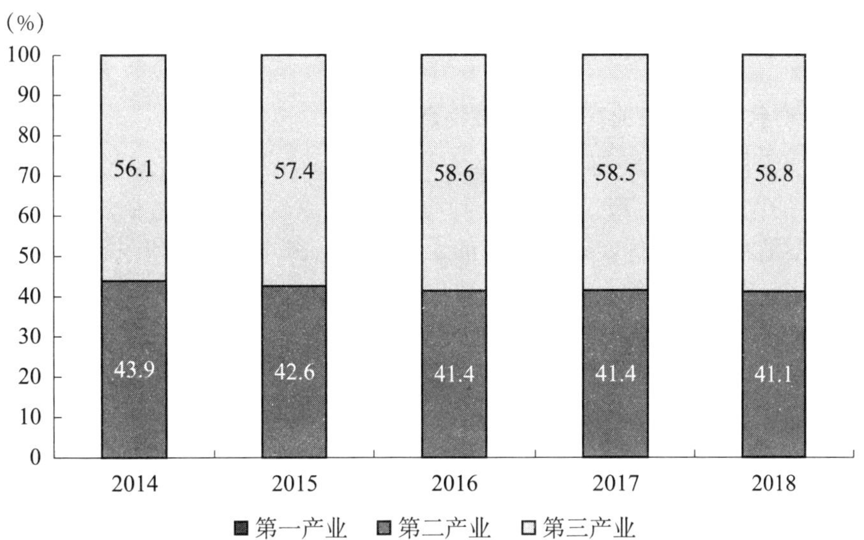

图 10－10　新时代深圳市三次产业结构占比变动趋势

资料来源：历年《深圳统计年鉴》。

从三次产业增长率的角度来看，进入新时代深圳第三产业的增速总体快于第二产业，第三产业在深圳地区经济发展中的作用越来越大（见图 10－11）。服务业发展规模不断壮大的同时，其内部结构也在发生变化，由传统的劳动密集型转向资本密集型，并继续进一步向知识、技术密集型转变。生产要素也不再只有土地、劳动力、资本等传统

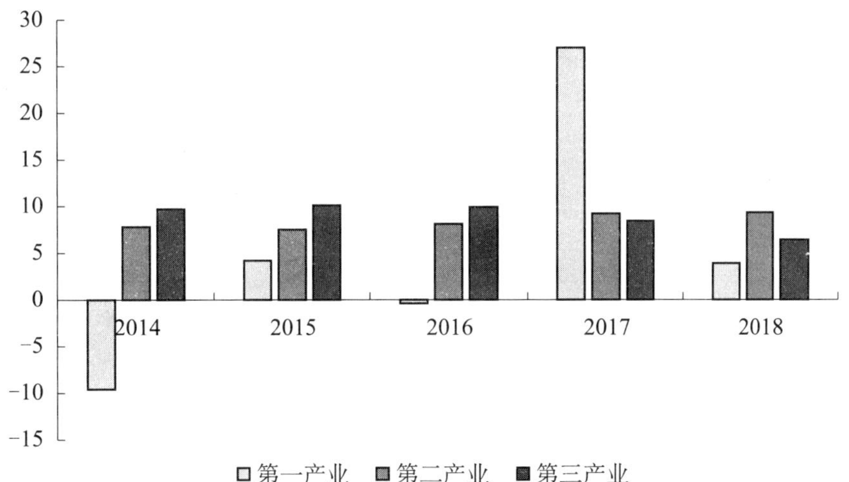

图 10－11　新时代深圳市三次产业增长率

资料来源：历年《深圳统计年鉴》。

要素，数字、信息、知识、技术等要素正在发挥越来越重要的作用。在中国经济发展进入新常态后，作为国民经济主体的服务业将成为经济发展主要推动力，助推战略性新兴产业发展。

二、高质量发展对区域服务业的影响

（一）新时代我国服务业高质量发展特点及趋势

服务业作为拉动我国经济增长的第一大产业，到2020年市场规模将超过50万亿元，占GDP的比重可能达到55%～60%，基本形成以现代服务业为主导的产业结构。但供给总量不足、质量不优、效率不高的矛盾仍比较突出。我国研发设计等生产性服务业发展滞后，生活性服务业有需求但缺供给，更缺乏高质量供给。进入新时代，服务业也正在补齐这些发展短板，现代服务业正在朝着多元化、高端型、创新型的服务经济的模式发展，普遍呈现以金融、商业服务、科研发展等为龙头，以旅游、文旅为新增长点的趋势。

根据世界各国产业发展的一般规律，随着经济水平发展的提高，服务业占比越来越大，这种规律被总结为配第-克拉克定律：随着经济发展和人均国民收入水平的提高，劳动力呈现首先由第一产业向第二产业转移，然后向第三产业转移的演进趋势。从我国的经济发展历程来看，我国的产业结构变动也符合配第-克拉克定律（见图10-12）。改革开放以来，我国从事第一产业生产活动的人口持续下降；从事第二产业生产活动的人口先上升，达到一定比例以后开始呈现下降的趋势；从事第三产业生产活动的人口则表现出持续上升的趋势。因此，随着经济发展水平的提高，从事服务业的人口占比会持续上升是世界各国经济发展的一般规律。

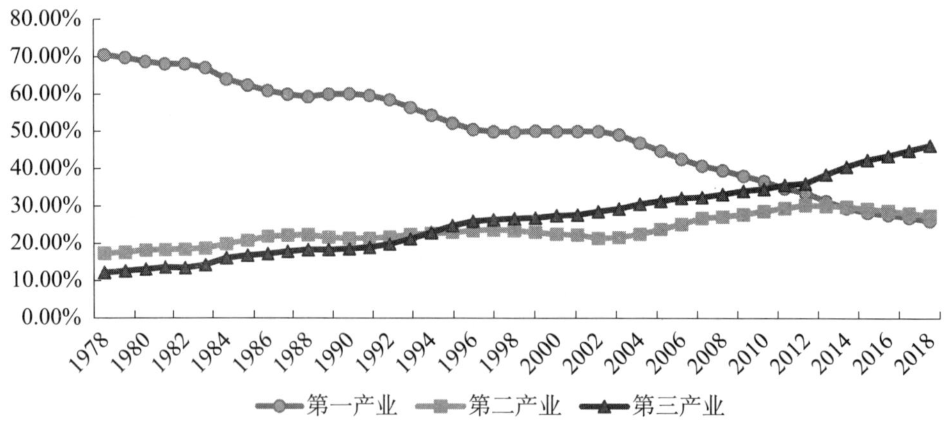

图10-12 我国三次产业从业人口占比的变化趋势

资料来源：历年《中国统计年鉴》。

我国在服务业发展中具有规模优势和竞争优势。我国在人口规模、经济体量、互联网技术创新、移动终端普及程度等方面具有独特优势，因此在网络时代的服务全球化发展中，有显著的规模经济优势，并将形成较强的全球竞争力。随着网络时代的来临，我国在互联网技术以及互联网产业发展方面的优势更加凸显。

进入新时代，我国经济发展水平迈上新的台阶，服务业占比持续上升，我国服务业进入高质量发展关键期。我国第三产业从业人口占比从 2012 年的 36.10％上升到 2018 年的 46.32％；与此同时第二产业从业人员占比从 2012 年的 30.30％下降到 2018 年的 27.57％（见图 10－13）；服务业就业人数占全社会就业人数比重快速提升，服务业正在成为劳动就业的主要渠道。高质量发展要求服务业占比适当提升到一定的比例，更好地发挥服务业在促进创新和技术进步中的作用，加速现代科学技术的产生与应用。现代服务业发展更加依赖知识、创新、人力资源等要素和无形资产的作用，需要更加有效的要素配置方式和制度安排，以促进其创新发展、快速发展。因此，现代服务业发展有更高层次的制度需求，更加需要制度创新和健全的市场机制，高质量发展的理念要求提升制度供给质量和创新环境，这些制度和环境因素都明显有利于现代服务业的发展，因此高质量发展对现代服务业的迅速成长壮大具有巨大的推动作用。

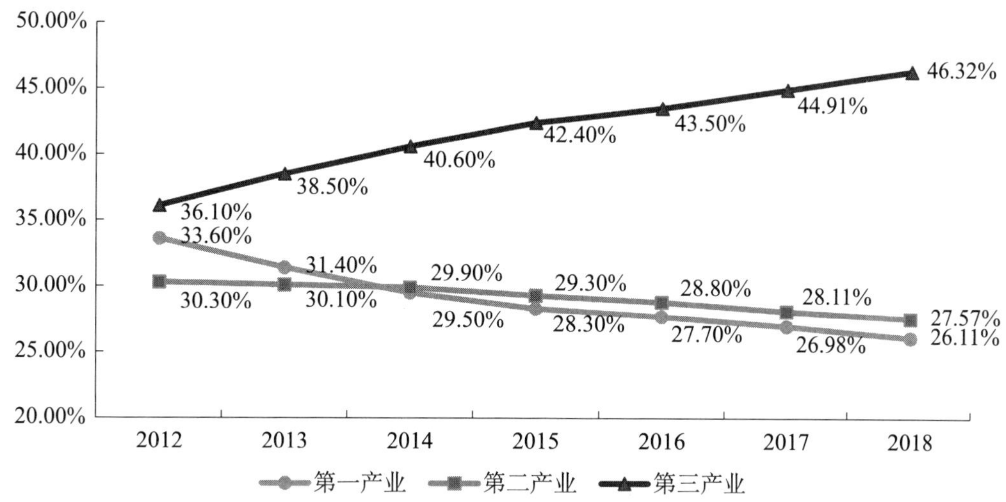

图 10－13 进入新时代我国三次产业从业人口占比变化趋势

资料来源：历年《中国统计年鉴》。

虽然服务业成为我国国民经济结构中占比最大的一个行业，然而整体而言我国服务业的劳动生产率增长相对滞后，据相关研究表明除科学研究和综合技术服务业外的 9 个服务部门的劳动生产率均表现出不同程度的增长滞后。服务业劳动生产率相对滞后的现状将受益于高质量发展的理念，服务业的高质量发展能满足人民日益增长的美好生活需要。主要体现为服务业发展能有效地适应、创造和引领市场需求。新时代的服务业将高质量作为确定发展思路、制定各项政策的根本要求，以服务业提质增效为着力点，更多运用改革、开放、创新的办法，使服务业发展跃上一个新台阶，以此加快发展方式转变、经济结构优化和增长动力转换。

（二）高质量发展理念对现代服务业的推动作用

“十四五”时期我国服务业的主导地位将进一步巩固，服务经济的时代特征将更加显著。我国服务业正处在转型升级的关键时期，要实现高质量发展这一重大目标，需要综合施策，协同推进，在充分发挥市场机制决定性作用的基础上合理运用政府政策，推动服务业在数字化、平台化、智能化、融合化和标准化等关键环节率先突破。把“高质量”作为确定发展思路、制定各项政策的根本要求和着力点，加快服务业创新驱动和新动能培育，增强生产性服务业对制造业和农业的全产业链支撑，提升生活性服务业品质和消费满意度，深化服务业高水平全面开放，从而推动服务业发展跃上新台阶。

新一轮科技革命和产业变革正在孕育兴起，新兴技术对现代服务业的影响速度越来越快，范围越来越大，未来现代服务业的平台性、跨界性、共享性、体验性等趋势越来越明显。我国服务业正处于转型升级的关键时期，面临各种类型的高质量发展困难，其中基础理论和共性关键技术一直是我国现代服务业发展的薄弱环节，导致我国服务业领域技术原创性、发展引领性不足，创新平台支撑不够，技术水平不高，服务效率和效益仍然较低，特别是创新商业模式和标准规范制定方面相比国际先进水平差距较大，严重制约了我国现代服务业企业综合竞争力的提升。符合高质量发展理念的现代服务业发展应该从服务业的最基础开始，重点针对现代服务业发展新趋势、新热点中的共性技术问题，抢抓新一代科技革命前沿阵地，通过科学技术创新提升服务业质量。

创新是服务业发展的新动能，带动了服务业新领域和新业态的不断涌现，增加了服务新供给，刺激了服务新需求，是服务业不断成长的重要动因。我国实施创新驱动的发展战略，技术进步是服务创新不断突破的根本原因。在新一代信息技术驱动下，我国制造业和服务业的数字化、网络化、智能化水平都在不断攀升。新一代信息技术，如大数据、人工智能、移动互联网、云计算等全面嵌入制造业和服务业领域，打破了传统封闭式的制造流程和服务业业态，促进了制造业和服务业在产业链上的融合，使得产业边界逐渐模糊。“服务工业化”和“工业服务化”两种趋势同时存在，推动了先进制造业和现代服务业的互相渗透，推动了生产方式、服务方式、生活方式的技术创新、业态创新和商业模式创新，提升了服务业的生产率和竞争力。

根据科技革命的发展趋势和我国产业结构的特点，应重点推进三类服务业高质量发展。第一类是生产性服务业，这类产业要突出高技术、创新型服务发展，尤其是一些新技术、新模式、新业态的新服务发展，如互联网、物联网、区块链、人工智能等新技术会创造一系列新服务。第二类是旅游、文化、健康养老、现代供应链、新零售，以及餐饮、美容美发等生活性服务业，强调服务的质量以及服务消费的便利化。第三类是社会性服务业，如教育、医疗等公共服务，强调公共性、普惠性。随着我国经济发展水平的提高，人民群众的物质生活条件也在不断改善，对公共服务业的需求也在快速增加。公共服务部门增长较快，科技、教育、卫生、文化等部门占 GDP 的比重持续上升，高质量发展就是需要解决人民群众对美好生活的向往与不平衡不充分发展的矛盾，进入新时代需要补齐发展短板，公共服务部门的占比上升是充分发展的必然要求。

（三）科学技术进步引领服务业高质量发展

由于信息革命的推动，使得劳动者和服务能够实现分离，极大地扩大了资源在空间上的配置效率，消费者全国选用服务使得服务消费全国化。由于我国高度统一的超大规模市场，使跨地区服务企业可以采用标准化的技术给全国客户提供同样的服务。在网络支付时代，支付宝、微信支付等服务遍及全球。高科技与服务业的融合发展使得服务业成为发展的“新高地”。科技进步引发新需求，催生服务业新业态。大数据、云计算、物联网向生产、消费领域不断渗透，“互联网＋”“人工智能＋”成为我国服务业发展的新生力量和标志性产品。实现服务业与其他业态高度融合发展，促进行业结构优化，是当前乃至今后一段时期经济结构优化升级的重中之重。服务业高质量发展，应该打破传统的区域格局，打造紧密协作的发展链条，形成共赢的产业升级新格局，从更高维度辐射全省各个产业。

现代服务业正在强有力推动经济转型升级。随着经济不断发展，现代服务业成为经济增长的新引擎和新动力。根据商务部数据显示，2018 年，我国服务进出口规模创历史新高，结构持续优化，质量明显提升。全年服务进出口总额 52 402 亿元，比上年增长 11.5％。其中，服务出口 17 658 亿元，增长 14.6％；服务进口 34 744 亿元，增长 10.0％。据测算，我国全年服务进出口规模将连续 5 年保持世界第二位。新兴服务业具有高知识密集、高技术含量、高附加值等特征，成为我国经济社会转型发展的强大动力。

伴随着信息革命的到来，服务业新产业、新业态、新模式不断涌现。基于大数据、云计算、人工智能、物联网等新一代信息技术在服务领域深度应用，现代服务业与传统服务业、制造业不断分化融合，重构企业价值链、产业链、产业间价值链而形成新兴组织形态。新技术的运用提升了服务业数字化、智能化发展水平，引导传统服务企业改造升级，智慧物流、服务外包、医养结合、远程医疗、远程教育等新业态不断发展，平台经济、共享经济、体验经济等新模式有序发展，不断拓展消费渠道。

第二节　服务业对区域产业布局的影响

一、现代服务业对经济空间格局的塑造

产业布局的合理性对区域优势的发挥和经济的可持续增长起着至关重要的作用，从农业经济到工业经济再到服务经济是人类经济社会发展的普遍规律。首先，信息技术的发展，使各种与信息生产加工相关的服务不仅可以远距离提供，而且成本极低。这部分服务具备“可存储”“可贸易”等新特点，使得服务业的贸易空间极大地扩展。大量服务通过网络空间跨境提供，极大地提高了服务业特别是网络空间服务业的生产效率。其次，交通运输技术和通信技术的发展，降低了运输成本，使远距离提供服务的成本显著下降，也快速推动了服务业的空间格局变化；服务中间需求即生产者服务增加，这部分服务可贸易性相对较强，如信息、金融、物流、商务服务等中间服务在

世界服务贸易总额中的比重超过2/3。网络时代的服务业生产率和全球化水平显著提高，有些领域甚至超出现代制造业的水平。例如，网络上的视频节目和文字信息可以极低的成本复制无数次，规模经济极为显著，效益递增几乎没有边界，任何制造业产品都无法与之相比。

在科学技术迅猛发展的环境下所形成的现代服务业，已经对传统贸易理论关于现实经济格局的解释形成挑战。传统的要素禀赋理论认为，不同地区之间商品相对价格的不同是发生贸易的基础，这个差价源于各地区生产要素比较优势差异。在信息革命催生现代服务业高速发展的当代，传统的要素禀赋理论面临挑战。进入信息时代，即使劳动力仍然没有大规模流动，但其提供的劳务却可以无障碍地大规模远距离提供，极大地减小了服务的交易成本，迅速缩小了不同地区的服务差价，使得有服务优势的地区能够将其提供的服务扩展全国甚至全球。从这个角度看，现代服务业的发展使得经济活动的空间集聚程度更高，空间集聚的专业化程度更深。例如，通过网络听音乐、看视频，本国听众和外国听众都能享受到低价优质的文化服务。因此，对那些能够在网络空间提供的服务来说，传统理论的解释力下降，现代服务业对空间活动的集聚活动正在加强。在零售业，京东、天猫等网上大型超市在全国范围内调配资源，使得各地小型超市的生存空间被极度压缩，在信息技术加持下的服务业提升了经济活动的空间集中程度并且使得服务业的专业化水平急剧上升。

现代服务业也正在加速优化空间布局。通过政府引导围绕京津冀协同发展、粤港澳大湾区建设、海南全面深化改革开放、长江三角洲区域一体化发展等国家发展战略，将北京、上海等国际化大都市建设成国际型、国家级的现代服务经济中心，形成服务业高质量发展新高地。高端服务业向北京、上海等国际化大都市集聚，北京、上海等一线城市在服务业发展方面具有比较优势。2018年北京服务业占经济比重超过80%，服务业基础实力雄厚；其次是上海，服务业占经济的比重超过70%，在发展现代服务业方面优势突出（见图10-14）。北京和上海的服务业占比远超全国的平均水平。在信息革命的推动下，北京和上海在服务业方面的优势会被加强，使得全国高端服务业向北京和上海等一线城市的集聚趋势持续加强。为了应对这种趋势，应推动城市群和都市圈公共服务均等化和要素市场一体化，构建城市群和都市圈服务网络，促进服务业联动发展和协同创新，将北京、上海等一线城市打造成为区域服务业发展新枢纽。强化中小城市服务功能，打造一批服务业特色小镇，形成服务周边、带动农村的新支点。完善海洋服务基础设施，积极发展海洋物流、海洋旅游、海洋信息服务、海洋工程咨询、涉海金融、涉海商务等，构建具有国际竞争力的海洋服务体系。

服务业的发展渗透性强，它的发展不是孤立的，而是强调与农业、工业等融合互动发展，在融合互动中既做大做强服务业自身，也促进相关产业的发展。网络和信息技术从根本上改变了传统服务业的低效率和不可贸易性，极大地扩展了服务的空间范围，使服务全国化的推动力大大加强，其中以零售行业最为典型。全国网上零售业保持高速增长的势头，根据可获得的统计数据，2015年全国网上零售总额达38 773.2亿元，增速高达33.3%；此后一直保持20%以上的增速，增速远高于同期地区生产总值

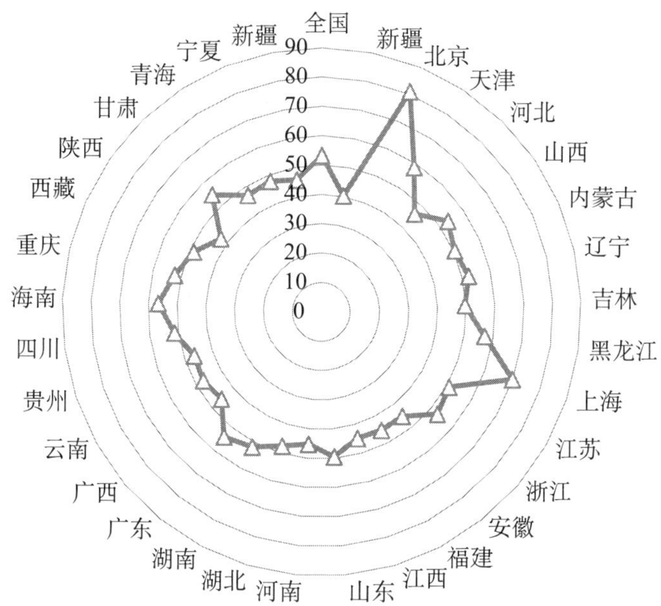

图 10－14　全国各省市 2018 年服务业发展情况对比

的增速，至 2019 年网上零售额达到 106 324.2 亿元（见图 10－15）。网上零售总额的高速增长，说明现代服务业在更大空间范围配置资源的作用正在凸显，服务业能够在全国范围内统一调度资源，提高资源配置效率，从而也使经济活动的范围扩展。

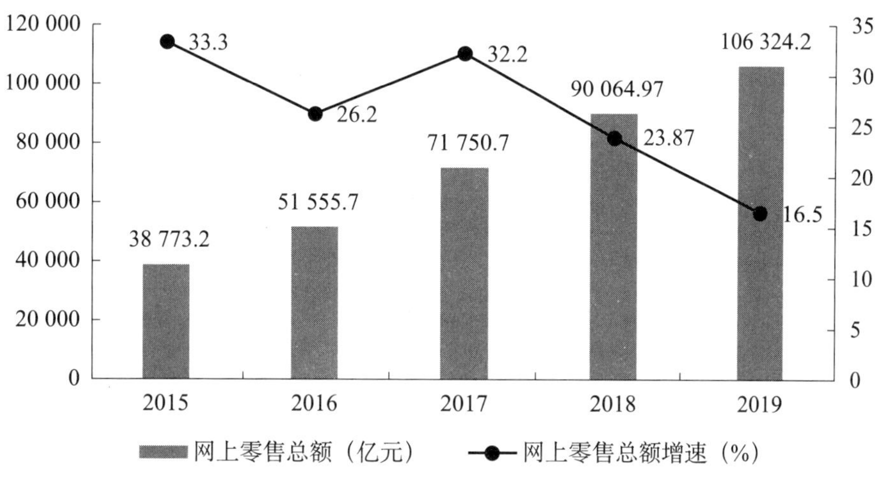

图 10－15　网上零售业发展近况

由于网上零售在空间范围内的资源配置效率高于传统零售的资源配置效率，网上零售总额占社会消费品零售总额的比重持续上升。网上零售总额占比由 2015 年的 12.88%持续上升到 2019 年的 25.83%；在此期间网上零售总额的增长规模远大于社会消费品零售总额（见图 10－16）。网上零售总额增速始终高于社会消费品零售总额的增速，至 2019 年，网上零售总额增速为 16.5%，而社会消费品零售总额增速仅为 8%

(见图 10－17)。网上零售不仅便利了普通百姓的生活，也加速了商品销售的流动速度和效率，是服务业促进经济转型升级的典型代表模式之一。

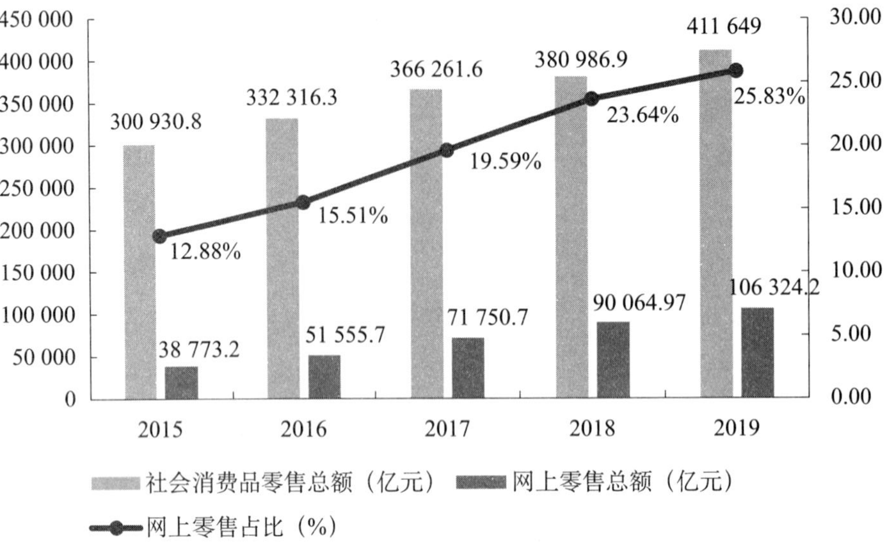

图 10－16　网上零售总额占比变化趋势

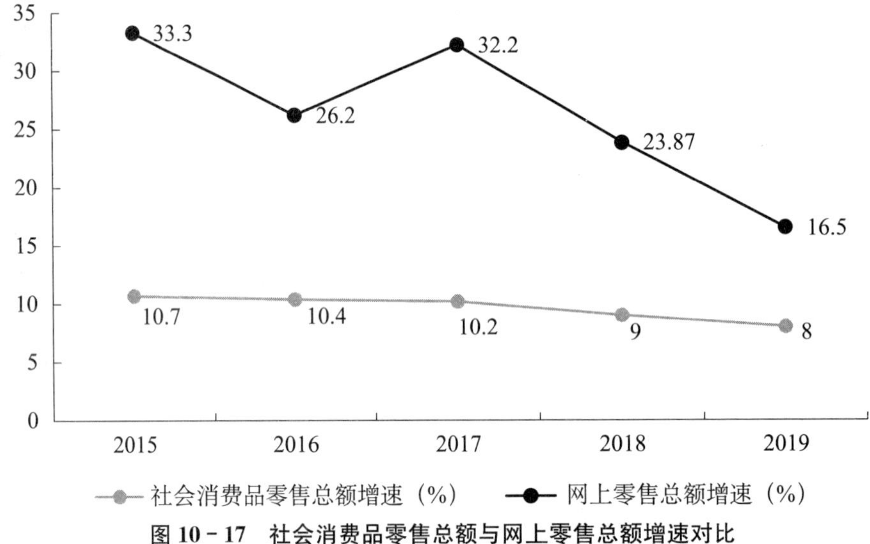

图 10－17　社会消费品零售总额与网上零售总额增速对比

在对外贸易方面，我国的对外贸易以加工贸易为主，服务贸易发展相对滞后。信息技术改变了服务业难以跨境交易的困境，我国服务业也在日新月异地快速发展。这些因素客观上推进了我国服务贸易的快速增长和结构优化，正成为国际服务贸易的新生力量，使我国已经连续多年稳居世界服务贸易第二大国。据不完全统计，“十三五”以来我国服务贸易平均增速高于全球平均水平，2018 年服务贸易进出口额达到了 52 400 亿元，同比增长了 11.5%，已经连续 5 年位居世界第二。其中，知识和技术密集型服务贸易稳步增长，2018 年我国知识密集型服务进出口额约为 17 000 亿元，同比增长了 20.7%，占服务贸易进出口比重达到 32.4%，比上年提升了 2.5 个百分点。早在 2011 年服务业就成为我国利用外资的第一大产业，近年来服务业利用外资占比迅速提升，始终稳定在 60%以上。外资对服务业发展和结构升级起到了重要推动作用，利用外资名副其实地进入了“服务经济时代”。我国对外贸易中服务贸易额的巨大变化说明服务业不仅影响国内空间经济活动的布局，同时还影响世界经济活动的布局，我国将深度参与世界服务业的专业分工，不断提升服务业附加值。

二、现代服务业对传统产业的再造

每一次技术的革命将促使生产力极大的解放，从第一次的蒸汽技术革命、第二次的电力技术革命、第三次的计算机及信息技术革命，再到即将到来的以人工智能、清洁能源、机器人技术、量子信息技术、虚拟现实以及生物技术为主的第四次工业革命，根据著名经济学家熊彼特的创造性破坏理论，每一次科技革命都将对传统行业产生颠覆性改变。随着收入水平的提高和消费结构的变化，人们对公共服务业的需求越来越大，这必将导致社会事业的经济功能明显增强，市场化、产业化发展日益重要。随着产业升级和竞争加剧，农业和制造业对新增中间服务投入的需求快速增加。发展服务业尤其是生产性服务业，对做大做强制造业、带动现代农业发展具有重要支撑作用。加快发展生产性服务业，重点是要做大做强软件及信息技术服务业，优化提升现代物流业，做特做优现代金融业，培育壮大高端服务业，创新发展现代会展业。

（一）现代服务业对农业的影响

农业是国民经济的基础，也是现代化经济体系的重要组成部分。中国经济要行稳致远，必须有坚实的现代农业。农业稳，是经济社会其他方面稳的基础。对于我国这样人口众多的发展中大国而言，粮食安全是最基本的安全保障，农业持续健康发展是保障粮食安全的重要前提。当前我国正在促进农业现代化，现代农业是一个大农业的概念，实现农业现代化，不能仅是简单的种植业和畜牧业，还要特别关注农业生产之前、生产过程中和生产以后的服务问题，这基本上属于服务业的范畴。发达国家的经验和我国近年来农业发展的实践表明，大力发展服务于农业的服务业，建立农业产业化服务体系，是实现农业现代化、低碳绿色发展的有效手段。强大、高效、高附加值的现代化农业，离不开包括农村金融、农业科技、涉农物流、动植物疫病防控、农产品质量安全监管、农村劳动力培训、农机租赁等为农服务产业的高质量发展。

世界各国的农业发展历程表明，农业现代化是实现农业可持续发展和提升农业附加值的必由之路。农业的根本出路在于实现一二三产业的融合发展，其中发展农业生产性服务业尤为重要。农业是我国农村地区的主导产业，农业生产性服务业在农村生产性服务业中占据举足轻重的地位，成为农业和服务业融合发展的关键所在。我国早在《服务业发展“十二五”规划》中就明确提出了“加快发展农村生产性服务业”的要求；又在《“十三五”现代服务业发展规划》中提出“加快构建和完善以生产销售服务、科技服务、信息服务和金融服务为主体的农村社会化服务体系”。生产性服务的投入能够推动生产向规模经济和更高的效率发展。发达国家的农业生产实践表明，生产性服务的大量使用不仅能够提高农业生产效率，还能提升服务业的高质量发展。

目前，我国农业生产性服务投入量明显不足，我国农业生产的社会化程度和专业化程度非常低，我国高层次人才主要向城市聚集，导致农村生产性服务业的高层次、专业化人才非常少。农村生产性服务业的从业人员也面临短缺问题。未来乡村振兴战略致力于发展农业生产性服务业以提升农业劳动生产率。

（二）现代服务业对制造业的影响

在 2018 年底召开的中央经济工作会议明确了 2019 年经济工作的七大任务，第一条就是“推动制造业高质量发展”，强调“要推动先进制造业和现代服务业深度融合”。强大的制造业是国民经济持续高效运转的根本，是中国经济行稳致远的“根基”。在信息革命的时代背景下，自主创新、产业升级是制造业高质量发展的必然选择。制造业高质量发展，不仅要加强制造业自身的自主创新和科技应用水平，也要借助现代服务业特别是知识密集型服务业，推进制造业与现代服务业深度融合和互促互动，向服务型制造和柔性制造转型。现代服务业已经成为制造业转型升级的重要支撑，现代制造业与服务业的深度融合既做大做强了制造业，也为现代服务业创造了新的发展空间。

在制造业转型升级方面，深圳市走在全国前列。深圳曾是制造业强市，具有制造业优势，进入新时代深圳不断提升服务业支撑制造业转型升级的水平，服务业从业人员占比持续上升。深圳服务业从业人员占比由 2013 年的 34.92%上升到 2018 年的 45.97%（见图 10－18）。由于高端制造业需要强大的服务业支撑，未来深圳服务业从业人员占比仍将保持持续上升的趋势。

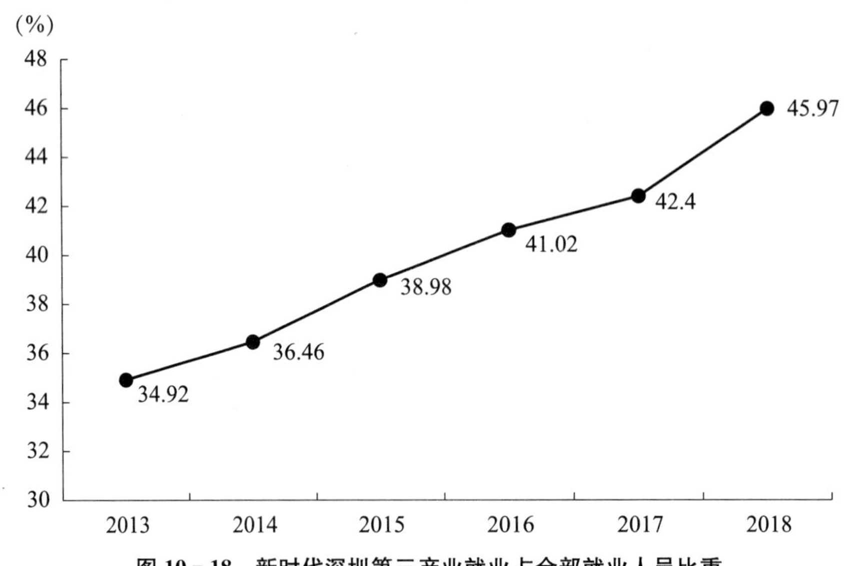

图 10－18　新时代深圳第三产业就业占全部就业人员比重

资料来源：历年《深圳统计年鉴》。

服务供给从制造业中分离出来，能够提高专业化分工水平和提高生产率。尤其是生产性服务业是从制造业内部分离出来的，以金融服务、信息服务、研发及科技服务等为主导产业，具有知识密集、技术密集、信息密集、人才密集的特点。服务业尤其是知识、技术和人力资本密集型服务业不仅是现代经济体系中重要的实体经济，更是工业生产高级化的表现形式和必然要求。采用数字技术使一些传统服务业的性质也发生变化。例如，音像制品将音乐会等无形服务过程变为有形制品，生产和消费可以异时异地，可以储存和进行贸易。近些年数字经济的发展再次改变了部分服务的特性，服务可以随时随地消费。随着信息技术的发展、全球分工的加快和服务外包的出现，生产性服务业不仅开始在都市区集聚，而且其集聚程度更是远超制造业。制造业的发展离不开生产链上服务业的全程投入，这里既包括上游的研发、市场调研和员工培训等服务，也包括中游的质量控制、设备租赁和原材料运输等环节，更包括下游的销售、运输和售后等基本服务。在产业体系中，生产性服务业的主要作用在于为工业生产提供服务，其本身具有创新性强、产业融合度高等优点，目前已成为全球产业竞争的战略制高点。例如，深圳市积极抢占战略性新兴产业制高点，持续转型升级制造业，早在 20 世纪初就提出“腾笼换鸟”的产业升级理念。进入新世纪，由于现代制造业对服务业发展具有依赖性，深圳的服务业现代化也迅速推进，服务业增加值占地区生产总值的比重也在不断上升。深圳市 2012 年服务业增加值占 GDP 的比重为 55.65%，到 2016 年上升到峰值 60.65%，2018 年达到 58.78%（见图 10－19）。总体而言，呈现上升趋势，深圳制造业和服务业的融合发展，提升服务业在经济结构的比重是经济规律使然，是经济发展到一定阶段所呈现的结果。

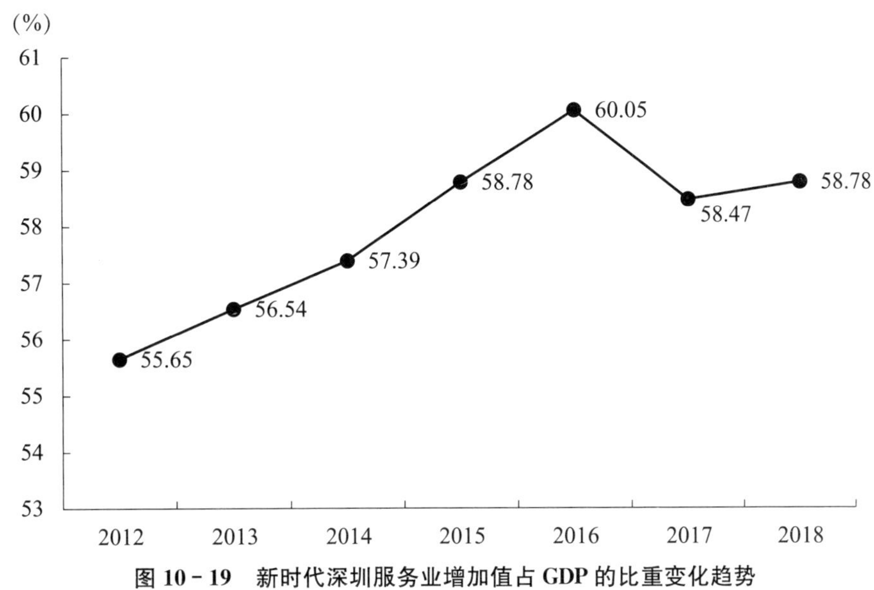

图 10－19　新时代深圳服务业增加值占 GDP 的比重变化趋势

生产性服务是服务业和制造业融合互动的关键节点，随着新一轮科学技术的不断进步和广泛应用，制造业和服务业都在突破传统的单一产业特征，正在越来越多地互动与融合，彼此影响，互为支撑。这种融合互促主要表现为服务型制造和制造服务化。“十三五”时期，我国出台了许多文件以推动制造业和服务业“两业融合”，地方政府和产业园区也在积极推进这项工作，并在制造服务化和服务型制造方面取得了初步的突破。积极推进信息化与工业化的深度融合，提高制造的智能化和数字化水平，实现高起点和高质量的“两业融合”。2019 年国家发展改革委等 15 部门联合印发《关于推动先进制造业和现代服务业深度融合发展的实施意见》，在培育融合发展新业态新模式、探索重点行业重点领域融合发展新路径方面提供了方向。2014 年，国务院《关于加快发展生产性服务业、促进产业结构调整升级的指导意见》指出：“适应中国特色新型工业化、信息化、城镇化、农业现代化发展趋势，因地制宜引导生产性服务业在中心城市、制造业集中区域、现代农业产业基地以及有条件的城镇等区域集聚”，从国家层面上认可生产性服务业对现代制造业的巨大促进作用。依托生产性服务业的有效集聚，带动中国制造业在全球价值链治理体系下向中高端跃升，将为促进由生产型制造向服务型制造转型、实现经济增长模式从效率驱动向创新驱动转变发挥决定性作用。

当前全球产业结构由“工业型经济”向“服务型经济”加速转型。“十三五”期间我国服务业增加值占 GDP 的比重也从 50%左右上升到 60%左右。各类服务创新促进了资源配置的优化，服务业与制造业之间的融合日益加深。制造企业由单纯提供产品转变为提供产品和服务，乃至整套服务解决方案；掌握核心技术或业务的服务企业，通过集成平台连接上下游企业，扮演产业链资源整合的角色。服务业制造化与制造业服务化同步发展，推动了产业链水平的新提升，服务业产业链向制造业延伸。

（三）旅游业对区域经济发展的促进作用

旅游业是一个新兴产业，被欧美发达国家称为“无烟的工业”。在中国，旅游业也是一个庞大的产业。根据官方的统计数据，2015 年全国旅游业总收入达 41 300 亿元，带动直接就业人口 2 798 万。随着人们生活水平的提高，外出旅游成为人们日常休闲娱乐的重要方式之一，各地旅游业蓬勃发展，旅游业对部分地方经济产生了重要影响，旅游业越来越成为国民经济的重要产业之一。海南、云南等地还针对旅游业制定了专门的发展规划以促进区域经济的发展。例如，《海南省旅游发展总体规划（2017—2030)》指出：“强化旅游业与一二三产业深度融合，带动当地经济发展。”

随着收入水平的不断提高，人们对旅游服务的需求也在快速增加。图 10 - 20 反映了全国国内旅游收入及增长情况。从图中我们可以看到，进入新时代以来我国国内旅游收入实现了持续的高速增长，其增速明显高于全国地区生产总值的增速。由于旅游业是环境友好型的高端服务业，因此全国各个地区在实现经济转型升级的过程中，都比较注重旅游业的发展，部分旅游业资源丰富的地区甚至将旅游业作为区域经济发展的主导产业，通过旅游业的发展带动区域经济发展。

在全国各省份中，海南以独特的旅游资源和旅游业发展政策，成为以旅游业带动区域经济发展的典型代表。2010 年国务院印发实施了《关于推进海南国际旅游岛建设发展的若干意见》，明确提出建设海南国际旅游岛，将旅游业作为海南省的主导产业发展以促进海南地区的经济发展，实现了海南省旅游业的高速发展。海南省旅游收入和旅游收

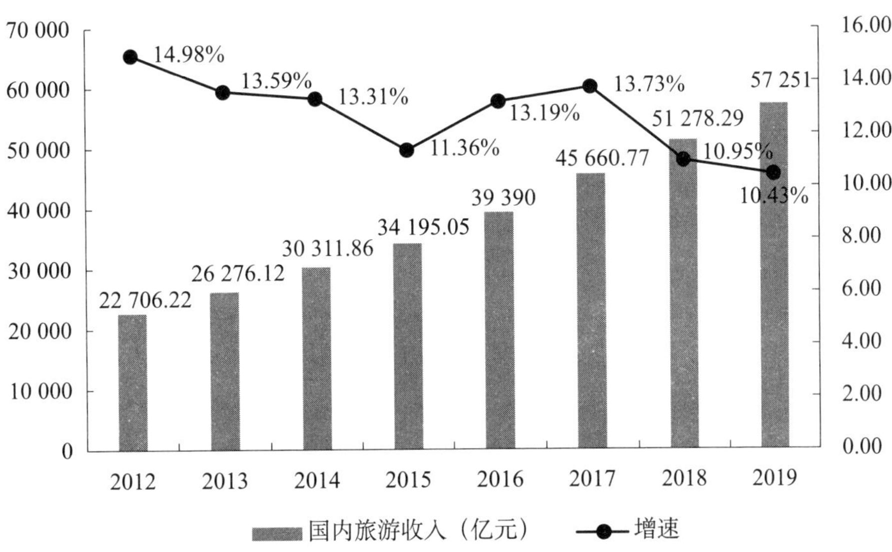

图 10－20　新时代国内旅游业收入及增速变化趋势

入占 GDP 比重都持续稳步上升（见图 10－21），旅游业成为海南省的主导产业，是助推海南省高质量发展的重要产业。

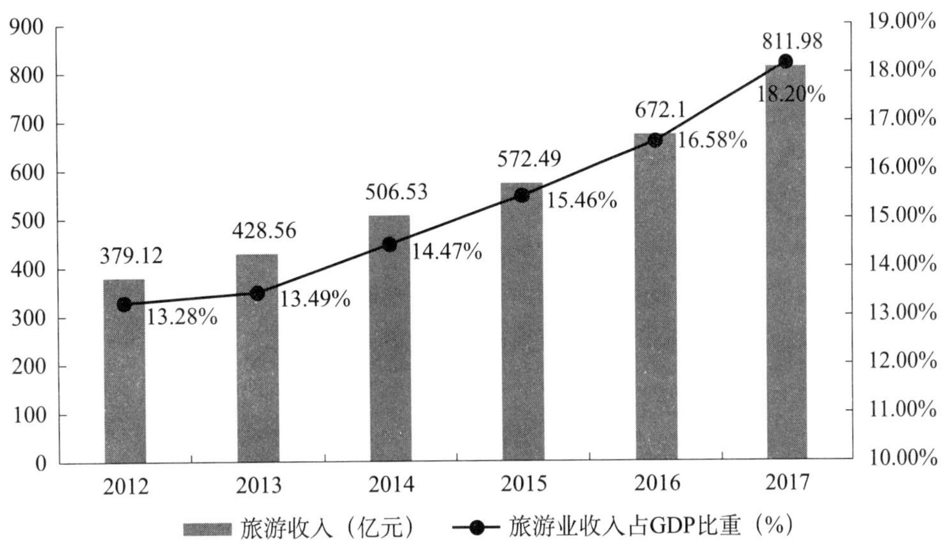

图 10－21　海南省旅游业发展趋势

旅游业是推动高质量发展、创造高品质生活的重要领域。经济发达的地区不仅注重研究生产，更注重研究消费环境。例如，浙江省提出要按照“把省域建成大景区”的理念和目标，高标准建设美丽城市，深入开展小城镇环境综合整治，深化美丽乡村建设，使全省城乡面貌实现大变样；苏州市在产业园区建设上，坚持高科技制造、研发、休闲度假“三位一体”，苏州工业园区成为全国首个“国家商务旅游示范区”。

海南以旅游闻名全国，自实施建设国际旅游岛战略以来，海南旅游业在第三产业中的比重不断上升。海南旅游业收入占第三产业增加值的比重由2010年的27.01%上升至2018年的34.73%（见图10－22）。2018年4月，中共中央、国务院发布《关于支持海南全面深化改革开放的指导意见》，赋予海南省创建国际旅游消费中心的战略定位，支持其大力推进旅游消费领域对外开放，积极培育消费新热点，打造业态丰富、品牌聚集、环境舒适、特色鲜明的国际旅游消费胜地，更是给予海南发展旅游业的政策利好。

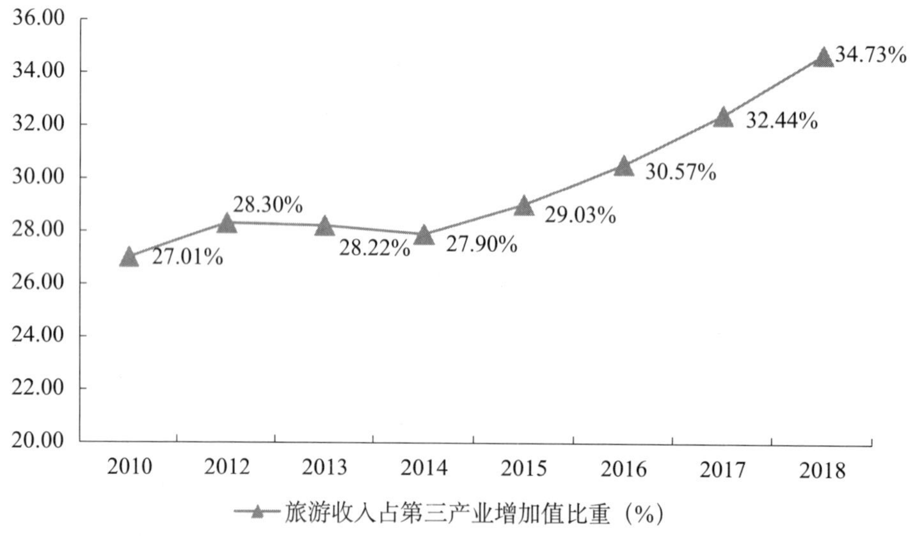

图10－22　海南省旅游业收入占第三产业增加值比重变化趋势图

旅游业是一个综合性产业，具有十分突出的关联带动作用，发挥着带动其他产业发展的核心作用，不仅直接给航空、交通、饭店、餐饮服务、商业网点、景区、景点等带来了客源和市场，而且间接带动和影响了农村和城市建设、加工制造、文化体育等行业的发展。旅游业发展将增加自身在第三产业中的比重，有利于第三产业内部结构的调整；同时还增加了第三产业在整个国民经济中的比重，加快一、二、三产业之间结构的调整，促进我国国民经济健康发展。

三、现代服务业在区域建设现代化产业体系中应该发挥的作用

（一）现代服务业支撑区域经济转型升级

步入工业化后期，服务业占比上升是产业结构升级过程中的普遍规律。目前，中国与美国、德国、日本等发达国家服务业比重相比仍有较大的差距，构建现代化经济体系仍需高度重视和大力发展服务业。研发设计、信息服务、商务服务以及金融保险等人力资本密集型生产服务业是现代服务业发展的生力军，它本质上是技术进步、分工深化以及分工深化引起交易复杂化的必然结果，也是工农业生产效率提高和产业链

升级的表现形式和产业保障。高端和新兴服务业领域加速发展，服务业发展的知识密集、智力密集、技术密集特征更加明显。

服务业包括生产性服务业、消费性服务业、公共性服务业和基础性服务业，其发展水平是衡量现代经济社会发达程度的重要标志。2018 年末，我国服务业法人单位和个体户分别达到 1 716.1 万和 5 563.6 万，较 2013 年增长 111.6%和 80.0%，占新增法人单位和个体户的 82.8%和 82.0%。对经济普查结果进行比较，2004—2008 年、2009—2013 年、2014—2018 年服务业法人单位年均增速分别为 6.7%、10.3%和 16.2%，服务业单位加速发展趋势非常明显。无论从增长速度还是发展结构来看，服务业都已成为我国经济高质量发展的重要引擎。我国服务业依靠科技创新，走出了一条高质量发展之路。随着移动互联网不断发展，数字和智能科技产业在我国快速兴起，网络化、数字化、智能化、产品和价值链的高端化成为推动我国经济转型升级的关键技术。数字和智能科技与经济和社会的融合发展，创造出一系列新产品、新服务、新产业和新业态。

互联网、物联网、大数据、云计算、人工智能等信息技术的突飞猛进不仅丰富了现代服务业内容，更是通过网络效应、规模经济、强大正外部性等为服务业发展注入强大活力，改变了服务业“生产率惰性”特征，这不仅提高了服务业生产率，也带动了整个经济效率的提升。在信息数字经济时代，应高度重视现代服务业发展，大力推进信息、科技和知识密集型服务业与工业、农业以及服务业内部其他行业的深度融合互动，让现代服务业的创新活力转化为经济增长动力。

中国经济要实现集约式发展，必须要推进产业升级，构建现代化经济体系，特别是夯实经济的现代产业基础，这就要求构建生产性服务业高质量发展长效机制。要依靠技术进步和制度创新进一步发展生产性服务业，对标国际标准推进供给侧结构性改革，把生产性服务业与制造业融合发展作为主攻方向，进一步优化营商环境，推动生产性服务业高质量发展。提高服务业发展质量还表现为服务业整体素质和竞争力的提升、服务业效益和可持续发展能力的改善，以及服务业对工业、农业乃至经济社会发展引领支撑带动能力的增强。推进服务业高质量发展，要培育形成一批顺应服务业高质量发展要求的企业或企业家，营造有利于服务业高质量发展的营商环境，培育契合服务业高质量发展要求的产业生态，创新完善包容审慎的服务业监管框架和有利于服务业高质量发展的政策体系。

（二）现代服务业支撑区域经济协调发展

以高速铁路和民用航空为代表的现代交通运输服务业正在加速生产要素的流动，减少生产要素的流动成本，破除阻碍生产要素流动的因素，这有助于加强区域之间的经济联系，缩短区域之间的发展，实现区域之间一体化发展。服务业高质量发展主要体现为服务业发展能够有效适应、创造和引领市场需求，坚持创新、协调、绿色、开放、共享发展理念的系统性、整体性和协同性。衡量一个国家或地区的服务业发展质量，必须考虑服务业发展及其质量的提高与整个社会对服务需求和需求结构变化是否适应，特别是与产业发展和产业结构转型升级对生产性服务业的需求，以及与人民日益增长的美好生活需要对生活性服务业的需求是否吻合，能否实现动态协调。

服务业高质量发展不仅有利于更好地促进城乡区域协调发展与新型工业化、信息化、城镇化、农业现代化同步发展，而且将增强国家硬实力与提升国家软实力有机结合起来，增强服务业乃至经济社会发展的整体性。例如，在培育现代化都市圈的过程中，强化城市间产业分工协作、促进城市功能互补和错位发展，离不开服务业在不同层次不同类型城市间和城乡间的协调布局；推动都市圈中心城市产业高端化发展，加快推动中心城市集聚创新要素，提升经济密度，增强高端服务功能，需要总部经济和现代金融、科技、商务、文化创意等高端服务业的集聚集群、集约发展作为支撑。在现代化都市圈内，在中心城市梯级节点城市镇乡村地区之间，往往存在明显的创新能级梯度差，服务业结构和主导行业的不同是这种创新能级梯度差的重要成因。向都市圈中心城市集聚的生产性服务业往往层次高、辐射半径大、辐射力也较强。至于向中小城市集聚的生产性服务业则往往属于一般生产性服务业，甚至是普通商贸物流业等传统生产性服务业。许多都市圈通过“生产基地＋中央厨房＋餐饮门店”“生产基地＋加工企业＋超市销售”等新型产销模式或“总部经济＋基地”“城市服务＋乡村生产”“特色商贸或服务小镇＋农业基地”等方式实现以城带乡，城乡融合发展。

参考文献

王一鸣．推进生活服务业数字化转型［N］．北京日报，2020－06－22（010）．

江小涓，罗立彬．网络时代的服务全球化——新引擎、加速度和大国竞争力［J］．中国社会科学，2019（02）：68－91＋205－206．

程大中．中国服务业增长的特点、原因及影响——鲍莫尔-富克斯假说及其经验研究［J］．中国社会科学，2004（02）：18－32＋204．

张平，孙伟仁．我国农村生产性服务业发展的现实问题与优化路径［J］．求是学刊，2015，42（02）：61－67．

陈红霞，李国平．中国生产性服务业集聚的空间特征及经济影响［J］．经济地理，2016，36（08）：113－119．

夏杰长．我国新兴服务业的四大发展战略［J］．中共中央党校学报，2012，16（02）：75－78．

刘奕，夏杰长，李垚．生产性服务业集聚与制造业升级［J］．中国工业经济，2017（07）：24－42．

第十一章 新时代区域竞合与现代化产业体系建设

第一节 区域竞争与营商环境提升

一、区域竞争的由来与其当下的困境

中国经济在改革开放的40余年保持了9.5%左右的高增长速度，已经成为世界第二大经济体。区域经济的发展在这一时期发挥了重要作用，而这是建立在中央和地方政府的主动性之上的。这也就意味着中国经济取得的辉煌成就，离不开中央和地方政府的协调配合。中华人民共和国成立前30年实行的是中央集权下的计划经济体制，实行统一购买、统一分配。地方政府不是相对独立的利益主体，没有真正的市场，不可能产生区域竞争。党的十一届三中全会拉开中国的改革开放，建立了党的基本路线，走上了以经济建设为中心的发展之路。伴随着权力下放，地方政府开始建立和完善经济管辖权，地方政府在中国经济生活的主导地位逐渐形成，我们称这个过程为“地方分权”改革。财政包干、公共服务、晋升考核等以“分权”为特征的制度安排和具体措施实施，使地方政府相对独立的利益与自身经济发展联系在一起，极大调动了地方政府发展经济的积极性，产生了“区域竞争”这一描述地方政府行为的概念。

区域模式取代了由中央政府主导战略的生产力布局之后，中央政府将经济发展自主权赋予了地方政府，带来了地方政府之间的激烈竞争，整个中国的经济地理格局也相应地发生了翻天覆地的转变。区域竞争在此语境下是指国内区域间的竞争，强调区域内政府作为行政主体为本地经济发展所做的工作和努力。改革开放40余年来，中国经济取得巨大进步的原因与区域竞争的长期作用是分不开的。由于我国行政区划相对稳定、层次多、数量多，成千上万的行政区划自发地在经济领域展开激烈竞争。这种你追我赶的竞争方式借由三个途径带来了各地经济的增长。

一是大规模基础设施建设。作为行业和企业布局的重要参考，基础设施的改善可以降低生产成本，提高企业人才吸引力，从而成为各级政府关注的首要任务，不断壮大的基础设施带来了巨大的投资，直接推动了GDP水平的提高。中国之所以能够成为世界上最大的钢铁、水泥、能源消耗国，与各地区在激烈的竞争领域中有着不可分割的关系。

二是大规模的吸收产业。基础设施可以提高GDP，但并不直接提高经济质量和工业的发展水平。在中国区域竞争中，通过吸引企业解决就业、提供税收和经济发展已成为各级政府的重要职能，招商引资长期以来成为各级政府和部门的核心任务。中国

沿海许多县市在20世纪80年代开始了一场招商引资的疯狂竞争。经过大规模招商引资，中国实际利用外资从1983年的22.6亿美元迅速增长到1997年的644亿美元，年均增长25%以上。

三是地方政府对中央政府产业发展意图的集体响应机制。因为地方政府竞争的重要目标是本地政府官员政治晋升，所以对于中央政府制定的发展规划，地方政府的响应率相当高，尤其是产业发展最受重视。每当出现一个中心产业规划，地方政府将相应地捕捉这些重点产业的发展机遇，从80年代至90年代的彩电产业、纺织产业到21世纪头十年的光伏产业等，在这种集体响应机制下，我国产业发展呈现出大规模空间集群化发展的特征。虽然发展效率不一定高，但往往在产业集聚和技术门槛突破方面取得较好的效果。

可是随着我国经济发展水平的不断提升，特别是在步入新时代后，我国的经济发展背景和发展要求产生了转变，以往区域竞争的可持续性大打折扣。回顾来看，我国以往的区域竞争虽然有效带来经济增长，可负面影响同样不容忽视，并且愈演愈烈。区域竞争发展模式导致周期性产能过剩。40余年的改革开放，中国基本保持在每10年生成一个周期产能过剩的节奏，而且产能过剩周期的链条都惊人的相似，首先是各区域同质化的生产使得市场竞争变得激烈，而这种矛盾借由生产链条转移到原材料行业之中，并且这种同质化生产导致了总体的产能过剩，因此各地政府为了维护自身的经济发展，并为了在中央政府的“心目”中取得较高的名次，会直接或者间接地采取市场封锁的手段。即“重复建设—原材料大战—产能过剩—市场封锁”，在这个过程中大量的生产资源和行政资源被浪费，这种模式毫无疑问既不符合我国的基本国情，也不符合新时代建设下现代产业体系和实现高质量发展的要求。值得注意的是，地方政府的激烈竞争领域的经济生产导致许多问题的长期被忽视，包括公共物品的质量和环境质量，影响了居民生活的改善福利，阻碍了解决新时期的主要社会矛盾。

二、营商环境助力区域良性竞争

在过去，各地政府为了吸引投资，出台了许多放宽土地拍卖条件和生产优惠政策，这些方法都直奔主题，曾经取得了一定的效果。而在新时代，经济的高质量发展更多地建立在人才、高新技术企业等创新要素资源的吸引和聚集上，因此区域间的竞争也相应地从传统的招商竞争向创新要素资源竞争转变，这就必然对区域营商环境提出更高的要求。改善营商环境的目的是提供一个良好的外部环境以服务于企业生产经营，缩减企业生产经营不必要的制度性交易成本。营商环境在广义的语境下包括一个区域的经济政策、法律规定、文化习俗、行业环境、基础设施等。需明确一点，企业良性经营所普遍要求的营商环境是单个企业不能通过自身的努力而转变的，优化营商环境的行为主体应该是当地政府，同时也需要经济社会中各种力量的干预。

十八大之后，党中央和国务院高度重视优化商业环境，为创建一个以市场为基准，法制化、国际化的营商环境做出了一系列重大政策部署。2015年10月26日，党的第十八届五中全会强调，要形成对外开放新体制，不断完善法治化、国际化、便利化的营商环境。2016 年 9 月 3 日，习近平总书记在二十国集团工商峰会开幕式上指出，要进一步放宽外商投资限制，提高便利化水平，促进公平开放竞争，努力营造良好的营商环境。2017 年 7 月 17 日，习近平总书记在中央财经领导小组第十六次会议上强调，要营造稳定、公平、透明、可预期的营商环境，加快建设开放型经济，促进经济持续健康发展。2018 年 9 月 20 日，中央全面深化改革委员会第四次会议明确，根据自贸区建设和发展的需求，在建立良好的投资环境、提高贸易便利化水平、促进金融创新、服务实体经济、推进人力资源领域的先行先试等方面，加强改革授权，扩大开放水平，提供政策保证。按照党中央、国务院的要求，所有地区和部门进行了一系列重大改革，简化管理，下放更多权力，加强监管和改善服务。通过行政效率的提升和项目审批时间的减少，显著改善了政府服务体系，崭新营造了一个高效、规范、透明的营商环境。

除了上述改革之外，由于区域经济发展是改善营商环境的根本目的，为了更有效地改善营商环境，区域竞争有两点需要明确。

一方面，需明确区域竞争中发展与公益的关系。在投资引领的上一个发展阶段，国内经济依托于要素驱动，各地政府为了吸引投资，会采取各种优惠政策和缩减要素成本以保证高额的资本流入，其间不可避免产生了环境污染和违规的土地规划使用等。以上政策导向从某种程度上来说侵占了政府和公共利益，若此时地方政府间竞争越激烈，就会有越多的公共利益被牺牲，良性竞争变成了恶性竞争。而且由于各地经济基础和文化条件具有许多的不同，政策预期受到官员任期影响而不稳定，所以周期短、回报高的项目更受到资本青睐，这无疑损害了区域经济未来的发展。所以，营商环境优化的首要出发点就是地方政府不允许私自让渡公众利益给资本，其次才是通过改善区域制度环境、社会环境、政府服务等方面，通过良好的外部环境吸引企业的落地。随着增长动能变为创新，此时企业更需要稳定、透明、连续的政策环境，因此区域招商引资需花更多精力在公平竞争、政府监管执法等方面。值得一提的是，区域内人口的生产生活环境会间接地对营商环境产生影响，也是企业在被招商引资期间作出最终决策的重要参考。所以现阶段，除了充足的资本增值空间之外，基本的生态环境、生活环境、城市宜居水平等地区软实力因素都不可忽视。

另一方面，需明确区域竞争中政府和企业的关系。政府和企业是区域竞争中两个最主要的行为主体。企业的职能是采取市场手段实现资源的最高使用效率，由于每个企业都是站在自身立场考虑经济效率，这种分散决策会自然实现区域内资源的最优配置。在区域竞争中，区域内企业的效益增长会带来本地区域竞争力的提升，同时也直接决定了区域竞争的成效。当一个区域内整体企业营收超越其他区域，说明在区域的良性竞争中获得了好的结果。因此，优化营商环境的落脚点是造福企业，为本地企业的经营生产提供更好的客观环境。

尽管企业非常重要，政府才是区域竞争的主体。政府具备丰富的政策工具，并拥有企业所不具备的市场节奏调节能力。在竞争压力下，政府如果越位，将过多的财政资金直接投入竞争性领域，就会导致财政资金的低效。综合来看，政府和企业两者在区域竞争中必须找好自己的角色，理想的分工是企业作为市场中的一员，遵循市场规则进行最有效的资源配置，并借由市场体系增加收益，实现区域经济增长，政府则主要保证区域内市场规则的透明公平，创造一流的营商环境。

三、营商环境改善的工作任务

（一）深化“放管服”

发展是解决一切问题的基础和关键，抓项目建设更要抓环境建设，真正做到审批更简、监管更强、服务更优，建设国际一流营商环境。一是持续简政放权，打造国际化市场环境。关键是营造宽松便捷的准入环境，以推进“数字政府”建设为抓手，构建政府信息化平台，推进“互联网＋政务服务”，提升企业开办和建筑施工许可便利度，合理负面清单长度，增加纳税便利度等。二是加强监管创新，打造法治化竞争环境。关键是建立公平监管体系，标准是投资者保护与股东诉讼便利度：完善中小投资者投票权、对董事职责的监督权、执行合同的司法权；破产便利度：降低重整与和解门槛，建立破产风险预警、“僵尸国有企业”和“老赖民营企业”退出机制。三是优化政府服务，打造便利化公共环境。关键是完善政府公共品供给与公共服务体系，标准是电力供应便利度、财产登记便利度、融资信贷便利度、跨国贸易便利度。总之，几年来，“放管服”改革用政府短期的“痛”换取人民长远的“利”，以权力“减法”、服务“加法”激发市场“乘法”，形成“放管服”三管齐下、全面推进的格局，有效带动价格、财税、金融、社会事业等改革，助推全面深化改革。

（二）加快市场对外开放

一是促规模。通过完善“一项制度”“两张清单”，实现稳主体，促市场。落实好出口信保、融资信贷、贸易便利化等中央稳外贸政策措施，切实为外贸企业减负增效。借由“一带一路”国际合作大环境，优化国际市场布局，巩固传统市场，不断开拓新兴市场。二是提质量。我国外贸体量虽大，但重点技术重点产品所占份额十分有限，因此重点要鼓励高技术、高质量、高附加值产品出口，提升在全球价值链中的地位。同时，要积极扩大进口，优化进口结构，进一步满足国内市场需求。三是转动力。外贸发展根本上要靠创新。要支持企业技术创新、制度创新、管理创新，把这些创新优势转化为出口的竞争优势。还要鼓励发展贸易新业态、新模式，不断培育外贸竞争新优势，推动我国外贸实现由大到强的跨越。

（三）优化企业融资环境

一是聚焦重点，保证融资环境持续改善。持续增加信贷有效投入，强化多渠道资金供给，实现直接融资和间接融资、表内融资和表外融资、境内融资和境外融资共同发力。拓宽企业直接融资渠道。建立债务融资工具发行重点企业清单，支持民营企业参与债券融资支持工具。二是多措并举，破解“融资贵”问题。通过央行低成本资金引导金融机构降低贷款利率，在用“真金白银”撬动金融机构加大信贷投入的同时，引导民营和小微企业贷款利率稳步下行。三是注重创新，提升融资速度。经由金融信用信息共享平台建设，综合运用来自金融机构的授信信息、失信信息和企业基本信息、违法失信信息、行政许可信息、资质荣誉信息等，克服银企信息不对称问题，提高银企对接效率。

（四）完善公共服务设施，提升服务效率

构建全民均等享有的基本公共服务体系是构建社会主义和谐社会的目标之一，是促进社会公平公正、维护社会和谐安定、确保人民共享发展成果的重大举措。要加强对公共服务设施建设的关切。一方面，委托第三方评估机构开展基本公共服务社会满意度调查，及时妥善回应社会关切，自觉接受群众和社会监督。另一方面，完善相关领域基本公共服务标准达标评价制度，将达标情况统筹纳入义务教育优质均衡县、各级各类医院达标、全国文明城市、安全发展示范城市、公共文化服务体系示范区（项目）、全民运动健身模范市（区、县）等考核评测。

第二节　区域合作共建与现代化产业体系新空间

一、我国区域合作的特点

在我国区域发展中，开展区域合作、推进区域一体化是实现区域协调发展的核心内容。对于一个国家或地区而言，持续的经济增长会推动空间经济一体化。在区域经济持续增长的过程中，空间子系统会重组，其边界会发生变化。这一过程往往按一定规则进行，区域合作与区域竞争是这种规则下的两个重要的机制。按照弗里德曼提出的空间一体化演化规律，在前工业化阶段，由于每个城市坐落于一个小面积地区的中央，腹地范围小，相互不衔接，没有区域冲突，也不存在区域合作。到了中心-外围阶段，单一强中心与边缘区的矛盾开始出现。但由于依附关系和强弱悬殊的原因，区域冲突并不激烈。到了工业化成熟阶段，不仅存在唯一一个全国中心，还有实力强的边缘次级中心，各中心与其吸引范围之间争夺资源，于是竞争加剧。但同时区域合作的重要性开始凸显，特别是全国性中心与次中心的合作进展较快。最后进入空间经济一体化阶段，这一阶段形成功能相互依存的城市体系，最终演变为组织良好的经济区。经济区之间的合作成为空间一体化的主流。

从我国区域经济发展的地区关系中我们不难发现：第一，当区域之间关系以产品贸易为主时，区域合作比较弱势，由产品贸易引发的区域冲突十分激烈。主要原因是各区域之间贸易的产品量大，大家都希望把自己的产品卖给对方；同时市场相对狭小，大家都想把市场留给本地的企业，不想购买对方的产品。20 世纪 90 年代著名的四川与云南的烟酒贸易冲突、北京与天津的汽车贸易冲突等，都是很有代表性的案例。第二，当区域之间关系从产品贸易领域为主转向生产要素领域的合作为主之后，各地区对区域合作的要求迫切起来，冲突就开始被竞争所取代，合作成为主流。发展较快或者是发达地区因为自身经济结构不断优化的需要，迫切需要寻求更多的合作地区，开拓经济增长和发展的空间，而发展较慢的地区为了进一步推进工业化、城市化，也具备较强的合作意愿。第三，当一国经济步入后工业化阶段时，该国的经济发展水平已经较高，人民的生活水平也得到极大的提高，地区之间的经济发展差距逐步缩小。此时的地区间市场一体化程度也不断提高，商品和要素的地区间流动畅通，区域关系进入一种良性的“竞合”关系，各种区域合作形式更加稳固，甚至更加完善。地区间的区域合作努力将促成由贸易一体化向要素一体化和政策一体化的转变，使区域经济一体化得以实现。

我国经济正处于从高速增长转向高质量发展的重要阶段，这种转换给区域经济发展带来了新的机遇与挑战。过去，地方政府的唯一任务就是推动 GDP 增长，越快越好，这段时期区域竞争多于区域合作。而在当前的高质量发展阶段，区域合作正扮演着越来越重要的角色。区域合作是指不同区域间形成的互利互惠、优势互补的合作关系，根本目的是通过经济交流合作，实现各要素资源的最优化配置，并保证产业有效分工，使得区域经济结构更加现代化，尽可能地使各区域发挥自身优势，带来整体经济的高质量发展。在国内语境下，“区域合作”也包含“区域一体化”“区域协同发展”“区域联动发展”等内容。区域合作是有效拓展区域增长空间、促进经济高速发展、弥合区域分割、优化产业结构，甚至在分配区域功能布局的发展模式，这种模式可以有效克服我国行政区各自为政的桎梏，将区域通过经济的手段有机地捆绑在一架战车上，构成系统合力。因此，区域合作的优势与高质量发展的要求是一致的，区域合作也是高质量发展的一大内涵。区域合作有多个好处，第一，能够最大限度地支持各区域发挥自身优势，区域经济主体在一个区域经济循环中可以各司其职，取长补短，共谋长远发展；第二，区域合作可以有效促成国内统一市场，让商品流通速度和资源周转速度进一步跨越，优化市场机制；第三，借由市场孕育区域间合作的技术创新培育的体系，实现创新发展；第四，通过区域间的合作推动区际的国土资源开发利用和绿色生态的涵养，完成绿色发展。简而言之，区域合作是一种适应新时代的区域发展模式，区域合作已成为各区域提高自身竞争力的主流趋势，加强区域合作成为高质量发展的必然选择。

在区域合作的进程中，有几个特点需要阐明。首先，区域合作是非零和博弈。现阶段的市场经济运行模式决定了，区域合作并不是你死我活的单方面发展，或是斤斤计较有限的蛋糕，侵犯吞没其他区域的经济增长机会。而恰恰是通力合作突破体制机制的阻碍和各行政区各自为政的局面，既保证良性竞争，也实现资源的高效分配，达到去彼取此、实现双赢。其次，区域合作是多个区域作为行为主体参与，协调合作的机制是重中之重。因为区域合作的最终目标是提升区域综合竞争力。在这个过程中，如何让各区域乐于合作、共享合作成果，如何使得企业充分受益、调动市场积极性，如何加强合作达到共赢，而不是单兵独斗、兄弟竞争，这些问题变得十分重要。再次，尽管区域合作使得区域间的联系空前紧密，经济往来更加频繁，但区域合作与区域合并有着天壤之别，一体化不是一样化、同质化，协同发展更不是相同发展。最后，在现行模式下和现实经济背景下，区域合作远比区域竞争要更难实现，过去区域经济腾飞所带来的经验主义使得区域发展局限在以往的老路里，需要对思维进行大革新，打破根深蒂固的思想枷锁，解放思想，促进区域深层次合作。

那么，如何创造区域合作的动力？区域合作的红利有哪些？这些红利将如何分配？怎样使得区域合作达到双赢结果？从长期来看，仅有现代化产业体系能够将区域紧密地捆绑在一起。这是因为，我国大多数地区进入工业化成熟阶段，区域不平衡和产业不平衡发展的问题，只有通过生产的社会化安排才能从根本上予以解决，所以市场经济背景下负责分工生产各类商品背后的产业体系决定了区域关系的主旋律。

新时代以来，随着中国逐渐进入高质量发展阶段，中国主要矛盾层次的提升使得资源配置方式也发生了相应转变，市场逐渐发挥其对资源配置的决定性作用，进而推动了产业体系的升级与经济增长方式的转变。现代化产业体系是一个动态概念，是以信息化为基础、以创新为新动能、以聚集性为支撑、以发展的可持续性为前提的具有国际竞争力的高级产业体系。根据现代化产业体系的内涵，进一步对其基本特征进行分析，现代化产业体系应具有六大特征。一是动态演化特征。一方面，现代化产业体系是与时俱进、不断更新优化、具有较强生命力的产业体系；另一方面，现代化产业体系的构建过程也并非从无到有，而是由传统产业体系向现代化产业体系转型发展的动态演化过程。二是信息化特征。随着时代的变化，信息化、智能化的新型生产力已成为推动社会进步与时代发展的关键支撑，对提高人民生活水平也起到了显著的积极作用。而现代化产业体系的构建，同样应以信息化的先进生产力作为前提，这也是现代化产业体系区别于传统产业体系的重要特征。三是创新性特征。即现代化产业体系应以科技创新作为其核心驱动力，以创新驱动的新动能替代要素驱动。现代化产业体系的创新性特征应主要表现为创新动力强、创新能力强与创新效率商。四是集聚化特征。成熟的现代化产业体系应具备“大生产、大流通、大市场”三个关键要素，而产业的聚集化发展无疑是产业发展的关键步骤。产业的聚集化一方面可以通过规模效应推动企业的规模报酬递增，另一方面，产业的集群化也有利于完整产业额的形成与产业向全球价值链高端的攀升，故现代化产业体系的构建应具有集聚化的基本特征。五是可持续性特征。根据现代化产业体系构建的定义内涵，立足于绿色发展的新理念，可以发现在现代化产业体系构建过程中，强调要考虑当前需要，也要考虑未来发展的需要，应在保障后代人利益前提下实现当代社会经济发展与居民生活水平的提升，在发展的同时强调环境保护与资源的合理利用。六是高级化特征。其中又包含人力资本的高级化与国际竞争力的高级化。一方面，现代化产业体系的构建应以高水平的人力资本作为支撑，以人才作为创新主体，带动产业体系的高级化；另一方面，现代化的产业体系应具有较强国际竞争力，这也是其构建的重要战略目标。

二、区域合作共建的重点任务

（一）构建好区域合作中非制度性协调组织机制

目前，我国存在众多的区域合作形式，区域合作的高效运转需要一个议事协调机构，但由于我国较强的政府力量，许多区域合作实际上还是通过地方政府的政治介入才有了保障。真实的区域合作协调机制的短缺，使得我国区域经济合作举步维艰，困在瓶颈之中。因此，区域合作只有真正形成长效机制，并且进行规范化管理，才能适应新时代社会主义市场经济发展的需要。市场经济的前提是法制社会，只有当各合作方在一个共同的互惠互利的合作规则之下，才能真正实现优势互补，克服合作障碍，并对越界和损害集体合作的行为进行反制，也可以尽可能地缩减成本，保障合作成果的共享。中国过去经由各方推动形成的政府主导的区域合作模式，总是将企业当成一个普通要素而非一个有独立计划的市场主体，导致企业在区域合作中无法发挥应有的作用，处于听之任之的尴尬境地，以至于有时出现违反市场经济客观规律的决策和计划。所以在经济体制更深入的完善的推动下，区域合作将由过去唯一的行政力推动向高效自由的市场机制和政府合作调控转变。考察中国现阶段区域合作的情况，“市场主导、政府推进”必然会是适合中国国情，且有利于中国国情的基本区域合作模式。其中市场主导需要区域合作必须以市场经济的规律为根本原则，并根据不同阶段不同地区的独有特征，积极调整合作细节，适应区域经济良性可持续发展的内在需要。只有区域合作双方都能持续获益，那么区域合作将是牢不可破的，因此需要以行政区际合理分配利益、共享经济增长成果作为推动经济合作发展的根本动力。政府要努力转变职能，尽快脱离过去管理型政府的形态，向服务型政府转变，努力为区域合作创建轻松的政策背景，鼓励和引导各个区域建立行之有效的分工秩序，保证市场机制运行畅通，消除区际合作的制度性障碍。

（二）立足于区域产业分工以开展更深层次的区域合作

比较优势是区域经济合作的经济学基础，过去各区域合作中分分合合的情况就是归因于不能将各区域所需要的发展的产业串联起来，以形成一个流转通畅的现代化创新产业链，导致总有区域不得不放弃优势而迁就其中，没有完整的产业链，没有合理的分工搭配，区域经济效益是很难让所以参与的区域主体满意的。所以目前，区际产业转移速度有必要不断提升，尽快在各区域形成上下游能够互动的产业集聚和链条式发展，使得各个区域都能乘合作之风而上，这样的互利共赢的合作将长久地持续下去，而不是断断续续间歇式的合作。事实上，中国不同行政区际拥有截然不同的经济基础，区域内的资源禀赋、文化条件、优势产业都有显著差别，这就为产业的区际转移提供了基本的经济学基础。通过充分发挥市场机制，使得产业的区际转移不断提速，完全适应区域经济产业结构高级化的客观需求，也是区域经济健康、协调和可持续发展的需要。可以说，区际产业转移是区域经济发展到一定阶段之后更进一步的必然趋势。有了区域间符合经济规律的产业转移，产业集聚和产业链的延伸也就是顺理成章的事情。需明确，产业集聚是指某一产业以及与其紧密相关的支撑产业在一定空间范围内排他性的空间集中。完备的产业链则指某一产业以及与其紧密相关的支撑产业按照契合经济规律的方法进行有益的分工和合作。产业集聚、产业链发展不仅能够提高区域间的分工水平，而且能够极大地缩减协调分工的制度性交易费用。在这样的模式下，生产效率必然提高，相对竞争的优势将慢慢凸显，各个区域间经济变得亲密而有间，区域合作达到历史的新高度。

（三）因地制宜地推动传统产业改造升级与新兴产业培育

着眼于现代化产业体系的动态演化特点，各区域在构建现代化产业体系的过程中，在培育新兴产业的同时，也应将对传统产业的改造升级作为另一关键着力点。目前，传统产业存在可持续化程度较低与高级化水平不足的发展问题，已然成为现代化产业体系构建的重要制约因素。因此，在现代化产业体系的构建过程中，各区域应兼顾传统产业改造升级与新兴产业培育，同时又利用当地的禀赋优势，构建各具特色的现代化产业体系，更好地实现区域合作。在这个过程中首先应以新技术、新能源、新材料的利用推动传统产业的改造升级，传统产业在转型发展的过程中，应发挥其资金及品牌优势，实现产业的高级化发展。相较于新兴产业，传统产业一方面具有较强的资金与人力资本优势，为企业的研发活动提供了有力支撑；另一方面，传统产业具有国民度较高的品牌形象、成熟的发展经验与多元化的销售渠道，这都是传统行业转型发展的关键支撑。在现代化产业体系的构建过程中，应发挥传统行业的优势，以创新为核心带动传统行业优化升级，同时以严格限制污染的政策手段为传统产业的转型发展提供创新动力。其次，从新兴产业的培育视角出发，各省份也应贯彻落实顶层设计与国家战略方向，通过培育战略性新兴产业推动现代化产业体系的构建。而在这一过程中，应结合地方实际，从市场的角度出发进行适度政策引领，避免出现产能过剩的现象，以新兴产业的发展带动区域产业结构的优化升级。

第三节　区域协调发展与区域现代化体系建设

我国幅员辽阔，人口数量位居世界第一，不同地域的自然条件、文化基础、资源禀赋、经济条件截然不同，所以在当前这一历史时期，区域经济社会发展不平衡是我国的基本国情。但是发展的整体性和协调性是一个良性经济体永远的美好追求。在从传统社会向现代社会转变过程中，这种追求更加明显、更加激烈地反映在每一个个体的生存需要之上。区域的协调发展是改善区域发展关系、延伸经济发展空间、优化发展动能的根本前提，是经济社会可持续、良性、绿色、健康发展的现实要求。如果不从根本上克服区域之间发展不平衡不充分的矛盾，我国建设高质量高水平高增长的现代化经济体系的目标就难以实现。党的十九大报告指出，中国特色社会主义新时代，我国社会的主要矛盾已经转化为人民日益增长的美好生活需要和不平衡不充分的发展之间的矛盾。这里所说的不平衡不充分包括很多方面，其中的一个重要方面就是城乡之间和区域之间的不平衡不充分，也可以说是城乡之间和区域之间的不协调。这就必然影响经济增长的质量。

2018 年初，习近平总书记发表重要讲话指出，要建设彰显优势、协调联动的城乡区域发展体系，实现区域良性互动、城乡融合发展、陆海统筹整体优化，培育和发挥区域比较优势，加强区域优势互补，塑造区域协调发展新格局。习近平总书记关于建立现代化区域发展体系的讲话为区域发展指明了方向。

因此，在构建新时代现代经济体系的大背景下，实施区域协调发展战略，实现区域现代化，需要完成四个重点任务。

一、重视特殊区域、问题区域发展，核心是解决区域援助问题

十九大报告中首先提到特殊区域的发展：加大力度支持革命老区、民族地区、边疆地区、贫困地区加快发展。特殊区城一般都是问题区域，这些区域存在的问题有：基础设施缺乏和基本公共服务不完善，是掣肘地区经济发展的瓶颈；产业基础薄弱，缺乏特色，大多数地区以农业生产或高牧养殖为主，发展能力不足；特殊区域大多远离市场，资源丰富但开发程度不高，很难吸引企业入驻。对于上述特殊区域的发展战略，应采用对口援助。给予特殊的政策支持，对于本身发展能力弱的区域，增加人力物力的支援。而对于资源枯竭型地区和衰退地区的复苏问题，需明确“问题区域”不同于“后发区域”，而是曾经辉煌和发达、后来落伍的区域。当前我国的“问题区域”主要集中在北方资源枯竭地区和东北等老工业基地。这些区域的一个共同特点，可以概括为单一结构地区，即是以某一类资源为基础形成的资源型产业在当地的产业结构中比重很大，当地经济的繁荣与衰退完全被这类资源产品的价格所左右。单一结构地区当前面临的是产业选择和综合发展的难题。只有把握好产业发展的次序，单一结构地区才能在产业转型中步入合理路径。

二、完善区域统筹协调发展战略，着力打造平衡为总基调的区域发展模式

区域统筹协调发展战略核心是在国土全覆盖的情况下，解决如何实现协调发展问题，是对不同地区实施全覆盖，是以地理单元为基础形成的区域发展战略。以四大板块战略为例，由西部开发、东北振兴、中部崛起、东部率先组成的区域发展总体战略，多年来在解决空间关系、缩小发展差距和优化配置资源等方面，发挥了重大的效用。新时代的区域协调发展战略，就是要继续发挥“四大板块”在空间协调上的作用，同时加强经济联系，推动要素流动，处理好板块之间、省与省之间和中间地带如何实现全覆盖发展的问题。继续着眼于全国，统筹东中西，协调南北方，妥善处理区域之间的各种关系，坚定不移地走协调发展、共同富裕之路。在区域统筹协调发展战略实施过程中，党和政府要切实加强对区域发展的指导，形成东中西和南北方相互促进、优势互补、共同发展的格局。保证在有效发挥各区域比较优势的基础上，切实提高经济、社会、生态效益，努力使各个区域间的发展差距不断缩小而不是扩大，让各个区域的人民都能够享受到均等化的基本公共服务，并使各个区域人与自然的关系处于和谐的状态。统筹协调发展就是在发挥市场配置资源决定性作用的基础上，通过政府的宏观指导和规划引导，进一步优化国土空间开发格局，形成功能清晰、分工合理、各具特色、协调联动的区域发展格局，促进生产要素在更大范围、更高层次、更广空间顺畅流动与合理配置。在战略思路上，坚持目标导向与问题导向相结合，进一步突出目标

导向，战略与策略均要着眼于区域协调发展、经济可持续发展和实现全面现代化的宏伟目标，此外，统筹协调发展需要打破行政区划的藩篱，既要发挥市场的决定性作用，促进要素在区域内外部自由流动，又要发挥政府的引导和能动作用，使适合发展的地区集约高效、适合人类居住的地区宜居适度、重要生态地区山清水秀。要进一步深化户籍、土地、金融、企业等领域的改革，鼓励和支持人口向宜居地区和有充足就业岗位的地区流动，减少不适宜人类居住和生态敏感地区的人口，形成人口集中与经济集聚相匹配的发展格局。要加快建立事权和支出责任相适应的制度，对来自欠发达地区的农业转移人口提高社保、医疗、教育等社会领域的统筹层次，破解限制人口流动的制度性障碍。我们必须立足新时代、新特点、新趋势，构建区域协调发展新机制，引导要素跨区域有序流动，促进产业梯度联动发展，优化区域发展结构，构建要素有序流动、主体功能约束有效、基本公共服务均等、资源环境可承载的区域发展新格局。

三、推进轴带引领发展战略，解决如何加强区域协同、创新和经济联系的问题

轴带引领发展意味着通过我国主要的交通网络，使得一些交通网络布局较为密集的地段形成经济节点，并通过交通网络，将经济效益以轴带引领的方式，传导到我国各区域，形成横越东西、衔接南北的协调均衡发展格局，可以提升轴带对统筹区域协调发展的能力。目前，已形成的三大经济带——环渤海经济带（京津冀为核心）、长江经济带和丝绸之路经济带均是在开放的区域空间中，依托不同类型交通方式产生的轴带引领发展，由相对发达的区域与相对不发达的区域结合构成的。这种经济带的形成可以对相对落后区域的生产力进行再布局，推动区域要素配置的优化，从而帮助空间意义上或经济意义上相邻的区域经济的协同发展。与局部的发展战略相比，经济带的空间延展更为丰富，合作形式和内容也更加多样。从空间分布来看，大型经济带均涉及多个省级行政区甚至延展至部分国外空间；从合作内容来看，经济带战略都建立在高强度的基础设施联系之上，而且其中必定存在科技创新突破的先发地区和可推广复制的经济模式，通过轴带引领革除行政割据和合作障碍，实现我国区域经济模式和空间格局的转变。

轴带发展也有客观的时间规律，在不同的时间节点需要采取相异的经济策略。经济带形成初期，伴随交通网络逐步延伸，经济带内各区域相互贯通，大量的专门产业和人口汇聚在重要的交通节点之上，主要交通沿线的城市慢慢形成并扩大，此时的经济带已经隐约成型。这个阶段，主要工作应集中于增强主要交通节点的城市功能，发挥其聚集要素的作用，为下一个阶段做准备。当通过政策支持，轴带上重要城市规模越来越大，要素已经在节点汇聚了相当规模，此时部分新吸引的要素会沿着交通网络开始传导到其他城市，许多交通轴带上的中小城市和小城镇将受益匪浅，此时经济带已经初步成型。这个阶段，主要工作应集中于帮扶获益于交通网络的中小城市和城镇，让其更进一步地成为规模更大、经济强度更高的城市，甚至成为大城市。当集聚水平再次达到关键的节点，经济带上的各个经济中心开始以梯度扩散、等级扩散、位移扩

散等方式不断向其空间周围的区域传导技术、产业、人才等，真正实现带动经济带所牵涉的所有地区的发展。轴带发展的阶段特征可以概括为：由单点到多点、由多点汇成线、由线织成片，最终形成整个带状经济，这其中既要有政策支持，也要有时间积累，不能一蹴而就。实施轴带引领战略有利于统筹东中西，协调南北方；依托运输通道集聚产业和人口，有利于节约基础设施建设成本；沿主要交通线布局产业和城市，有利于在更大范围、更高层次、更广空间促进要素流动与合理配置，有利于促进生产要素分布与国家重大，生产力布局相协调，从而为经济发展提供持久的动力。

四、推进乡村振兴战略的实施，建立共同繁荣的新型城乡关系

第一，强化区域与城乡发展政策的协同。长期以来，我国存在区域政策与城乡发展政策的不连贯、功能不明确问题，开发区政策、国家级新区政策、综合配套改革试验区政策与乡村发展政策之间的联系比较少。因此，建立统一规范、层次明晰、功能精准的区域-城乡政策体系，是从全局出发推进协调发展的重要途径。第二，完善促进区域城乡协调发展的体制机制。坚持统筹区域发展和城乡发展，深化区域合作，明确区域和城市功能定位，完善发展成果城乡共享机制，健全利益平衡机制，特别要完善对粮食主产区、重点资源产区的利益补偿机制，以及生态保护区补偿机制。第三，加大区域城乡发展的功能平台改革创新。实施区域协调发展战略需要培育区域经济新动能，动能的转化需要落实在空间上，即需要进一步完善各类发展平台。国家级新区以及各类试验区、示范区等区域功能平台，应进一步发挥先行先试的政策优势，同时应当建立县域、乡镇和农村居民点的功能发展平台。实施城乡联动发展战略，解决区域发展的带动与承载问题。

城乡联动发展是现代化区域发展体系的重要组成部分。城镇是乡村地区的中心，乡村是城镇的重要支撑，二者不能分割，不能孤立运行。要实现城乡联动发展，首先，要支持农业农村优先发展，随着工业化、城镇化的快速发展，各种资源要素从农村向城市流动的较多，而从城市向农村流动的较少，导致一些农村地区发展乏力，资源要素应该双向流动、互相促进，这需要国家制定一系列政策措施，引导物力、财力等资源要素从城市流向乡村。而乡村要有人气，首先，要提升硬件水平。因此，要多关注农田道路、耕地条件改善，最大限度地实现机械化，让农民从重体力劳动中解放出来；多关注农村环境的改善，让农民生活更有尊严；多关注有线电视、宽带网络的改善，让农村具备现代生活元素。其次，要顺应市场规律。城镇化不是在农村再造出城市，而是要发展现有城镇，接纳农村转移出来的劳动力，农村部分劳动力通过职业培训，转移到工业企业、服务业企业，这些岗位大多位于大城市和成熟的城镇。当前一些城市只使用农村转移劳动力建设城市，而不愿意为他们定居城市提供公共服务。要防止这种只利用当前的劳动力而放弃对未来劳动力投入的现象。而且，城镇化需要大量的农村务工人员进城，但是乡村发展也需要城里人来助力。因此，既要让农村剩余劳动力进城转移就业，也要鼓励农民工、大学生、退伍军人等各类人才到农村发展。最后，

要强化制度保障。我国在推进新农村建设和城乡一体化发展方面取得了巨大成就。但也要看到，目前城乡发展不在同一个层面上，城乡间公共服务水平依然严重不匹配。所以今后要在公共服务均等化方面下功夫，使生活在城镇和乡村的人能享受同等的教育、医疗、文化便利。在城乡区域实际布局中，要因地制宜，根据各自的特色、优势发展，使乡村要像乡村、城市要像城市，城市和乡村各得其所。改造后的新农村的基础设施更好，乡风更加文明，风光依旧宜人。

参考文献

蔡之兵，张可云．空间布局、区域竞争与区域协调——新中国 70 年空间战略转变历程对构建中国特色社会主义空间科学的启示 [J]. 人文杂志，2019 (12)：11 - 20.

刘志彪．高质量建设现代化经济体系的着力点与关键环节 [J]. 区域经济评论，2018 (04)：11 - 14.

孙久文．我国区域合作与竞争的关系及其未来变化趋势 [J]. 区域经济评论，2013 (02)：35 - 38.

肖金成．建设现代化区域发展体系 [J]. 宏观经济管理，2019 (03)：38 - 40.

张满银．建国 70 年中国区域规划的回顾与展望 [J]. 工业技术经济，2019 (10)：6 - 13.

章寿荣．区域现代化进程中的几对关系探析 [J]. 现代经济探讨，2019 (06)：22 - 25.

后　记

2019 年是我国面向"十四五"时期的转折年。本报告一方面对 2019 年的区域发展情况进行了总结性的阐述，同时对面向 2020 年的区域发展问题进行了分析与探索，并对相关的政策进行了评述。本书继承了该系列书籍的写作风格：总结本年度区域发展政策和成果，并对相关问题进行相应的分析。

本书的撰写和出版要感谢中国人民大学应用经济学院和中国人民大学出版社的领导和老师，在他们的支持之下，研究的延续和创新拥有一个宽松的环境。感谢中国人民大学区域与城市经济研究所的各位老师和同学，帮助我们获得更多的思路和资料。感谢学术界的同人，在研究中给予中肯的评价和建议，使我们的研究能够始终站在时代前沿。

本书的研究资料涉及政府研究报告和文件、学术论文、统计数据库等，这些文献都列示在各章后，重要的引述都采用脚注。感谢这些材料的创造者和提供者。本书各章节的具体分工如下：

总报告：孙久文、夏添

第一章　第一节、第二节　林丽群

第一章　第三节　张静

第二章　张泽邦

第三章　宋准

第四章　张倩

第五章　易淑昶

第六章　高宇杰

第七章　张皓

第八章　蒋治

第九章　苏玺鉴

第十章　张翱

第十一章　李承璋

书稿完成之后，由孙久文和张静对全书进行了修改和总纂。

2020 年，中国人民大学区域与城市经济研究所成立 70 周年，我们在此回顾经典、总结历史，方能不忘初心、砥砺前行。祝愿中国区域经济永葆生机，中国区域经济学蓬勃发展，早日成为世界一流学科。

最后，向中国人民大学出版社负责本书编辑出版工作的老师表示由衷的感谢。

本研究报告为：

中国人民大学科研基金资助研究报告项目

教育部哲学社会科学研究发展报告培育项目

图书在版编目（CIP）数据

中国区域经济发展报告．2019：区域经济与现代化产业体系/孙久文主编．--北京：中国人民大学出版社，2020.11
（中国人民大学研究报告系列）
ISBN 978-7-300-28764-5

Ⅰ.①中… Ⅱ.①孙… Ⅲ.①区域经济发展—研究报告—中国—2019 Ⅳ.①F127

中国版本图书馆 CIP 数据核字（2020）第 224595 号

中国人民大学研究报告系列
中国区域经济发展报告（2019）——区域经济与现代化产业体系
主　编　孙久文
副主编　张　静
Zhongguo Quyu Jingji Fazhan Baogao（2019）—Quyu Jingji yu Xiandaihua Chanye Tixi

出版发行	中国人民大学出版社		
社　　址	北京中关村大街 31 号	**邮政编码**	100080
电　　话	010－62511242（总编室）		010－62511770（质管部）
	010－82501766（邮购部）		010－62514148（门市部）
	010－62515195（发行公司）		010－62515275（盗版举报）
网　　址	http://www.crup.com.cn		
经　　销	新华书店		
印　　刷	北京玺诚印务有限公司		
规　　格	185 mm×260 mm　16 开本	**版　　次**	2020 年 11 月第 1 版
印　　张	13.25 插页 1	**印　　次**	2020 年 11 月第 1 次印刷
字　　数	275 000	**定　　价**	62.00 元